Horst Poller
Utopie und Wirklichkeit

Horst Poller

Utopie und Wirklichkeit

*Eine kleine Kulturgeschichte
der Zukunftsbetrachtung*

**Bibliografische Information
der Deutschen Nationalbibliothek**
Die Deutsche Nationalbibliothek verzeichnet diese Publikation
in der Deutschen Nationalbibliografie:
detaillierte bibliografische Daten sind
im Internet über www.dnb.d-nb.de abrufbar

© Horst Poller Verlag
Januar 2016

Lizenzausgabe für
TWENTYSIX – Der Self-Publishing-Verlag
eine Kooperation zwischen der
Verlagsgruppe Random House
und BoD – Books on Demand

Herstellung und Verlag:
BoD – Books on Demand, Norderstedt
www.bod.de

ISBN 9783740707422

Printed in Germany

Es reden und träumen die Menschen viel
Von bessern künftigen Tagen,
Nach einem glücklichen goldenen Ziel
Sieht man sie rennen und jagen,
Die Welt wird alt und wird wieder jung,
Doch der Mensch hofft immer Verbesserung!

Friedrich Schiller, „Hoffnung"

Inhalt

Vorwort

Wenn man in die Jahre kommt, ist man geneigt, rückwärts zu blicken und sich noch einmal vor Augen zu halten, wie alles war. Und wenn man das hinter sich gebracht hat, steht man vor der Frage, wie es wohl weiter geht, auch wenn man es nicht mehr erleben wird.

Der Versuch, in die Zukunft zu blicken, ist nicht neu, er ist so alt wie die Menschheit. Es gab Seher und Propheten zu allen Zeiten. Mir schien es interessant, einmal zusammenzustellen, was aus den Utopien, Visionen, Vorhersagen und Trendanalysen geworden ist. Vielleicht lässt sich auf diese Weise auch der eigene Blick in die Zukunft schärfen.

Wenn man verfolgt, wie eigenwillig sich die Zukunft gegenüber ihren Propheten verhält, drängt sich leicht der Eindruck auf, dass man es mit einer Satire zu tun hat. Und unter diesem Blickwinkel habe ich meine Beobachtungen auch aufgezeichnet. Es ist vornehmlich eine Realsatire, die sich dem Betrachter darbietet.

Aber es geht nicht nur um „Scherz, Satire, Ironie …" sondern eben auch um „tiefere Bedeutung", wie es der Dramatiker Christian Grabbe treffend formulierte. Die tiefere Bedeutung mag man darin sehen, dass sich Geschichte zwar nicht wiederholt, dass sie aber doch Lehren in der einen oder anderen Form für uns bereit hält, die uns für die Zukunft nützlich sein können.

Die Utopisten wollten mit ihren Utopien der Zukunft gewissermaßen vorschreiben, wie sie sich zu entwickeln habe. Die Visionäre waren etwas weniger dogmatisch, hielten sich aber für weitsichtiger. Mit ihrer Vision glaubten sie, das Bild der Zukunft zu erfassen.

Dann gab es noch die Welterklärer, die in der Geschichte Entwicklungsmuster entdeckt haben wollten, die auch für die Zukunft gelten sollten. Und schließlich gab es noch die Zukunftsforscher, die sich der Zukunft mit wissenschaftlicher Exaktheit näherten, Trends hochrechneten und riesige Computer mit Simulationen fütterten.

Wenn man sich mit der Zukunft beschäftigt, kommt man an der Vergangenheit nicht vorbei. Man sollte ja schließlich nicht die gleichen Fehler wiederholen. Und so habe ich mich auch gefragt, was ist denn schief gelaufen, in der Vergangenheit, was hat sich als Irrtum erwiesen?

Daran schließt sich dann die Frage an, was hat sich eigentlich verändert und läuft in eine neue Richtung? Und führt diese Richtung in die Zukunft oder erweist sie sich auch wieder als Irrtum?

Dass bei alledem die Gegenwart, die ja den Maßstab für die Betrachtung bildet, nicht zu kurz kommt, versteht sich von selbst. So ist das Ganze nicht zuletzt auch eine kritische Betrachtung der Gegenwart, der es wahrlich nicht an realsatirischen Zügen fehlt.

Schließlich kann man dann der Frage nicht mehr ausweichen, was man selbst über die Zukunft denkt. Diese „Kulturgeschichte der Zukunft" die sich aus solchen Betrachtungen ergibt, sollte, wie gesagt, auf realsatirischem Hintergrund gesehen werden, ohne die „tiefere Bedeutung" aus den Augen zu verlieren.

Utopien und Visionen

Die Ur-Utopie

Zu allen Zeiten hätten die Menschen gerne gewusst, was ihnen die Zukunft bringt. Es gab mutige Köpfe, die über die eigene Lebenszeit hinausgedacht und versucht haben, sich ein Bild vom zukünftigen Leben zu machen. Darunter waren solche, die ein Wunschbild zeichneten, die die Zukunft so ausmalten, wie sie ihrer Meinung nach sein sollte. Das waren Utopisten. Andere wiederum, die die künftige Entwicklung vorauszuahnen versuchten, entwarfen ein Bild von der Zukunft, das weit über die gegenwärtige Realität hinausgriff. Sie hatten eine Vision. Von den Utopisten und Visionären, die besonders von sich reden gemacht haben, soll hier berichtet werden.

Utopisten und Visionäre

Wer sich über die Zukunft Gedanken macht und dabei über die eigene Existenz hinaus denkt, wird sich fragen, wie die Menschen künftig zusammen leben, wie die Gesellschaft aussehen wird. Und wenn er dann zu bestimmten Vorstellungen kommt, wie die verfasste Gesellschaft, der Staat, aussehen sollte, wird er seine Überlegungen vielleicht sogar aufschreiben. Der erste, von dem ein solches ausführliches Konzept überliefert ist, war der griechische Philosoph Platon.

Gesellschaft der Zukunft

Platon war Junggeselle. Außerdem war er ein Schwärmer. Er hatte hochfliegende Ideen und konnte sie mit großer Beredsamkeit und, wenn nötig, auch mit feurigem Pathos, seinen Schülern ins Ohr pflanzen. Deshalb war seine Philosophenschule bei den Athenern so beliebt. Seine Vorträge und Bücher verfasste er in Form von Dialogen, das war sein Markenzeichen. Darin griff er Themen auf, die ihn als Philosoph interessierten. So berichtete er vom Leben und Sterben seines Lehrers Sokrates, er ließ Diotima, die dem angesehenen Beruf einer Seherin nachging, über die Liebe philosophieren und natürlich musste er sich auch mit Politik beschäftigen, denn in Athen waren damals (400 v. Ch.) unruhige Zeiten. Platon war in der Zeit des griechischen Bruderkrieges aufgewachsen und wollte ursprünglich Poli-

Platon (427-347)

tiker werden. Aber als er sah, wie die Demokratie versagte, beschloss er, Philosoph zu werden. Besonders die Hinrichtung seines verehrten Lehrers Sokrates war ein großer Schock für ihn. Mit der Politik direkt wollte er nichts mehr zu tun haben.

Die Ur-Utopie

Aber er wollte den Athenern zeigen, wie ein idealer Staat, in dem Gerechtigkeit herrscht, aussehen müsste. In seinem Dialog „Politeia" („Der Staat") entwarf er das Bild eines Staatswesens, wie er es sich vorstellte. Dass das nicht so leicht verwirklicht werden würde, schon gar nicht zu seinen Lebzeiten, war ihm sicher klar. Er wusste, dass es eine Utopie war, aber er hoffte, dass sie trotzdem ihre Wirkung tun würde. Und darin sollte er Recht behalten. Sein Buch wurde ein Bestseller, das auch heute noch, nach zweitausend Jahren, in mehreren Ausgaben angeboten, gekauft und gelesen wird. Platons Staats-Utopie war gewissermaßen die Ur-Utopie, die über die Jahrtausende hin immer wieder diskutiert wurde und an der sich andere Utopien und Ideologien entzündeten.

Der ideale Staat

Platon, als erfolgreicher Philosoph, schätzte seinen Beruf sehr hoch ein. Deshalb war für ihn klar, dass an der Spitze des Staates ein Philosoph stehen sollte. Die Philosophen sollten die Könige sein. Sie brauchten natürlich eine schlagkräftige Truppe, auf die sie sich stützen konnten. Diese Elite, die die Macht ausübte, nannte Platon die „Wächter". Die Wächterklasse war strengen Regeln unterworfen, so wie beispielsweise später der Klerus der katholischen Kirche. Ihr durften nur die Besten angehören, die man durch ständiges Herausprüfen von Kindheit an ermitteln würde. Die Wächter waren unverheiratet und lebten in Gemeinschaft, waren sozusagen kaserniert. Um sie vor den Versuchungen zu schützen die von „Hunger und Liebe" ausgehen, durften sie kein Eigentum besitzen. Trotzdem fehlte es ihnen an nichts. Die reichen Mittel, die ihnen zur Verfügung standen, teilten sie sich, ebenso wie sie sich auch die Frauen teilten. Die Kinder sollten gleich in Kitas kommen, so wie das später in der DDR realisiert wurde und auch bei uns heute angepriesen wird.

Zwei Klassen

In Platons idealem Staat herrschte ein Zweiklassensystem. Es gab die herrschende Oberklasse und den Rest. Platon beschäftigte sich in seinem Konzept vor allem mit der Oberklasse, den Herrschenden. Um sie schlagkräftig und effizient zu erhalten, schienen ihm vor allem drei Maßnahmen erforderlich. Das Privateigentum sollte abgeschafft, die Familie sollte aufgelöst werden und die Erziehung der Kinder sollte der Staat übernehmen.

Vor allem die historisch gewachsene Familie sollte zerstört werden. Sie war bestenfalls gut für die unteren Klassen, aber für die herrschende Wächterklasse taugte sie nach Platons Meinung nicht. Dort sollte es zugehen, wie in einem regelrechten Zuchtbetrieb. Platon nannte auch ausdrücklich Hunde, Pferde und Geflügel als Beispiel. Er stellte sich vor, dass sich nur die Besten mit den Besten paaren, etwa so, wie es sich Himmler später für den „Lebensborn" ausmalte.

Von den Kindern, die auf diese Weise gezeugt wurden, sollten nur die Besten aufgezogen, die anderen aber ausgesondert werden. Auch durften die Kinder nicht bei ihren Müttern bleiben, sondern sollten von den Frauen wechselweise gestillt werden und gar nicht erfahren, wer ihre leiblichen Eltern waren. Die Kinder sollten schon als Säuglinge in ein Säugehaus gebracht werden und von Wärterinnen und Kinderfrauen gepflegt und aufgezogen werden. Im alten Griechenland wurden solche Vorstellungen nicht realisiert, Aber wenn man an die Überlegungen heutiger Politiker denkt, möglichst alle Kinder möglichst frühzeitig in Kitas zu schicken, so kommt das Platons Vorstellungen doch schon recht nahe.

Platon hatte damals mit seiner Utopie natürlich keinen Erfolg. Über die Jahrtausende hinweg blieb die Familie mit Vater Mutter und Kind als wichtigster gesellschaftlicher Verband intakt und entwickelte sich weiter. Erst in unseren Tagen könnte Platon, wenn er noch am Leben wäre, hoffnungsvolle Ansätze für die Realisierung seiner Utopie entdecken. Die traditionelle Familie ist nicht mehr „in", neue Formen wie die Patchwork-Familie, Alleinerziehende, Singel und Dinks (Double Income No Kids) nehmen immer mehr zu, ebenso wie die Scheidungsraten.

Und die Wächterklasse gibt es heute ja auch. Die Wächter treten nur nicht so offen als Krieger in Erscheinung wie bei Platon, sondern haben sich etwas mehr getarnt als Gutmenschen und Medienmacher, die ihre Waffen der Political Correctness, der Betreuung und der Verbotskultur immer weiter ausbauen.

Wenn man an die Antike denkt und die Bilder vor Augen hat, die Homer von seinen Helden entwarf, dann überrascht es, dass Platon in seinem idealen Staat Männer und Frauen absolut gleichgestellt sehen wollte. Als Beispiel führt er die weiblichen Schäferhunde an, die ja genau so die Herde mit hüten wie die männlichen, ungeachtet des Gebärens und Ernährens der Jungen, so müssen auch die Weiber Sport, Musik und Kriegskunst ausüben. Beim Sport sollten sie sich auch nackt sehen lassen, so wie die Männer auch, wenngleich die älteren Weiber eher lächerlich wirken könnten, aber alte Männer sind ja schließlich auch runzelig. Das Weib, meint Platon, kann an allen Geschäften teilnehmen wie der Mann, „in allen aber ist das Weib schwächer als der Mann". War Platon am Ende ein Feminist? Die Feministinnen heute würden jedenfalls ihre Freude an ihm haben und man wundert sich, dass sie ihn nicht öfter zitieren. Das kommt wohl daher, dass klassische Bildung nicht mehr „in" ist.

Frauen und Kinder gemeinsam In der Wächterklasse sollte die Gemeinschaft herrschen, meint Platon und beschreibt das so: „... dass diese Weiber alle allen diesen Männern gemeinsam seien, keine aber irgendeinem eigentümlich beiwohne, und so auch die Kinder gemeinsam (seien), so dass weder ein Vater sein Kind kennt, noch auch ein Kind seinen Vater." Im alten Griechenland wurden solche Verhältnisse, wie sie sich Platon vorstellte, zwar nicht mehr erreicht, aber in unseren Tagen war die Kommune 1 der 68er in Berlin doch schon sehr nahe dran.

Schwächen der Demokratie Auch über die verschiedenen Staatsformen hat sich Platon Gedanken gemacht. Der Demokratie steht er sehr misstrauisch gegenüber, sicher veranlasst durch die Zustände im Athen seiner Zeit und seine eigenen Erlebnisse. Er beklagt Schamlosigkeit und Verschwendungssucht und meint, die Demokratie werde sich durch ihr Übermaß an Freiheit auflösen. Die „Demokraten" erkennen keine Autorität mehr über sich an, sind nicht mehr bereit, sich dem Gesetz unterzuordnen (offenbar gab es damals auch schon „Wutbürger" wie bei *Stuttgart 21*), die Regierenden beschwichtigen und schmeicheln dem Volk, die Kinder haben keinen Respekt mehr vor Eltern und Lehrern und gehorchen nicht mehr.

Übergang zur Diktatur Bei solchen Zuständen hat dann ein Agitator leichtes Spiel, die Alleinherrschaft zu ergreifen und sich zum Tyrannen aufzuschwingen. Es dauert dann nicht lange und der Tyrann wird einen Krieg beginnen, um von den Problemen im Innern abzulenken und sich als Oberbefehlshaber unentbehrlich zu machen. Platon hat damit ein Grundmuster beschrieben, das sich später in der Geschichte bei der Entstehung von Diktaturen immer wieder findet, von Nero über Napoleon bis zu Stalin und Hitler. Auch heute sind immer wieder diktatorische Ansätze erkennbar in verschiedenen Staaten und unter verschiedenen Verhältnissen, es sind nicht immer einzelne Gestalten, es können auch Parteiregime sein.

14

Bei dem, was Platon erlebt hatte, kann man verstehen, dass er gegen die Demokratie war. Die Form seines idealen Staates war irgendwo zwischen Monarchie und Oligarchie angesiedelt. Und die Struktur der herrschenden Oberschicht hatte er sich bis in alle Einzelheiten ausgedacht, wie wir gesehen haben. Blieb die Frage, was mit der Unterschicht geschehen sollte, die schließlich die Masse ausmachte. Darauf verschwendete Platon keine großen Gedanken, er hielt die Masse der Leute ohnehin für dumm und meinte, dass sie nicht genug Verstand hätten, die richtigen Führer auszuwählen. Man musste ihnen sagen wo es lang geht. Das war die Aufgabe der Wächterklasse, die die Massen umfassend betreute, so wie es heute durch Sozialpolitiker und Gewerkschaftsfunktionäre in vorbildlicher Weise geschieht. Für den Rest konnte man die Leute sich selbst überlassen, sie durften in Familien leben und Privateigentum haben und ihre Kinder selbst erziehen. Aber eines durften sie auf keinen Fall, in der Politik mit mischen. Von der Politik mussten sie sich fernhalten, es genügte, wenn sie arbeiteten und Kinder kriegten.

Die betreute Masse

Platons kommunistischer Idealstaat wurde zwar nicht verwirklicht, aber er blieb nicht ohne Wirkung. Als Utopie wirkte er über die Jahrtausende hin bis zum heutigen Tag. Immer wieder wurde versucht, ihn ganz oder in Teilen zu realisieren, aber je umfänglicher diese Versuche waren, die im Totalitarismus gipfelten, umso totaler war ihr Versagen. Dennoch war Platons Utopie auf ihre Weise fruchtbar, nämlich als Anregung zur Kritik. Der Erste, der sie massiv kritisierte, war Platons Meisterschüler, Aristoteles. Er hielt die Vorstellungen Platons für wirklichkeitsfremd.

Kritik

Sein Bild vom Staat, das er den Vorstellungen Platons entgegensetzte und in seinem Buch „Politik" beschrieb, war ganz anders. Für Aristoteles war der Mensch seiner Natur nach ein „zoon politikon", ein Individuum, das auf Gemeinschaft angewiesen war und in die Gemeinschaft hinein wirkte. Das Zusammenleben der Menschen baute sich auf Gemeinschaften auf, von der Familie über die Hausgemeinschaft, das Dorf, und die Polis bis zum Staat. Der Staat war eine natürliche Einheit, die es den Menschen ermöglicht, eine Gesellschaft zu bilden, die möglichst allen gerecht wird und darauf Rücksicht nimmt, dass die Menschen ungleich sind. Platons Gedanken an einen Staat, in dem alle Menschen Brüder seien und eine wundervolle Liebe aller zu allen ausbricht, fand Aristoteles absurd. Die Staatskunst kann nicht die Menschen machen, sondern sie empfängt sie als Stoff von der Natur. Was Aristoteles an Platons Konzept besonders missfiel, war der Kom-

Aristoteles' Staatsverständnis

munismus. Um das Eigene kümmern sich die Menschen am meisten, doch gemeinsames Eigentum löst das Verantwortungsgefühl auf und lässt Fleiß, Sparsamkeit und Vorsorge absterben. Auf der Suche nach der besten Staatsform hatte Aristoteles 158 Verfassungen analysiert. Er kam zu dem Ergebnis, dass eine Mischung aus aristokratischen und demokratischen Elementen wahrscheinlich die günstigste wäre. Die Bürger sollten die Staatsbeamten wählen und jeden am Schluss seiner Amtszeit zur Rechenschaft ziehen.

Unverant-
wortlich

Diese Forderung des Aristoteles, Staatsbeamte zur Rechenschaft zu ziehen, erscheint einfach und logisch, ist aber im Grunde utopisch, wie die heutigen Verhältnisse zeigen. Wenn Beamte zur Rechenschaft gezogen werden könnten, gäbe es ja keine machtgierigen, mediengeilen und ideologiebesessenen Staatsanwälte und keine engstirnigen machtbewussten Richter mehr, die keine Angst vor Fehlurteilen haben müssen, es kann ihnen ja nichts passieren. Dieses Prinzip der Unverantwortlichkeit verleitet zu Fehlhandlungen und gilt ebenso für Politiker, von denen auch noch nie einer für seine Fehler zur Verantwortung gezogen wurde. Es lässt sich allerdings auch in der Wirtschaft beobachten, wenn ein Manager gefeuert werden muss, weil er sonst das Unternehmen an die Wand fährt, dass er dann aber nicht in Haftung genommen wird, sondern stattdessen eine Abfindung erhält.

Poppers
Platon-
Schelte

Dann dauerte es 2000 Jahre, bis erneut massive Kritik an Platons Idealstaat geäußert wurde, diesmal von einem englischen Professor mit österreichischen Wurzeln, namens Sir Karl Raimund Popper. Für Popper war Platon ein falscher Prophet und Unheilstifter, weil er Wasser auf die Mühlen der totalitären Ideologien geliefert hatte. Popper, ein Wiener, der 1936 eine Professur in Neuseeland angenommen hatte, schrieb dort während des Zweiten Weltkrieges sein philosophisches Hauptwerk „Die Offene Gesellschaft und ihre Feinde". Den ersten der beiden Bände nannte er „Der Zauber Platons", aber das war die reine Ironie, denn Popper legte dar, wie verderblich der Einfluss Platons war. Was Popper besonders abstieß, war Platons Hass gegen das Individuum und seine Freiheit:. „… niemand, weder Mann noch Weib, soll jemals ohne Führer sein!", hatte Platon geschrieben. Platons radikaler Kollektivismus sprach dem Gerechtigkeitsempfinden der Menschen Hohn. Popper hielt zwar Platon zugute, dass dessen totalitäre Gesinnung wohl nicht auf Ausbeutung der Menschen durch die Oberklasse gerichtet war, sondern auf die Stabilität des Staates zielte. Aber das machte die Theorie der Inquisition, die Platon entwickelt

16

hatte, und mit der freies Denken und Kritik unterdrückt werden sollten, nicht besser. Platon mit seiner Staats-Utopie war für Popper der Propagandist eines antidemokratischen, totalitären und rassistischen Führerstaates.

Fazit

Der Erste, der seine Vorstellungen aufzeichnete, wie die Menschen in einem idealen Gemeinwesen zusammen leben sollen, war Platon. In seiner Staats-Utopie gab es eine herrschende Klasse, die im Kommunismus zusammen lebte, ihre Kinder vom Staat erziehen ließ und ihren Nachwuchs streng selektierte. Das restliche Volk durfte nach eigenem Gusto leben, hatte aber in der Politik nichts zu sagen. Platons Ideal-Staat stieß sogleich auf Widerspruch und zwar bei seinem Meisterschüler Aristoteles, der ihn für eine Utopie hielt. Aristoteles fand, man kann die Menschen nicht umformen, sondern muss sie nehmen, wie sie sind und dementsprechend muss auch der Staat gestaltet werden. 2000 Jahre später stieß Platons Staatsutopie noch einmal auf leidenschaftliche Kritik durch Karl Popper, der Platon heftig beschimpfte, weil er in ihm den Vordenker zum Totalitarismus sah.

Was wurde wahr?

Der ideale Staat, wie ihn sich Platon vorgestellt hatte, wurde bis jetzt nicht realisiert. Es gab immer wieder einmal Ansätze, die seinen Vorstellungen recht nahe kamen. Zum Beispiel die Jahrhunderte währende hierarchische Organisation der katholischen Kirche. Vor allem aber, und da hatte Karl Popper Recht, die totalitären Systeme, des zwanzigsten Jahrhunderts, die auf dem Boden des Faschismus, des Marxismus und des Nationalsozialismus wuchsen, unvorstellbares Unheil anrichteten und wieder zugrunde gingen. Am stärksten wirkte bis heute nach die Antinomie, die in den unterschiedlichen Denkrichtungen von Platon und Aristoteles zum Ausdruck kommt. Platons schwärmerische, idealistische Vorstellungen fanden ihren Niederschlag bei Denkern wie Rousseau und Marx, ebenso wie im Sozialismus, und sie haben bei den Ideologien des 20. Jahrhunderts Pate gestanden. Europa war dafür besonders aufgeschlossen. Aristoteles' realistische, nüchterne Denkweise hingegen fand ihr Echo besonders in der angelsächsischen Welt, ebenso wie im Liberalismus und im Konservatismus. Platons Ideen wirkten über die Zeiten hin immer wieder wie Sprengstoff, mit dem gezündet wurde.

Die Insel Utopia

Wenn wir Platons illusionäre Wunschvorstellung als Utopie bezeichnet haben, so war das eigentlich nicht ganz korrekt. Die Bezeichnung „Utopie" kam nämlich erst später auf. Sie geht auf ein Buch zurück, das 1516 erschien und den schönen Titel trug „Vom besten Zustand des Staates oder von der neuen Insel Utopia". Das griechische Wort „ou topos" kann man mit „Nicht-Ort" oder „Nirgendwo" übersetzen. Deshalb hatte der Autor seine Trauminsel „Utopia" genannt. Und seither steht das Wort Utopie vor allem für einen Wunschtraum.

Morus (1478–1535) Der Autor hieß Sir Thomas More, war in London ein bekannter Rechtsanwalt und Parlamentarier und brachte es schließlich bis zum Lordkanzler König Heinrichs VIII. Er galt auch als ein herausragender Vertreter des Humanismus und war mit Erasmus von Rotterdam befreundet. Als Philosoph war er unter der lateinischen Form seines Namens, Thomas Morus, bekannt. Er war ein aufrechter, prinzipientreuer Mann und deshalb konnte es nicht ausbleiben, dass er mit seinem Dienstherrn Heinrich VIII. in Konflikt geriet, als dieser sich scheiden ließ und sich schließlich zum Oberhaupt der Kirche in England erklärte. Der König löste den Konflikt auf ebenso einfache wie brutale Weise, er ließ Thomas Morus enthaupten.

Der gerechte Staat Unter solchen Verhältnissen nimmt es nicht Wunder, dass Thomas Morus als Staatsmann auch darüber nachgedacht hatte, wie ein gerechter Staat aussehen sollte. Er kannte natürlich Platons „Politeia", hatte sich aber auch seine eigenen Gedanken gemacht. In seinem Buch „Utopia" diskutierte er im ersten Teil über Missstände in der Gesellschaft und über Platons idealen Staat. Im zweiten Teil ließ er den fiktiven Weltreisenden Raphael Hythlodeus (ein Name, den man mit „Possenreißer" übersetzen kann) über die Insel Utopia und ihr Staatswesen berichten. Morus, ein ernsthafter. Respekt gebietender und unheimlich arbeitsamer Mann, wurde doch auch ein Quantum Humor zugeschrieben. Und so waren sich die nachfolgenden Kommentatoren seines Werkes nicht ganz einig, ob er alles ernst gemeint hatte. War die Insel Utopia der Entwurf eines gerechten Staatswesens oder ein satirisches Spiegelbild der englischen Gesellschaft?

Unterschiede zu Platon Morus' Utopia unterschied sich in einigen wesentlichen Punkten von Platons idealem Staat. Die Familie, die Platon hatte zerstören wollen, spielte bei Morus weiterhin eine tragende Rolle und Monogamie und Ehe waren bei ihm auch noch nicht abgeschafft. Morus war ja schließlich Familienvater, hatte drei Töchter und einen Sohn. Bei Morus war auch der Staatsaufbau gegliedert, womit er den Vorstellungen des Aristoteles folgte. In einer anderen Hinsicht aber unterlag Morus dem Zauber Platons. Er plädierte auch für eine Art Kommunismus. Der Boden und die Güter sollten allen Menschen gemeinsam gehören und gleichmäßig verteilt, das Privateigentum sollte abgeschafft werden und alle sollten gleich sein. Sogar das Geld sollte abgeschafft werden. Er erhoffte sich davon, dass es dann keinen Streit mehr unter den Menschen geben würde und Rechtsanwälte überflüssig wären. Aber in dieser Hinsicht erwies sich Morus als schlechter Psychologe. Hätte er einmal mitgemacht, wie im Sozialismus alle Menschen gleich arm waren und trotzdem noch Neid und Missgunst unter ihnen nicht erstorben war, hätte er wohl anders gedacht. Oder hätte er die sozialistischen Funktionäre gekannt, denen es gelang, in einer Gesellschaft der Gleichen immer noch ein Stück gleicher zu sein, dann hätte er sich Utopia vielleicht etwas anders vorgestellt.

Das gesellschaftliche Leben auf der Insel Utopia war im Übrigen die kompletteste Planwirtschaft, die man sich denken kann. Alles war bis ins Detail geplant, die Erzeugung der Güter ebenso wie der gemeinsame Arbeitseinsatz zum Ackerbau und der Ablauf des Familienlebens, vom Frühstück bis zum Nachtmahl. Insofern war Morus in seinen Vorstellungen konsequent, logischerweise hätte ein Gemeinwesen ohne Geld anders auch gar nicht funktionieren können. Selbst die Familienplanung war eingeschlossen, die Zahl der Familienangehörigen war genau festgelegt. Die Arbeitsleistung sollte für alle möglichst niedrig sein und war ebenso genau geplant. Bei diesen Planungsexzessen kann man sich allerdings nicht vorstellen, dass Morus ernsthaft glaubte, dass das funktionieren könnte und die Menschen sich dabei wohlfühlen würden. Es war wohl doch eher eine Parodie auf die englische Gesellschaft, die Morus hier zum Besten gab. *(Totale Planwirtschaft)*

Morus hatte mit seinem Utopia-Staatswesen die Radikalität von Platons Idealstaat schon erheblich abgemildert. Aber wesentliche Elemente, die sich später noch als Sprengsätze erweisen sollten, hatte er übernommen: Vor allem die Abschaffung des Privateigentums und eine ziemlich blinde Gleichheits-Ideologie. Die Wirkung seiner Zukunftsvorstellungen blieb begrenzt, sollte aber später in anderer Gestalt wieder aufblühen. *(Gleichheit und Kommunismus)*

Der Gedanke, den Platon in die Welt gesetzt und Morus weiter verfolgt hatte, blieb lebendig. Auch weiterhin versuchten Philosophen *(Weitere Utopien)* die ideale Staatsform zu beschreiben oder ihre Wunschvorstellungen darzulegen. Einige von ihnen sind bis heute im Gedächtnis geblieben. Rund hundert Jahre nach Morus beschrieb der italienische Philosoph Tommaso Campanella (1598–1639) seine Utopie vom idealen Gemeinwesen unter dem Titel „Der Sonnenstaat". Von Platon hatte er übernommen, dass die Wissenden, die Gelehrten, die Herrschenden sein sollten und ebenso sollte auf Privateigentum verzichtet werden. Die Arbeit sollte auf alle verteilt und so eingeteilt werden, dass jeder nur vier Stunden schaffen musste, der Rest war Freizeit. Campanella, ein Dominikaner, fand damit nicht allzu viel Beachtung, zumal er immer wieder in die Fänge der Inquisition geriet und Verfolgung und Folter ertragen musste. Mehr Aufsehen erregte rund zweihundert Jahre später der Philosoph Johann Gottlieb Fichte (1762–1814), den seine Laufbahn vom armen Hauslehrer bis zum Rektor der Berliner Universität gebracht hatte und der durch seine „Reden an die deutsche Nation" berühmt wurde. In seiner Schrift „Der geschlossene Handelsstaat" entwarf Fichte die Utopie eines sozialistischen Zentralstaates, der seinen Bürgern nicht nur gleiche Rechte garantierte, sondern auch gleiche Glückserwartungen erfüllen sollte. Eine strikte Planwirtschaft sollte die Produktion und die Verteilung des Sozialproduktes lenken. Eigentum sollte es nur beschränkt geben, der Boden gehörte allen. Zu diesen Utopisten gehörten auch einige der sogenannten „Frühsozialisten", Vorläufer von Marx, die auch dessen Denken beeinflusst hatten, so etwa Charles Fourier (1772–1837) und Ètienne Cabet (1788–1856). Aber keine dieser Utopien erreichte die Wirkungsmacht, die später der Marxismus ausübte.

Fazit

Von Platons Idealvorstellungen angetan war auch der Engländer Thomas Morus, der seinen Staats-Entwurf auf der Insel „Utopia" ansiedelte und damit solchen Idealgebilden ihren Namen gab. Morus war in seinen Überlegungen nicht ganz so radikal wie Platon. Er mischte auch etwas von Aristoteles' Vorstellungen bei, indem er zum Beispiel die Familie als Institution beibehielt, die bei Platon im Orkus verschwunden war.

Was wurde wahr?

Bei Morus wurde nie ganz klar, ob er überhaupt an eine Realisierung seiner Idealvorstellungen gedacht hatte, oder ob seine Insel Utopia nicht einfach eine Parodie auf seine Zeit und seine Zeitgenossen war. Schließlich war Morus ein Jurist und als Lordkanzler Heinrichs VIII. auch ein versierter Politiker, der am Ende seine moralische Standfestigkeit und seine Prinzipientreue mit dem Tod auf dem Schafott bezahlen musste.

Die Vision vom Weltgeist

Zunächst aber meldete sich Leibniz zu Wort. Gottfried Wilhelm Leibniz war ein Universalgelehrter, einer der Letzten seiner Spezies und außerdem eine weltmännisch-glanzvolle Erscheinung. Er war ein genialer Mathematiker, er entwickelte das binäre Zahlensystem, mit dem heute die Computer arbeiten, erfand die Infinitesimalrechnung und außerdem eine Rechenmaschine. Er pflegte Umgang mit den großen Philosophen seiner Zeit, wie Spinoza. Leibniz entwarf ein umfassendes Weltbild, von den kleinsten Teilen, die er Monaden nannte, bis zum Universum. Die Monaden folgten einer von Gott im Voraus angelegten „prästabilierten" Harmonie.

Leibniz (1646–1716)

An dieser von Gott geschaffenen Harmonie zweifelte Leibniz auch nicht, obwohl ihm natürlich klar war, wie viel Böses und Übles in der Welt existiert. Er schrieb darüber eine Abhandlung mit dem Titel „Essais de Théodicée sur la bonté de Dieu, la liberté de l'homme et l'origine du mal" und hatte damit den Begriff der „Theodizee" (der „Rechtfertigung" Gottes) in der Bibelkunde erfunden. Leibniz kam zu dem Schluss, dass Gott die „beste aller möglichen Welten" erschaffen habe. Denn gäbe es noch eine bessere Welt, hätte Gott sie entweder nicht gekannt, dann wäre er nicht allwissend, oder er hätte nicht vermocht, sie zu erschaffen, dann wäre er nicht allmächtig. Da Gott die Welt erschaffen hat, muss sie auch endlich sein, und da sie geschaffen und endlich ist, muss sie auch unvollkommen sein, sonst wäre sie ja Gott gleich. Geschaffene Wesen in ihrer Unvollkommenheit müssen notwendig auch fehlen und sündigen, zumal ihnen Gott die Gabe der Freiheit verliehen hat. In dieser Welt überwiegt das Gute bei weitem das Böse und das Böse darin ist kein Beweis gegen Gottes Güte. So kam Leibniz zu dem Ergebnis, dass alles so wie es war, eigentlich gar nicht anders sein konnte. Wir leben in der besten aller Welten.

Theodizee

Über diese These von Leibniz regte sich einer seiner Zeitgenossen schrecklich auf, und da er von Natur aus ein Spötter war, schrieb er darüber einen satirischen Roman mit dem schönen Titel „Candide oder der Optimismus". Es war eine tolle Geschichte, in der der Held Candide, illegitimer Spross eines Barons, sich in eine Prinzessin verliebte, daraufhin aus dem Haus gejagt wurde, auf Reisen ging und schreckliche Abenteuer erlebte. Von dem Optimismus, mit dem er gestartet war, und seinen Illusionen über die Schönheit der Welt blieb am Ende nicht mehr viel übrig. Der Mensch war dem Schicksal hilflos

Candide

ausgeliefert und das Beste, was er am Ende tun konnte, war vors Haus gehen und seinen Garten bestellen.

Voltaire (1694–1778)

Der Autor dieser verrückten Geschichte war ein Franzose, der auf seine Weise als Geschichtsschreiber, Literat und Philosoph ebenfalls eine Art Universalgenie war und in seiner Epoche prägend wirkte. Er hieß Francois-Marie Arouet, nannte sich aber einfach Voltaire. Er war ein Schöngeist und glänzender Gesellschafter, erfolgreicher Dramatiker und Romanautor, aber auch ein scharfsinniger Philosoph, der die Aufklärung in Frankreich entscheidend voranbrachte.

Rousseau (1712–1778)

Ein anderer Zeitgenosse, mit dem Voltaire wegen seiner Weltsicht im Clinch lag, war der um 20 Jahre jüngere Jean-Jacques Rousseau. Mit Rousseau, Sohn eines Genfer Uhrmachers, der viel herumgekommen war und viel von sich reden machte, hatte es folgende Bewandtnis: Er hatte bei einem Preisausschreiben den ersten Preis gewonnen mit seiner These, dass der Fortschritt von Wissenschaft und Kunst zum Verfall von Sitte und Moral geführt habe. Deshalb sollte die Devise gelten: „Zurück zur Natur!" Rousseau war der Meinung, „der Mensch ist von Natur aus gut, es ist die Gesellschaft, die ihn verdirbt". Dementsprechend müsse auch die Erziehung reformiert werden, wie er in seinem Bestseller „Emil oder über die Erziehung" ausführte. Dass ausgerechnet ein Mann, der seine fünf unehelichen Kinder im Findelhaus abgegeben hatte (Kitas gab es damals noch nicht), zum Erziehungsapostel wurde, mutete schon etwas ungewöhnlich an, aber darüber sahen die Zeitgenossen hinweg. Die meisten schwärmten vielmehr für seine gefühlvollen Thesen, die an Gemüt und Empfindsamkeit appellierten.

Noch ein Preisausschreiben

Nicht weniger Erfolg hatte Rousseau mit seinen politischen Parolen. Ihr Ursprung lag in einem zweiten Preisausschreiben, an dem sich Rousseau beteiligt hatte und das er wiederum gewann. Diesmal ging es um die Frage, welche Ursache die Ungleichheit der Menschen habe und ob sie in der Natur begründet sei. Rousseau hatte wieder auf Widerspruch gesetzt und erklärte, dass die Geschichte ein ständiger Verfallsprozess sei, der vom einzig menschenwürdigen Naturzustand weg immer tiefer ins Elend führe. Der eigentliche Sündenfall sei die Einführung des Privateigentums gewesen: „Der erste, der ein Stück Land einzäunte und sich vermaß zu sagen: das gehört mir, und Leute fand, die einfältig genug waren, es zu glauben, war der eigentliche Gründer der bürgerlichen Gesellschaft." Das Eigentum vernichte die Freiheit, meinte Rousseau, es habe das urkommunistische Paradies der „edlen Wilden" zerstört und zu Unfreiheit, Ungleichheit, Neid und Missgunst geführt.

Damit war Rousseau vollends bei der Politik gelandet und er mach- Contrat social
te sich daran aufzuschreiben, wie nach seiner Meinung der beste
Staat aussehen sollte. Er hatte ein großes Vorbild vor Augen, denn
er schwärmte für Platon und dessen Schrift „Politeia", die er außerdem für das beste Erziehungsbuch hielt. Auch bei dem englischen
Staatsphilosophen John Locke hatte Rousseau nachgelesen, war aber
zu gegenteiligen Schlüssen gekommen. Was ihm jedoch gefiel, war
Lockes Vertragstheorie und in Anlehnung daran nannte er sein Buch
„Le Contrat social" (Genau: „Vom Gesellschaftsvertrag oder Prinzipi-
en des politischen Rechtes" – erschienen 1762). Das Buch hebt an mit
dem berühmten Satz „Der Mensch wird frei geboren, und dennoch
liegt er in Ketten."

Rousseaus Ziel ist angeblich die Freiheit, doch in Wirklichkeit strebt Freiheit und Gleichheit
er Gleichheit an, auch wenn das auf Kosten der Freiheit geht. Weil „die
Kraft der Dinge" stets dazu neigt, die Gleichheit zu zerstören, muss
die Gesetzgebung zugunsten der Gleichheit dagegen halten, meint
Rousseau. Bei Locke wurde die individuelle Freiheit durch das Eigentum garantiert. Das kam für Rousseau nicht in Frage, deshalb erfand
er den „Gemeinwillen", den „volonté générale", das war für ihn eine
Art objektives Gesamtinteresse und nicht etwa nur der Mehrheits-
wille. Der Gemeinwille ist der höchste Souverän im Staat. Die Regierung handelt im Auftrag dieser Volkssouveränität. Der Einzelne gibt
seine natürliche Freiheit freiwillig auf zugunsten des Gemeinwillens
und gewinnt durch diese Teilhabe am Gemeinwillen eine Art höherer
Freiheit, wie Rousseau meinte. In Wirklichkeit aber war die Freiheit
des Individuums damit verloren gegangen. Wer sich weigert, diesem
Kollektivwillen zu gehorchen, muss durch den Staat zum Gehorsam
gezwungen werden, was für Rousseau nichts anderes bedeutete, „als
dass er gezwungen wird, frei zu sein." An die Stelle des alten Tyrannen, des absoluten Monarchen, setzte Rousseau damit einen neuen,
die unfehlbare Volkssouveränität, in deren Namen man die Leute auch
köpfen konnte, wie sich bald zeigen sollte.

Mit seinen politischen Parolen war Rousseau zum „Herold" der fran- Der Schlachtruf
zösischen Revolution geworden, die 1789 ausbrach. Kurz vor seinem
Tod hatte ihn noch ein glühender junger Verehrer besucht, ein Jura-
student namens Maximilien de Robespierre. Unter Robespierre, der
zum Anführer der Revolution aufstieg, wurde Rousseaus „Contrat
Social" zur Bibel der Jakobiner und sein Pathos fand sich wieder im
Schlachtruf der Revolution „Freiheit, Gleichheit, Brüderlichkeit!".
Dieser Schlachtruf sollte sich zwar als langlebig erweisen, trug aber

einen gefährlichen Widerspruch in sich, der bis heute für Spannungen sorgt: Je mehr Gleichheit, desto weniger Freiheit und umgekehrt. Auch der Aufstand von 1789 führte bekanntlich nicht zu dem gewünschten Ergebnis, denn „die Revolution fraß ihre Kinder" und nachdem er unzählige Leute hatte köpfen lassen, landete Robespierre schließlich selbst unter der Guillotine. Immerhin, was blieb, war nicht zuletzt die Erklärung der Menschenrechte.

Voltaire gegen Rousseau Als die Revolution ausbrach, die ihm eine späte Genugtuung gebracht hätte, war Rousseau schon über ein Jahrzehnt tot. Allerdings hatte er auch zu seinen Lebzeiten schon viel schwärmerische Verehrung erfahren. Gleichwohl lag ihm sehr daran, vor allem von den geistigen Autoritäten seiner Zeit anerkannt zu werden. Eine solche Autorität war Voltaire. Rousseau schickte ihm seine Abhandlung über die Ungleichheit und hoffte auf Anerkennung. Voltaire bedankte sich und schrieb ihm zurück: „Ich habe, mein Herr, Ihr neues Buch gegen die menschliche Gattung erhalten ... Niemand hat es mit mehr Geist unternommen, uns zu Tieren zu machen, als Sie. Das Lesen Ihres Buches erweckt in einem das Bedürfnis, auf allen Vieren herumzulaufen."

Eine Illusion Dass sich die Zustände in seinem Sinne ändern könnten, hatte genau genommen schon Rousseau selbst für eine Illusion gehalten. Und dennoch haben seine hochfliegenden, zum Teil phantastischen Vorstellungen in der Zukunft mehr bewirkt als er sich zu seiner Zeit träumen ließ.

Kant (1724–1804) Voltaire hielt also nichts von Rousseau. Aber ein anderer berühmter Philosoph war durchaus von ihm angetan. Vor allem von seinem Buch über die Erziehung. Es war Immanuel Kant, der über der Lektüre von Emil sogar seinen Abendspaziergang versäumt haben soll, was einen beachtlichen Einbruch in die Königsberger Weltordnung bedeutete. Sogar Rousseaus Bild hatte er in seiner Studierstube aufgehängt. In Kants eigenem Werk spielten die Gedanken Rousseaus höchstens eine anregende Rolle. Kant war der große Philosoph der Vernunft und der Pflicht, und Berührungspunkte mit Rousseau ergaben sich nur insofern, als beide Wegbereiter der Aufklärung waren. Mit Kant erreichte die Aufklärung gewissermaßen ihren Höhepunkt, der sich in seinem berühmten Diktum manifestierte: „Sapere aude! Habe Mut, dich deines eigenen Verstandes zu bedienen!"

Vision vom Weltfrieden Kant war jedoch auf seine Weise auch ein Visionär. Er entwarf ebenfalls das Konzept eines idealen Staates, von dem er annahm, dass, wenn es allgemein befolgt würde, damit der Weltfrieden gesichert

wäre. Er nannte seine Abhandlung „Zum ewigen Frieden" und verwies vorsichtshalber gleich selbst auf die satirische Komponente dieses
Titels, der auch schon einmal für eine Friedhofs-Gaststätte verwendet
wurde. Systematisch, wie in seiner Vernunft-Kritik und wie in einem
Friedensvertrag, reihte Kant die nach seiner Meinung erforderlichen
Bedingungen auf. Als „Präliminarartikel" nannte er: es durften keine
geheimen Vorbehalte für einen künftigen Krieg gemacht werden, kein
Staat durfte von einem anderen erworben werden, stehende Heere waren verboten, ebenso wie gegenseitige Einmischung. Diesen Verbots-
artikeln folgten eine Reihe von „Definitivartikeln": Jeder Staat sollte
eine republikanische Verfassung haben, das Völkerrecht sollte auf eine
Föderation freier Staaten gegründet sein und ein Weltbürgerrecht sollte garantieren, dass man auf ausländischem Boden nicht feindselig
empfangen wird.

Besonderen Wert legte Kant auf die Staatsform der Republik. Mit die- **Republik**
sem Begriff verband er die Vorstellung einer repräsentativen Volks- **statt Demo-**
vertretung, im Gegensatz zur Demokratie, bei der das Volk direkt **kratie**
abstimmt und auf diese Weise der Gesetzgeber zugleich Vollstrecker
seines Willens ist, und im Grunde wie ein Despot wirkt. Was die Philosophen anbelangt, die bei Platon die Könige sein sollten, so meinte
Kant, dass sie von den Regierenden zwar gehört werden aber nicht
selbst herrschen sollten. Kants Schrift „Zum ewigen Frieden" war auf
Anhieb ein Bestseller. Er sorgte auch selbst mit seinem Verleger dafür,
dass sie alsbald ins Französische übersetzt wurde und auch in Frankreich fand sie rasch interessierte Leser.

Das Problem bei alledem war, dass jeder Staat dem Konzept zustim- **Völkerbund**
men musste. Deshalb erfand Kant den Völkerbund. In dieser Vereinigung sollten sich alle Staaten zusammenfinden, über die gemeinsamen Regeln beschließen und über ihre Einhaltung wachen. Kants
Völkerbunds-Idee war eine neue Dimension in der Staatsphilosophie.
Sie schlummerte allerdings zunächst in der philosophischen Literatur
vor sich hin. Praktisch aufgegriffen hat sie erst der amerikanische Präsident Woodrow Wilson. Mit einem Völkerbunds-Konzept im Gepäck
reiste Wilson 1919 zu den Friedensverhandlungen nach Versailles. Er
sah sich in der Rolle des Friedensbringers für die Welt, wurde aber am
Ende zur tragischen Figur. Es gelang ihm nicht, sich gegen die hasser-
füllten Vorstellungen des französischen Ministerpräsidenten Clemen-
ceau durchzusetzen und am Ende stimmte er Friedensbedingungen
zu, die den Keim des nächsten Krieges bereits in sich trugen. Immerhin gelang es ihm, sein Völkerbunds-Konzept durchzusetzen, die Völ-

kerbunds-Satzung wurde zum Bestandteil des Versailler Vertrages und der Völkerbund trat 1920 in Genf zu seiner ersten Sitzung zusammen. Allerdings ohne die USA, denn der US-Senat hatte die Ratifizierung des Vertrages abgelehnt.

Utopische Vision? Nach dem Zweiten Weltkrieg waren die USA klüger und ließen ein Versailles nicht mehr zu. Stattdessen gab es einen Marshallplan, und 1949 wurden die Vereinten Nationen gegründet. Die „United Nations" (UN) sind sicher ein großer Fortschritt, wenn sie auch noch weit von dem entfernt sind, was Kant sich vorstellte. Kant war kein Utopist und hielt seine Vorstellung vom ewigen Frieden selbst einstweilen für „eine unausführbare Idee", der man sich allerdings in ständigem Bemühen weiter annähern sollte. Andere Zeitgenossen sprachen von Träumerei oder einer utopischen Vision.

Revolution und Demokratie Zwei Ereignisse hatten zu Kants Zeiten die Welt bewegt und veränderten die Zukunft. Das eine war die Französische Revolution von 1789, das andere die amerikanische Revolution und die Gründung der Vereinigten Staaten von Amerika 1787. Kant hatte an beiden lebhaften Anteil genommen. Er hatte schon für Rousseau geschwärmt und verfolgte auch die Französische Revolution mit großer Sympathie, bis sich dann die Folgen der Schreckensherrschaft in Paris zeigten, die er verabscheute. Noch eindrucksvoller fand er die Gründung der Vereinigten Staaten und er nannte die USA „das einzige wahre Land der Freiheit", dessen Menschen frei seien „von den Ränken und Lastern Europas".

Freiheit und Gleichheit Diese Ereignisse hatten aber auch Spannungen ausgelöst, die bis zum heutigen Tag anhalten. Es gab den Widerspruch zwischen Gleichheit und Freiheit, und das Problem, ob und wie er in einer Demokratie aufgelöst werden könnte. Dieses Problem aufgespürt und beschrieben hat ein junger Franzose namens Alexis de Tocqueville.

Tocqueville (1805–1859) Tocqueville, Jurist und als Richter tätig, war mit den krisenhaften Zuständen in Frankreich, wie sie sich nach dem Sturz Napoleons ergeben hatten, unzufrieden. Er wollte herausfinden, warum die Amerikaner mit ihrer jungen Demokratie besser zurecht kamen und ob man daraus vielleicht für Frankreich etwas lernen könnte. Da traf es sich gut, dass er von der Regierung den Auftrag erhielt, in Amerika die Reform des Gefängniswesens zu untersuchen und darüber zu berichten. 1832 kehrte er von seiner Amerikareise, die er zusammen mit einem Kollegen unternommen hatte, zurück und lieferte seinen Bericht über das Gefängniswesen ab. Viel mehr als die Justizverwaltung hatte

26

ihn aber der Zustand der amerikanischen Demokratie interessiert und auch darüber wollte er berichten. Deshalb legte er sein Richteramt nieder und nahm sich drei Jahre Zeit. Dann legte er ein Buch vor mit dem Titel „De la Démocratie en Amérique" („Über die Demokratie in Amerika", 1835), das großes Aufsehen erregte und noch heute gelesen wird. Tocqueville war damit zugleich zum Begründer der vergleichenden Politikwissenschaft geworden.

Tocqueville stellte fest, die Amerikaner hatten in ihrer repräsentativen Demokratie das Problem gelöst, einen Ausgleich zwischen individueller Freiheit und staatsbürgerlicher Gleichheit zu finden. Das war ihnen gelungen, weil die einzelnen Bürger zwar ihre Interessen verfolgten, zugleich aber es als ihre Pflicht erachteten, sich aktiv am Gemeinwesen zu beteiligen. Das galt von der Nachbarschaft über die Gemeinde bis zum Staat. Die Amerikaner waren gewohnt, soweit als möglich, ihre Sachen selbst zu regeln, statt nur auf den Staat zu vertrauen und besonders ihr politisches Handeln im lokalen Bereich machte sie zu verantwortungsbewussten, freien Bürgern. Eine Rolle spielte dabei auch die Religion, die in vielfältigen, aber einfachen Formen praktiziert wurde und deren moralische Standards beachtet wurden.

Die Demokratie in Amerika

Tocqueville liebte die Freiheit über alles, deshalb stand er der Demokratie misstrauisch gegenüber. Er befürchtete, dass mit der Ausbreitung der Demokratie die Gleichheit auf Kosten der Freiheit zunimmt. Er warnte immer wieder vor der „Tyrannei der Mehrheit" und er fürchtete eine neue Art von Unfreiheit, die dadurch entsteht, dass sich die Bürger freiwillig einer Entmündigung durch den Staat und der damit verbundenen „Verwaltungsdespotie" unterwerfen. Er kam zu dem Schluss, dass dennoch auf die Dauer kein Weg an der Demokratie vorbei führt. Tocqueville prophezeite, dass sich auf lange Sicht die Demokratie in allen Staaten durchsetzen werde. „Eine große demokratische Revolution breitet sich über die Welt aus und ergreift mit unwiderstehlicher Gewalt die Nationen", meinte er. Und sein Buch schloss er mit dem Satz: „Die Nationen unserer Tage vermögen an der Gleichheit der gesellschaftlichen Bedingungen nichts mehr zu ändern; aber es hängt nun von ihnen ab, ob die Gleichheit sie zur Knechtschaft oder zur Freiheit führt, zu Bildung oder Barbarei, zu Wohlstand oder Elend."

Tocquevilles Vision

Ein Jahr, nach dem sein Buch erschienen war, unternahm Tocqueville eine Reise nach England. Dabei besuchte er auch einen bekannten Philosophen, der im gleichen Alter wie er war und mit dem er sich auf An-

Mill (1806–1873)

hieb gut verstand. Die beiden wurden Freunde und blieben es bis an ihr Lebensende. Der Engländer hieß John Stuart Mill, war als hochbegabtes Kind aufgewachsen und trat in die Dienste der ostindischen Kompanie, bei der auch sein Vater beschäftigt war. Als Philosoph begründete er den englischen Positivismus, und, ähnlich wie Tocqueville, beschäftigte auch ihn die Frage eines Ausgleichs zwischen dem Individuum und der Gemeinschaft. Mill fand ihn auf der Basis des Utilitarismus (Nützlichkeitsdenken), wie ihn sein Landsmann Jeremy Bentham vertreten hatte. Wie Tocqueville liebte auch Mill die Freiheit über alles. In seiner Abhandlung „On Liberty" („Über die Freiheit", 1859) formulierte er ein „Freiheitsprinzip", um die individuelle Freiheit zu schützen: Niemandes Freiheit darf eingeschränkt werden, es sei denn, dass seine Handlungen die Interessen anderer schädigen. Mill wurde so zu einem Theoretiker des Liberalismus und es lag nahe, dass er sich auch mit der Wirtschaftswissenschaft befasste. In seinen „Principles of political Economy" („Grundsätze der politischen Ökonomie", 1848) fasste er die Erkenntnisse der Volkswirtschaftslehre zusammen und gilt seither als Vollender der klassischen Schule der Nationalökonomie.

Eine liberale Utopie Mill dachte auch seiner Zeit voraus und viele seiner Gedanken muten heute sehr modern an. Er sah eine Zeit kommen, in der das Wirtschaftswachstum zum Stillstand kommen wird, weil es auf die eisernen Zwänge begrenzter Ressourcen stößt und überdies steigende Soziallasten die Wachstumsmöglichkeiten einschränken. In einer solchen stagnierenden Gesellschaft, meinte Mill, werde sich dann auch die Rangordnung der gesellschaftlichen Werte verändern. Geistige und kulturelle Aspekte werden dann den Vorrang haben, ohne dass es trennende Klassengegensätze gibt. Diese Vorstellungen Mills wurden seine „liberale Utopie" genannt.

Grenzen des Wachstums Über die „Grenzen des Wachstums" wird auch heute wieder diskutiert. „The limits of Growth", lautete ein Bericht des „Club of Rome", der 1972 erschien (herausgegeben von Denis Meadows) und großes Aufsehen erregte. Auch Meinhard Miegel hat sich 2010 in seinem Buch „Exit – Wohlstand ohne Wachstum" mit diesem Problem beschäftigt. Davon wird noch die Rede sein.

Hegel (1771–1831) So wie Kant für Rousseau geschwärmt hatte, begeisterte sich auch ein anderer großer Philosoph in seinen jungen Jahren für Jean-Jacques Rousseau und seine Parolen. Der junge Stuttgarter Georg Wilhelm Friedrich Hegel war damals Student in Tübingen und gemeinsam mit seinen beiden Freunden aus dem Tübinger Stift, Friedrich Schelling und Friedrich Hölderlin, diskutierte er eifrig über die Französische Revolution. Der glänzendste Kopf unter den Dreien war Schelling, der auch am schnellsten Karriere machte. Er war bereits Professor in Jena, als Hegel und Hölderlin sich noch mühsam als Hauslehrer durchschlagen mussten. In seinen späteren Jahren holte Hegel allerdings mächtig auf. Am Ende seiner Karriere war er „der preußische Staatsphilosoph" und der bedeutendste philosophische Kopf seiner Zeit.

Lange bevor er als Nachfolger Fichtes dem Ruf auf den philosophischen Lehrstuhl der Universität Berlin folgte, hatte er bereits sein Hauptwerk, die „Phänomenologie des Geistes" (das man übrigens zu Recht wegen seines dunklen, abstrakten Stils ein „Meisterwerk der Unverständlichkeit" genannt hat) vollendet. Das war 1806, als Hegel außerordentlicher Professor in Jena war. Er hatte Mühe, sein Manuskript in Sicherheit zu bringen, denn um Jena herum tobte die Schlacht zwischen Franzosen und Preußen. Dabei hatte Hegel ein eindrucksvolles Erlebnis, über das er später berichtete. Er stand am Straßenrand, als der siegreiche Napoleon durch die Stadt ritt und Hegel lief es bei diesem Anblick kalt über den Rücken, so war er ergriffen durch den Gedanken: „Das ist der Weltgeist zu Pferde!" Der Weltgeist zu Pferde

Der Begriff des Weltgeistes (gleichzusetzen mit Wahrheit, Gott, Vernunft) war der Kern von Hegels Geschichtsphilosophie. Für Hegel war die Weltgeschichte nichts anderes, als der ständige Prozess, in dem der Weltgeist sich entfaltet und zu sich selber findet. Der einzelne kleine Mensch spielt dabei keine Rolle, so wenig wie die Großen ihrer Zeit, Völker und Epochen sind nur notwendige Durchgangsstationen im weltgeschichtlichen Prozess. Das Wirken des Weltgeistes prägte sich im Staat aus, der für Hegel den Willen Gottes verkörperte. Der Zweck des Staates liegt darin, die Vernunft zu verwirklichen, er ist deshalb „nicht um der Bürger willen da", vielmehr sollen ihn die Bürger als ein „Irdisch-Göttliches" verehren. Denn „alles, was der Mensch ist, verdankt er dem Staat". Der Staat ist „der Geist, der sich im Prozess der Weltgeschichte seine Wirklichkeit gibt". Die Vision des Weltgeistes

Hegels Staatsverständnis war so ziemlich das Gegenteil der Staatsauffassung von John Locke, die der amerikanischen und modernen liberalen Verfassungen zugrunde liegt. Locke war misstrauisch gegenüber dem Staat, dem er nur eine dienende Rolle zubilligte und dessen Macht man kontrollieren müsse. Für Hegel jedoch war der Staat an sich gut und die Bürger sollten vor allem Diener des Staates sein. Der Staat stand über dem Individuum. Ein gut Teil der Staatsgläubigkeit, Hegels Staatsverständnis die uns Deutschen zu eigen ist, ein Stück Untertanengeist und mangelnde Zivilcourage, dürften hier ihre Wurzeln haben.

Ein falscher Prophet? Hegels Vorstellung vom Staat als einer Art Gottersatz, durch den alles geregelt wird, fand später leidenschaftlichen Widerspruch durch Karl R. Popper. Für Popper war Hegel ein „falscher Prophet", ein „orakelnder Philosoph", dessen Geschichtsbetrachtung (Popper nannte sie „Historizismus") ein Aberglaube sei. Der Verlauf der Geschichte lasse sich nicht aufgrund allgemeiner Entwicklungsgesetze voraussagen. Popper hält nichts von den „Tiefschwätzern", die über den Verlauf der Geschichte und den Weltgeist spekulieren, statt individuelle politische Verantwortung zu übernehmen. Damit eckte Popper allerdings seinerseits an und wurde von der „Frankfurter Schule" als „Positivist" heftig beschimpft. Adorno und Habermas entfachten 1961 den „Positivismusstreit", der aber insofern im Sande verlief, als Popper sich nicht daran beteiligte, weil er das Ganze für einen „Eiertanz von grotesker Unwichtigkeit" hielt.

Große Wirkung Für einige seiner Zeitgenossen und spätere Epigonen war Hegels Bild vom Staat allerdings wie eine Offenbarung. Der Hegelsche Weltgeist befand sich zwar außerhalb von Kants Erkenntnisgrenzen und war durch nichts zu beweisen, war reine Spekulation (Koesters). Das hinderte Hegels Epigonen aber nicht daran, ihm auf dem Weg der Geringschätzung empirischen Wissens zu folgen. Hegel selbst soll einmal, als man ihn auf Widersprüche zwischen seinem System und der Wirklichkeit aufmerksam machte, geantwortet haben: „Umso schlimmer für die Wirklichkeit!" Hegels Anhänger waren zwar schon bald in einen rechten und einen linken Flügel zerfallen, was aber der Wirkung von Hegels Philosophie und der von ihm gepflegten dialektischen Methode keinen Abbruch tat. Es war ein „Linkshegelianer", der sich wenig später anschickte, Hegel „vom Kopf auf die Füße zu stellen", wie er es nannte, und eine Vision zu entwickeln, die in praktischer Hinsicht noch weit über Hegels Vorstellungen hinausging.

Fazit *Die Antinomie der Denkrichtungen von der Platon und Aristoteles ausgegangen waren, setzte sich im Philosophischen wie im Politischen fort und brachte neue Visionen und Zukunftsbilder hervor. So war bei Leibniz die Vorstellung entstanden, dass wir in der besten aller Welten leben, was jedoch Voltaire mit beißendem Spott bezweifelte. Rousseau wiederum war ein glühender Anhänger Platons und lieferte zündende Parolen, die sich nicht zuletzt auch in der französischen Revolution auswirkten. Merkwürdigerweise war damals auch der nüchterne Kant von Rousseau*

*begeistert, was allerdings in Kants Philosophie keinen Niederschlag fand.
Kant schwärmte für die Freiheit, wie sie sich besonders in den neu er-
standenen Vereinigten Staaten von Amerika manifestierte, die ihrerseits
in Alexis de Tocqueville einen nüchternen und überzeugenden Propa-
gandisten fanden. Auch Tocquevilles englischer Kollege John Stuart Mill
war ein Protagonist des Liberalismus und der aristotelischen Denkweise
zugetan, anders als Hegel, der in seiner Jugend für Rousseau schwärmte,
in Napoleon den Weltgeist verkörpert sah und für den der Staat eine Art
Gottesersatz war.*

*Die Parole der französischen Revolution: „Freiheit, Gleichheit, Brüder-
lichkeit!" entpuppte sich als die Beschreibung eines Gegensatzes, weil sich
Freiheit und Gleichheit gegenseitig verdrängen. Die französische Revolution endete im autoritären Regime Napoleons, aber die amerikanische
Revolution führte zum ersten freiheitlichen und demokratischen modernen Verfassungsstaat. Hegels Vorstellungen vom Staat hingegen beflügelten die Ideen der „Kathedersozialisten", die halfen, den Boden für den
aufkommenden Totalitarismus zu bereiten.*

Was wurde wahr?

Die Utopie des Karl Marx

Karl Marx studierte in Berlin Jura und Philosophie. Er erlebte Hegel
zwar nicht mehr persönlich, aber an der Berliner Universität stand
man noch ganz im Bann von Hegels Lehre. Marx schloss sein Studium mit der Promotion ab, seine Dissertation befasste sich mit einem
Thema aus der griechischen Philosophie über Demokrit und Epikur.
Er wurde dann Journalist bei der „Rheinischen Zeitung" in Köln und
ging anschließend für ein paar Jahre nach Paris. Inzwischen war er
überzeugter Kommunist und schlug als Publizist ziemlich radikale
Töne an, Die preußische Regierung veranlasste seine Ausweisung aus
Frankreich. Marx zog schließlich mit seiner Familie nach London, er
hatte inzwischen geheiratet und musste fünf Kinder ernähren. Seine
preußische Staatsbürgerschaft hatte er aufgegeben, die britische wurde
ihm verweigert und so blieb er 35 Jahre lang staatenlos in London
sesshaft bis zu seinem Tod. Geplagt von Geldsorgen und Krankheiten
hatte er immer wieder mit der „Misere des Lebens" zu kämpfen, wie er
es nannte. Ohne die materielle Hilfe seines Freundes Friedrich Engels
wäre er wohl nicht über die Runden gekommen.

Marx (1818–1883)

Was Marx an Hegels Philosophie besonders beeindruckte, war dessen Geschichtsauffassung, wonach die Weltgeschichte Sinn und Ziel habe. Doch für Marx, wie vorher schon für Feuerbach, war nicht der „Weltgeist" der Motor des Weltprozesses, sondern der arbeitende Mensch. Es ist die Produktionsweise des materiellen Lebens, die den sozialen, politischen und geistigen Lebensprozess überhaupt und damit das „gesellschaftliche Bewusstsein" bestimmt. Marx hatte aus seiner Geschichtsbetrachtung eine Wissenschaft gemacht, die er „historischen Materialismus" nannte. Er war überzeugt, dass man auf diese Weise nicht nur Vergangenheit und Gegenwart, sondern auch die Zukunft wissenschaftlich exakt erfassen könne. Die Geschichte als eine Entwicklung dialektischer Widersprüche mündet zwangsläufig in einer klassenlosen, kommunistischen Gesellschaft, meinte Marx. Das war der Kern seiner Utopie.

Aus seinen philosophischen Erwägungen zog Marx den praktischen Schluss: „Die Philosophen haben die Welt nur verschieden interpretiert; es kömmt darauf an, sie zu verändern!" Und das sollte ihm in der Tat gelingen. Nicht ganz so erfolgreich war er mit seinen Prophezeiungen. In der Industriegesellschaft werden die Arbeiter ausgebeutet und sich selbst entfremdet. Die immer stärkere Akkumulation des Kapitals verstärkt die Kluft zwischen der Klasse der Bourgeois und der Klasse der Proletarier immer mehr und führt zur Verelendung der Arbeiter. Schließlich wird die Klasse der Proletarier, diese „ungeheure Mehrzahl" besitzloser, ausgebeuteter Arbeiter, zum Angriff gegen die bestehende Gesellschaftsordnung antreten, prophezeite Marx.

Die Proletarier aller Länder werden sich vereinigen und eine Weltrevolution wird ausbrechen. Mit den Proletariern als „herrschende Klasse" und unter der „Diktatur des Proletariats" werden die „Expropriateure expropriiert". Am Ende wird es eine klassenlose Gesellschaft geben, alle werden gleich glücklich sein und selbst der Staat wird überflüssig werden. Marx war überzeugt, dass der Kapitalismus an seinen inneren Widersprüchen zugrunde gehen und dem Sozialismus weichen wird, der schließlich in die ideale, kommunistische Gesellschaft mündet. Das war Marxens Utopie des Sozialismus.

Aber weder gibt es ein erkennbares Endziel der Geschichte, noch lässt sich die künftige Entwicklung vorausbestimmen. Deshalb sah die Wirklichkeit ganz anders aus, als es Marx prophezeit hatte. Der Kapitalismus starb nicht ab sondern blühte auf. Die sogenannte „industrielle Revolution" und die Gründerzeit führten zu bisher ungekanntem Wohlstand und zur „Belle Epoque". Das alles ging zwar nicht ohne soziale Spannungen ab, aber den Völkern ging es schließlich so gut, dass sie übermütig wurden, und einen Krieg anzettelten. Dieser Krieg, die „Urkatastrophe" des zwanzigsten Jahrhunderts, veränderte dann alles.

Jetzt erst, im Ersten Weltkrieg, entfaltete sich Marxens Revolutions- **Totalitarismus** gedanke zu schrecklicher Größe. Mit der russischen Oktoberrevolution 1917 begann die Ära des Sowjetkommunismus, die zur Diktatur des Stalinismus führte, der erst nach dem „Kalten Krieg", der sich an den Zweiten Weltkrieg anschloss, sein Ende fand. In Italien war Mussolinis faschistisches Regime an die Macht gekommen, so wie später Hitler in Deutschland mit der Diktatur des Nationalsozialismus, die schließlich ein zerstörtes Land und, wie die Sowjetdiktatur auch, Millionen Tote und dazu noch den unvorstellbaren Schrecken des Holocaust hinterließ.

Nach dem heißen Zweiten Weltkrieg, der 1945 endete, begann der **Der real** „Kalte Krieg", der die Welt in zwei Machtblöcke spaltete. In den Staa- **existierende** ten des Sowjetblocks kam Marxens Utopie zu neuen Ehren und es **Sozialismus** herrschte der real existierende Sozialismus, der aber nicht den gewünschten Effekt zeitigte. Die Staaten, die mit ihrer Planwirtschaft im real existierenden Sozialismus lebten, hatten das Elend keineswegs überwunden, sondern kamen immer tiefer hinein, bis hin zum Staatsbankrott. Das beste Beispiel lieferte die DDR.

Im Westen hingegen blühte der Kapitalismus auf und dort, wo sich ein **Wirtschafts-** freiheitliches Wirtschaftssystem erhalten hatte oder neu durchsetzen **wunder** konnte, entstand neuer Wohlstand. Ludwig Erhards „Wirtschaftswunder" war dafür das beste Beispiel.

Der Sozialismus mit seinem verheißungsvollen Wunschdenken war **Demokratischer** nicht tot zu kriegen. In seiner totalitären Form mit ihrer Schreckens- **Sozialismus** herrschaft hatte er sich allerdings überlebt. Nun war der demokratische Sozialismus am Zuge mit Politikern, die ihr sozialistisches Wunschdenken als Demokraten realisieren wollten. In Frontstellung zu liberaler freiheitlicher Wirtschaftsauffassung haben sie mit Dirigismus und Staatseingriffen auch schon viel erreicht, und zwar so viel, dass ein ausufernder Sozialstaat gelegentlich gebremst werden musste, wenn man nicht im Staatsbankrott enden wollte. Die Agenda 2010 ist ein Beispiel dafür. Außerdem führte dieses sozialistische Wunschdenken zu vorher nie gekannten Schuldenbergen in fast allen europäischen Ländern. Der demokratische Sozialismus war nach dem Zweiten Weltkrieg in allen europäischen Ländern zum Zuge gekommen und hat auch das Konzept der Europäischen Union mit ihrem Zentralismus und ihrem Dirigismus geprägt.

Kritik an Marx

Marxens Prophezeiungen trafen nicht ein und seine Utopie wurde nicht Wirklichkeit. Dennoch entfaltete der Marxismus eine ungeheure Wirkung und die Diskussion über das Für und Wider hält bis heute an. Als 1848 Marx und Engels ihr „Kommunistisches Manifest" veröffentlichten, durchlief Europa mit Revolutionswirren in Frankreich wie in Deutschland, ja sogar in der Schweiz und Italien, ohnehin unruhige Zeiten. Die kritischen Stimmen, die sich gegen den Marxismus erhoben, drangen nur langsam durch, das idealistische Wunschdenken des Sozialismus übte seinen Zauber aus.

Nietzsche (1844–1900)

Wenige Jahre nach Marxens Tod machte ein anderer Philosoph von sich reden, der auch den Verfall der bürgerlich-christlichen Welt prophezeite, allerdings nicht aus politischer, sondern aus moralischer Sicht. Friedrich Wilhelm Nietzsche stammte aus einem protestantischen Pfarrhaus und genoss eine solide humanistische Bildung, die sein Interesse für die Antike und die alten Sprachen weckte. Mit 24 wurde er Professor für klassische Philologie an der Universität Basel. 10 Jahre später erkrankte er und musste sein Lehramt aufgeben. Er ging auf Reisen und arbeitete als Schriftsteller und Philosoph, denn seit er Schopenhauers „Die Welt als Wille und Vorstellung" gelesen hatte, hatte ihn die Philosophie nicht mehr losgelassen. Aber Nietzsche, der wie ein Besessener arbeitete, waren nur 10 weitere Jahre des Schaffens vergönnt. Mit 45 erlitt er einen paralytischen Schock, die Folge einer Syphilis-Infektion, und fiel in geistige Umnachtung, aus der ihn nach 12 Jahren der Tod erlöste.

Nietzsches Prophezeiung

Für Nietzsche war es der „Wille zur Macht", der die Welt bewegte und durch den dionysischen „Rausch" erfährt der Mensch die Welt als Wille. Nietzsches Ideal war der Mensch, der alle kleinliche Moral hinter sich lässt, der alle Kräfte des Lebens, die in ihm stecken, nutzt und so. zum „Übermensch" wird, gewissermaßen als Gegenentwurf zum „Massenmenschen", der die Szene beherrscht. Für Nietzsche war der christliche Gott unglaubwürdig geworden („Gott ist tot!"), die herrschende Kultur hatte versagt, wachsender Nihilismus führt zu einem Verfallsprozess, der nicht aufzuhalten ist. Nur durch eine „Umwertung aller Werte" könnte die „Herdentiermoral", die in Europa herrscht, überwunden werden. Nietzsche zweifelte, ob sich die „Herrenmoral" gegenüber der „Sklavenmoral" durchsetzen würde. Er sieht, wie sich die gewachsenen Kulturen aufzulösen beginnen, wie Gesellschaftsordnung und Moral relativiert werden. Er prophezeit einen europäischen Nihilismus, in dem die alten Wert- und Lebensordnungen verloren gehen. „Was ich erzähle, ist die Geschichte der nächsten zwei Jahrhunderte. Ich beschreibe, was kommt, was nicht mehr anders kommen kann: Die Heraufkunft des Nihilismus ... unsere ganze europäische Kultur ... bewegt sich wie auf eine Katastrophe los", schrieb Nietzsche und fügte an anderer Stelle hinzu: „Es wird Kriege geben, wie es noch keine auf Erden gegeben hat ..." Soweit Nietzsches Prophezeiung. Was die prophezeiten Kriege anbelangte, sollte er in schrecklichem Maße Recht behalten. Und was den Verfall der Kultur betrifft, so ließe sich manches Indiz dafür anführen, vor allem aus der Sicht der älteren Generation, dass Nietzsche auch da Recht behalten hat, auch wenn es der Zeitgeist anders sehen dürfte.

Zur selben Zeit, als Nietzsche über Herdenmenschentum und Vermassung schrieb, machte sich in Paris Gustave Le Bon daran, das Verhalten der Menschen in der Masse zu beschreiben. Le Bon, ursprünglich Arzt, war ein sehr vielseitiger Mann. Er schrieb über Physiologie und Hygiene ebenso wie über Archäologie, Philosophie und Soziologie. Berühmt wurde er als Sozialpsychologe mit seinem Werk „Psychologie des Foules" („Psychologie der Massen"), das 1895 erschien. In der Masse schwindet die bewusste Persönlichkeit, der Einzelne ist nicht mehr er selbst, er wird zum Triebwesen. Die „Massenseele" ist reizbar und unfähig zu logischem Denken, Bilder und Ideen können ihr leicht suggeriert werden und immer bildet sich ein Führer heraus, dem die Masse blind folgt. Das Bild, das Le Bon hier beschreibt, hat wohl jeder schon einmal erlebt, von politischen Versammlungen bis zum „Wutbürger" von *Stuttgart 21*.

Le Bon (1841–1931)

Eine Grundanschauung kann noch so unsinnig sein, die Masse akzeptiert sie, wenn sie ihr in der richtigen Weise suggeriert wird. Le Bon nennt als Beispiel den Sozialismus: „Die offenbare geistige Armut der sozialistischen Lehren der Gegenwart wird nicht verhindern, dass sie sich in der Massenseele einpflanzen." Diese neue Art von Religion wird zwar bei der Verwirklichung scheitern, aber zerstörerisch wirken, meint Le Bon und in seiner „Psychologie du socialisme" (1898) nannte er den Sozialismus „die schwerste Gefahr, von der die europäischen Völker bedroht werden". In sozialistischen Regimen werde die Unterdrückung jedoch so stark sein, dass sie nicht von Dauer sein könnte, prophezeite Le Bon. Aus heutiger Sicht kann man viele Beispiele dafür anführen, dass Le Bon damit Recht hatte.

Bedrohung durch Sozialismus

Aufstieg und Niedergang von Kulturen

Als Arzt hatte Le Bon die Vorstellung, dass Kulturen wie Lebewesen einzelne Lebensphasen durchlaufen, von der Geburt über die Blütezeit bis zum Niedergang. Die Zeit des Niedergangs setzt ein, wenn der Egoismus an Boden gewinnt, der Zusammenhalt schwindet und die Menschen immer mehr, auch in unbedeutenden Handlungen, verlangen, geführt zu werden, Diese Vorstellung vom Lebenszyklus der Kulturen sollte später durch Oswald Spengler aufgegriffen werden und viel Aufsehen erregen. Davon wird noch die Rede sein.

Kathedersozialismus

Aber trotz aller Warnungen, wie sie Le Bon zum Beispiel ausgesprochen hatte, war der Sozialismus inzwischen Mode geworden, der Zeitgeist hatte ihn entdeckt. Sozialismus und Nationalismus waren die vorherrschenden Ideologien und im Grunde hatte sich der Nationalsozialismus schon in der Zeit vor dem ersten Weltkrieg als Idee ausgeformt. Auch in der akademischen Welt war der Sozialismus modern. Die meisten Professoren der „wirtschaftlichen Staatswissenschaften" sympathisierten mit den Sozialdemokraten und paktierten später mit den Nationalsozialisten, wie das Beispiel des Soziologen Werner Sombart zeigt. Für diese „Kathedersozialisten" waren liberale Nationalökonomen undeutsch und eine Art Staatsfeinde, die mit Unternehmern und Freihändlern paktierten.

Ludwig von Mises (1881–1973)

In dieser akademischen Welt war Ludwig von Mises ein Außenseiter, weil er kämpferisch liberale Ideen vertrat und im Gegensatz zu vielen deutschen Kollegen sich gründlich mit der klassischen, englischen Nationalökonomie beschäftigt hatte. Mises hat die österreichische Schule der Nationalökonomie maßgebend mitgeprägt und aus seinem „Privatseminar" gingen eine ganze Reihe später berühmter Wirtschaftswissenschaftler hervor. Sein erstes großes wissenschaftliches Werk, das 1912 erschien, befasste sich mit der Geldtheorie. und galt als Standardwerk. Unter den Rezensenten war auch ein junger Engländer namens John Maynard Keynes, der seine Bewunderung allerdings insofern einschränkte, als er später einräumte, dass seine Deutsch-Kenntnisse begrenzt waren. „Vielleicht wäre der Welt viel Leiden erspart geblieben, wenn Lord Keynes etwas mehr Deutsch gelernt hätte", meinte dazu F. A. von Hayek.

Der Sozialismus muss scheitern

In seinem zweiten wissenschaftlichen Werk, das 1922 erschien, („Die Gemeinwirtschaft – Untersuchungen über den Sozialismus") befasste sich Mises eingehend mit dem Sozialismus. Er war der erste Nationalökonom, der Marxens Wirtschaftstheorie wissenschaftlich untersuch-

36

te. Mises kam zu einem vernichtenden Urteil: Die Sozialisten müssen scheitern, weil sie nicht rechnen können. In der sozialistischen Plan-wirtschaft gibt es keinen Markt und damit auch keine echten Preise als Knappheitsindikatoren. Dass Mises damit richtig lag, zeigten später die wirtschaftlichen Verhältnisse in der Sowjetunion, in den Ostblock-staaten und in der DDR.

Als Mises bei dem Begründer der Österreichischen Schule, Profes-sor Böhm-Bawerk, studierte, war einer seiner Kommilitonen Joseph Alois Schumpeter, der später auch ein berühmter Professor wurde. Er passte sich allerdings besser als der liberale Mises dem Zeitgeist an und wurde Sozialist. Er hatte Professuren in Cernowitz und Graz inne, wurde für kurze Zeit österreichischer Finanzminister, verlor dann als Privatbankier sein Vermögen und folgte nach einer Professur in Bonn schließlich einem Ruf an die Harvard University. Schumpeter befasste sich mit Konjunkturtheorie und entwarf außerdem eine „Theorie der wirtschaftlichen Entwicklung" (1912). Seine Beschreibung des Wett-bewerbs als einen ständigen Prozess der „schöpferischen Zerstörung" wird auch heute noch häufig zitiert.

Schumpeter (1883–1950)

Schumpeters Hauptwerk „Capitalism, Socialism and Democracy" („Kapitalismus, Sozialismus und Demokratie") erschien 1942. Darin beschäftigt sich Schumpeter eingehend mit Marx, den er trotz aller Irrtümer und Unzulänglichkeiten für einen großen Theoretiker mit richtigen Schlussfolgerungen hält. Marxens Prognose von der unver-meidlichen Verelendung der Massen sei zwar unhaltbar, doch seine Lehre, dass der Sozialismus unvermeidbar ist, bleibe davon unberührt. Das kapitalistische System werde zwar nicht unter seinen Fehlschlägen zusammenbrechen, doch gerade seine Erfolge würden bewirken, dass die sozialen Einrichtungen untergraben und Bedingungen geschaffen werden, die schließlich zum Sozialismus führen. Im Kapitalismus mit seiner „Freiheit für alle" werden die metaphysischen Ideen zerstört, meinte Schumpeter, und dieser Zersetzungsprozess des Kapitalismus schafft die Voraussetzungen für die sozialistische Gesellschaftsord-nung. Die Intellektuellen lehnen den Kapitalismus ab und die freien Unternehmer werden immer mehr durch Konzerne abgelöst. Schum-peters Fazit, der Kapitalismus kann nicht weiterleben, stimmt zwar nachdenklich, aber trotz aller sozialistischen Eingriffe ist der Kapita-lismus derzeit noch ziemlich lebendig, bringt weiterhin Innovationen hervor und sorgt für Wohlstand.

Der Sozialis-mus ist unver-meidbar

Sozialistische Demokratie kostet Freiheit

„Die moderne Demokratie ist ein Produkt des kapitalistischen Prozesses", schreibt Schumpeter und erwägt, wie eine sozialistische Demokratie funktionieren kann. Der Sozialist Schumpeter kommt zu dem verwirrenden Schluss, dass sich die sozialistische Demokratie „letzten Endes als größerer Trug erweist, als es die kapitalistische je gewesen ist … jedenfalls wird jene Demokratie keine gesteigerte persönliche Freiheit bedeuten". Diese Erkenntnis Schumpeters kann man uneingeschränkt bestätigen, wenn man sich die vielfältigen sozialistischen Reglementierungen vor Augen hält, die in Deutschland und der EU heute spürbar sind.

Das zähe Leben des Marxismus

Obwohl Mises vorgerechnet hatte, dass sozialistische Planwirtschaft die Wirklichkeit nicht erfassen kann und daran auf die Dauer scheitern muss, hatte sein Landsmann und Kommilitone Schumpeter die Meinung vertreten, dass der Sozialismus einfach unvermeidbar sei. Dem widersprachen kurz darauf zwei weitere österreichische Wissenschaftler heftig, indem sie auf die Gefahren des Sozialismus hinwiesen, natürlich in der Hoffnung, dass man Gefahren, die man erkennt, auch bannen kann. Anfang 1944 erschien in England F. A. von Hayeks Buch „The Road to Serfdom" („Der Weg zur Knechtschaft"), das er „den Sozialisten in allen Parteien" widmete. Wenig später, 1945, kam, ebenfalls in England, Poppers Werk „Die offene Gesellschaft und ihre Feinde" auf den Markt. Aber trotz solcher Mahnrufe und trotz der offenbaren Schrecken totalitärer Regime, war der Marxismus einfach nicht tot zu kriegen. Die Frankfurter Schule Horkheimers und Adornos brachte nach dem Zweiten Weltkrieg den Neomarxismus in Mode, der schließlich in die 68er Kulturrevolution mündete.

Der Weg zur Knechtschaft

Für Hayek war die Planwirtschaft, die die Sozialisten anstrebten, weder mit der Demokratie noch mit dem Rechtsstaat vereinbar. Der staatlich verordnete Kollektivismus zwingt den Bürgern seine eigene Moral auf und regelt das Leben des Einzelnen „von der Wiege bis zur Bahre". Der Wohlfahrtsstaat entmündigt den Bürger, führt zur Planwirtschaft und das alles muss in einer Diktatur enden. Persönliche Freiheit und Wohlstand können nur im Wettbewerbssystem des freien Marktes gedeihen. Hayek setzte sich mit den Intellektuellen auseinander, die einen „vernünftigen" Sozialismus anstreben und dabei eine erschreckende Unwissenheit in Wirtschaftsfragen offenbaren. 1988, er war damals 89, fasste Hayek seine Argumente noch einmal in einem Buch zusammen mit dem Titel „Die verhängnisvolle Anmaßung: Die Irrtümer des Sozialismus" („The fatal Conceit"). Für Hayek haben Faschismus und Sozialismus gemeinsame Wurzeln in der Planwirtschaft und der

Staatsallmacht. Freiheit und Rechtsstaat können nur in einer Marktwirtschaft gedeihen, und nur so können wir uns vor der Tyrannei des Totalitarismus schützen.

Popper kam mit seiner Kritik am Marxismus zum gleichen Ergebnis wie Hayek. Die Wurzeln der fatalen „Träume der Weltbeglückung" sieht er schon bei Platons Staats-Utopie mit der ein antidemokratischer, totalitärer Führerstaat propagiert wurde, wie ihn dann Kommunismus und Faschismus verwirklicht haben. Es geht nicht um die Frage „wer soll den Staat regieren?", sondern es geht darum, das Staatswesen so zu organisieren, dass schlechte Herrscher keinen oder möglichst geringen Schaden anrichten können und man sie ohne Blutvergießen wieder loswerden kann. Das ist nur in einer offenen, demokratischen Gesellschaft möglich. Im zweiten Band seiner „Offenen Gesellschaft" rechnete Popper mit den „falschen Propheten" Hegel und Marx ab. Am Marxismus ärgerte Popper besonders der „Aberglaube des Historizismus", sein dogmatischer Charakter und seine unglaubliche intellektuelle Anmaßung. Das habe ihn schon mit 17 zum Anti-Marxisten gemacht, schrieb Popper in seiner Autobiographie.

Die falschen Propheten

Karl Marx entwarf ein fest umrissenes Bild der Zukunft, er war sogar der Meinung, dass man die künftige Entwicklung wissenschaftlich vorausbestimmen kann. Diese von ihm entwickelte Methode nannte er „historischen Materialismus". Sein Feindbild war der „Kapitalismus", der nach seiner Meinung zur Verelendung der Massen führt, der aber von ebendieser „ungeheuren Mehrzahl" der ausgebeuteten Arbeiter durch eine Weltrevolution überwunden wird. Unter der „Diktatur des Proletariats" entsteht eine klassenlose Gesellschaft, geprägt von absoluter Gleichheit, in der sogar der Staat überflüssig wird. Marxens Utopie erregte Widerspruch und rief auch andere Zukunftsbilder hervor. Am pessimistischsten war das von Friedrich Nietzsche, der in den nächsten zwei Jahrhunderten einen europäischen Nihilismus heraufkommen sah, in dem sich unsere Kultur auf eine Katastrophe zubewegt. Der Franzose Le Bon empfand Marxens Sozialismus als die schwerste Gefahr, von der die europäischen Völker bedroht werden. Ludwig von Mises wiederum wies mit wissenschaftlicher Exaktheit nach, dass der Sozialismus wirtschaftlich auf die Dauer nicht funktionieren kann. Mises Studienkollege Alois Schumpeter hingegen nahm eine zwiespältige Haltung ein. Er meinte, Marxens Elends-Voraussagen seien zwar nicht eingetroffen, dennoch sei der Sozialismus unvermeidbar und der Kapitalismus werde an seinen Erfolgen zugrunde gehen. Friedrich A. von Hayek wiederum warnte ebenso wie Karl Popper davor, dass der Weg des Sozialismus in die Knechtschaft führt.

Fazit

Marxens Prophezeiung der zunehmenden Verelendung erwies sich als falsch, stattdessen entstand unter dem „Kapitalismus" und seiner frei-heitlichen Wirtschaftsordnung ein bisher nie erreichter Wohlstand. Regime, in denen sich sozialistische Politik und totale Planwirtschaft durchgesetzt hatten, gingen daran zugrunde, wie zuletzt bei der DDR festzustellen war. Aber auch wenn die Marktwirtschaft noch nicht ver-drängt ist, jedoch immer mehr durch sozialistische Staatseingriffe ein-geengt wird, entstehen schwerwiegende und schmerzhafte Krisen, wie gegenwärtig die Eurokrise zeigt.

Neomarxismus wird Mode

Intellektuelle statt Arbeiter Von Marxens Prophezeiungen war nur der utopische Teil übrig geblie-ben, der konkrete erwies sich als falsch. Der Kapitalismus war nicht tot und die Arbeiterklasse versank nicht im Elend, sondern nahm teil am „Wohlstand für alle". Damit hatte die Arbeiterklasse aus marxisti-scher Sicht kläglich versagt. Die Arbeiter hätten doch die Träger der Revolution sein sollen. Doch sie zeigten sich desinteressiert und lie-ßen sich vom „Wirtschaftswunder" verführen. Dass die Arbeiter nicht zur Revolution taugten, wurde schon nach dem Ersten Weltkrieg klar. Schon damals begannen marxistische Intellektuelle damit, anstelle der Arbeiter eine neue revolutionäre Truppe aufzubauen, die diesmal aus Intellektuellen bestehen sollte. Kristallisationspunkt dieser Bemühun-gen war das 1923 an der Universität Frankfurt gegründete „Institut für Sozialforschung". Hier machte man sich daran, Marxens Theorie an die veränderte Lage anzupassen, wie es auch Lenin schon hatte tun müs-sen. Anstelle des Proletariats sollte die „progressive Klasse" zum Vor-kämpfer des Kommunismus werden und der breiten Masse das „rich-tige Bewusstsein" als revolutionäre Klasse beibringen. Die theoretische Grundlage für diesen Neomarxismus war die Kombination aus Marx und Freud. Durch den Marxismus sollte die Befreiung von wirtschaftli-cher und politischer, durch die Psychoanalyse die Befreiung von indivi-dueller Unterdrückung durch die eigene Triebstruktur erreicht werden.

Frankfurter Schule Das Institut für Sozialforschung war 1933 von den nationalsozialisti-schen Machthabern aufgelöst worden. Max Horkheimer, der Leiter des Instituts, hatte das vorausgesehen und die Emigration des Instituts vor-bereitet. Es gelang ihm, auf dem Umweg über die Schweiz und Frank-reich schließlich an der New Yorker Universität ein Nachfolginstitut zu gründen, das dann 1946 auf Anregung der Stadt Frankfurt dorthin zurückkehrte und nun eine rege Tätigkeit entfaltete. Das Etikett, unter dem das Institut arbeitete, hieß nun nicht mehr „Neomarxismus", denn Stalins brutale Methoden hatten den Marxismus diskreditiert. Stattdessen war es nun die „kritische Theorie", die erfolgreich propagiert wurde. Das Ziel war das gleiche: Es galt, nicht nur vermeintliche Missstände zu beheben, sondern die Gesellschaft als Ganzes sollte verändert, das Bestehende uneingeschränkt bekämpft werden. Denn, so verkündete man, in der Bundesrepublik hatte sich eine neue Form totalitärer Herrschaft herausgebildet, die latent faschistisch ist und der die Demokratie nur noch als Fassade dient.

Während der Jahre, die Horkheimer und Adorno in New York und in Kalifornien verbrachten, hatten sie gemeinsam eine Reihe von Texten verfasst, die sie 1944 ihrem Kollegen Pollock zum 50. Geburtstag widmeten. Diese Essay-Sammlung nannten sie „Dialektik der Aufklärung", sie wurde später zum Kultbuch der „Kritischen Theorie". Die „Kulturindustrie" betreibe Aufklärung als Massenbetrug, war eine ihrer Thesen. Alle Lebensbereiche würden immer mehr ökonomisiert und dadurch finde ein „Ausverkauf der Kultur" statt. Doch das, was Horkheimer und Adorno der Kulturindustrie vorwerfen, wenden sie später selbst in Perfektion an. Noch niemals hat eine Gruppe von Intellektuellen einen so starken Gebrauch von den Massenmedien gemacht und damit einen so großen Erfolg verzeichnet, wie die Vertreter der Frankfurter Schule. Der politische Journalismus wäre ohne den Jargon der kritischen Theorie gar nicht mehr denkbar.

Dialektik der Aufklärung

Besonders Adorno erwies sich als ein Meister der Sprachgaukelei und wirkte damit stilbildend. Durch die Verschmelzung von Marxismus und Psychoanalyse konnte man alles als verrätselt und mit doppelter Bedeutung darstellen. „Die Verblendung der spätkapitalistischen Gesellschaft" sollte deutlich gemacht und überall das „Verdrängte" und „Verschleierte" entlarvt werden (Schwanitz). Mit Adornos Dialektik ließ sich praktisch alles als Faschismus entlarven. Adornos Sprache wirkte prägend und löste eine Nachahmungsepidemie aus. Weil er alles in einen „universalen Verblendungszusammenhang" stellte, war seine Sprache zugleich unverständlich und suggestiv. „Mit ihrem labyrinthischen Satzbau gewann sie etwas Priesterlich-Rätselhaftes, … ihre interessante Unverständlichkeit teilte das Publikum in Eingeweihte und Außenseiter (Schwanitz)." Es ging um die Eroberung des Meinungsmarktes, die immer mehr durch eine Form der moralischen Nötigung gelang. Mit der Vorstellung im Hintergrund „Wir sind die

Herrschaft durch Sprache

Guten, die anderen sind die Bösen" und der damit verbundenen moralischen Differenzierung wurde die „Political Correctness" nicht selten
durch eine Art Meinungsterror durchgesetzt.

Gewalt ist erlaubt So wurde Marxismus zur Mode, besonders unter der Studentenschaft.
In der Zeit der großen Koalition von 1966–1969 entstand die APO und
protestierte gegen die Notstandsgesetzgebung, den Vietnamkrieg und
die USA. Für die Studenten schien die Zeit gekommen, auf die Straße
zu gehen, um die „sexuelle, moralische, intellektuelle und politische
Revolution in einem" in Gang zu bringen. Von den Theoretikern der
Frankfurter Schule, die als die geistigen Führer galten, wurde nun Aktion erwartet. Aber Adorno enttäuschte seine Anhänger, er schreckte
vor Gewalt zurück. In diese Bresche sprang Herbert Marcuse, der 1934
gemeinsam mit Horkheimer und Adorno in die USA emigriert war.
Marcuse behielt zwar sicherheitshalber seine Professur in den USA bei,
lehrte aber daneben seit1965 auch als Gastprofessor an der Freien Universität Berlin und lieferte dort den Studenten für ihren Aufstand die
passenden Parolen. Er predigte die „große Verweigerung" und „repressive Toleranz", womit Intoleranz gegen Andersdenkende gemeint war.
Gewaltanwendung erklärte er für legitim, um die „etablierte strukturelle Gewalt" zu zerbrechen. Mit Demonstrationen, Straßenschlachten
und Hausbesetzungen, bis hin zum späteren RAF-Terrorismus, konnten die Jungmarxisten zwar keine offene Revolution erreichen, bewirk-
ten aber langfristige, tiefgreifende gesellschaftliche Veränderungen.

Kulturrevo-lution 1968 Was 1968 stattfand, war eine „Kulturrevolution" (Schelsky). Die „Befreiung von einem falschen Bewusstsein" führt zur Auflösung von
Bindungen an Tradition und Werte. Die klassische Familie verliert an
Bedeutung und wird durch andere Formen der Lebensgemeinschaft
immer mehr verdrängt, Autorität wird abgebaut, „Demokratisierung"
schränkt persönliche Verantwortung ein und aus dem Sozialen wird
eine Staatsreligion gemacht. Der Einzelne fühlt sich entpflichtet und in
krassem Egoismus bestätigt. Die „antiautoritäre Erziehung" wird herrschende Doktrin, der Leistungsgedanke wird verteufelt. Mit der „political correctness" wird in der Öffentlichkeit eine verordnete Sprachregelung durchgesetzt. Alle die nicht „politisch korrekt" denken, werden
als Faschisten, zumindest als „Rechtspopulisten" betrachtet und durch
Diffamierungskampagnen ausgegrenzt. Als demokratisch legitimiert
gelten nur noch linke Positionen, rechts gilt als extrem und letztendlich faschistisch. Die „Achtundsechziger" traten ihren „Marsch durch
die Institutionen" an und das Netzwerk, das sie von der Politik über die

Justiz bis zu den Medien aufgebaut haben, bestimmt heute weitgehend die veröffentlichte Meinung.

Zu den Aposteln, auf die sich die 68er Bewegung stützt, zählt auch der Philosoph Ernst Bloch (1885–1977), der 1938 in die USA emigrierte und nach dem Krieg eine Professur in Leipzig annahm. Obwohl er als der Staatsphilosoph der DDR galt, entschloss er sich nach dem Mauerbau 1961 doch, von einem Besuch in der Bundesrepublik lieber nicht zurückzukehren. Bloch fand als Gastprofessor Zuflucht an der Universität Tübingen. Auch er war ein Meister in der Formulierung zugkräftiger Parolen. Sein Hauptwerk, in dem er die Utopie des Sozialismus preist, nannte er „Das Prinzip Hoffnung". Er schreibt darin über Tagträume, Wunschbilder und Bewusstsein und in einem Kapitel „Grundrisse einer besseren Welt" zählt er Utopien aller Art und aller Zeiten auf. Das Antizipieren der Zukunft, das „Träumen nach vorwärts" ist für ihn ein wichtiges Instrument. Bloch hat den Begriff „konkrete Utopie" erfunden und seine konkrete Utopie besteht offensichtlich darin, dass er trotz aller historischer Erfahrungen die Utopie von Karl Marx für die einzig konkrete, schlechthin erstrebenswerte hält. Was Bloch in 3 Bänden mit 1.657 Seiten vorlegte, ist allerdings mehr eine ungeheure Materialsammlung als eine ausformulierte Philosophie. Für Adorno ist Blochs Hauptwerk „ein reißendes Gewässer, in dem alles mögliche Zeug, vor allem Konservenbüchsen, herumschwimmt, überreich an einem teilweise übrigens etwas apokryphen Stoff, aber einfach arm an geistigem Gehalt", wie er an den Verleger Suhrkamp schreibt. Trotz aller enttäuschender Erfahrungen in der DDR blieb Bloch auch im Westen ein überzeugungstreuer Marxist bis an sein Ende. Die 68er Studenten sahen ihre Vorstellungen von einer veränderten Gesellschaft nicht zuletzt in den messianischen Aspekten von Blochs Philosophie ausgedrückt. Bloch, zeitlebens ein „Jugendbewegter", für den die „Unreife ein Lebensprinzip" war (Schelsky), konnte mit seiner Lehre von der Utopie eine große Glaubensgemeinde westdeutscher Linksintellektueller und Sozialisten hinter sich scharen.

Das Prinzip Hoffnung

Wie zählebig die marxistische Ideologie und sozialistisches Wunschdenken sind, zeigte sich nach dem Zweiten Weltkrieg in Deutschland beim Wiederaufleben des Neomarxismus in Gestalt von Adornos „kritischer Theorie" und bei der 68er Kulturrevolution, die sie auslöste. Linksintellektuelle Meinungsführerschaft, Political Correctness und die Macht der Massenmedien sind seither bestrebt, die Gesellschaft grundlegend zu verändern.

Fazit

Ein großer Teil an Veränderungen wurde bereits bewirkt, Stichworte wie antiautoritäre Erziehung, Gender-Ideologie und Zerfall der traditionellen Familie weisen darauf hin. Ob sich dieser Trend fortsetzt oder wachsende Gegenkräfte wieder die Oberhand gewinnen, bleibt offen.

Der Untergang des Abendlandes

Einen umfassenden Ansatz der Geschichtsbetrachtung hatte in den Jahren des Ersten Weltkriegs Oswald Spengler zu Papier gebracht und daraus eine Vision entwickelt. Spengler war ein Gymnasiallehrer in Hamburg, dem es eine Erbschaft ermöglichte, sich mit 31 nach München zurückzuziehen und dort als freier Schriftsteller zu arbeiten. Spengler war insofern ein typisches Kind seiner Zeit, als er den herrschenden Ideologien anhing. Er war Sozialist und Nationalist. In seiner Abhandlung „Preußentum und Sozialismus" (1920) schrieb Spengler, „altpreußischer Geist und sozialistische Gesinnung ... sind ein und dasselbe". Preußentum bedeutet: „Die Macht gehört dem Ganzen, ... Jeder erhält seinen Platz. Es wird befohlen und gehorcht. Dies ist ... autoritativer Sozialismus, dem Wesen nach illiberal und antidemokratisch ..." Für Spengler war Preußen der ideale Staat, es gebe hier streng genommen keinen Privatmann, ganz im Gegensatz zum englischen Liberalismus, der in Deutschland verachtet wurde.

Für Spengler geht es um die Entscheidung, welche Zivilisation künftig dominiert: „der anglo-amerikanische, beutesuchende Kapitalismus oder der preußische und wohlorganisierte Sozialismus." Von da an war es nur noch ein kleiner Schritt bis zu der These eines Moeller van den Bruck (1876–1925), dass der Erste Weltkrieg ein Krieg zwischen Liberalismus und Sozialismus gewesen sei: „Wir haben den Krieg gegen den Westen verloren. Der Sozialismus hat ihn gegen den Liberalismus verloren." Für Moeller wie für Spengler ist der Liberalismus der Erzfeind. Das „Dritte Reich" (der Titel von Moellers letztem Buch, 1923, den die Nationalsozialisten als Schlagwort benutzten, obwohl sie seine Bücher zum Teil verboten) sollte den Deutschen einen Sozialismus geben, der ihrer Natur angepasst und frei von den liberalen Ideen des Westens war. So kam es dann auch. Im Kampf gegen den Liberalismus standen Konservative und Sozialisten in einer gemeinsamen Front. (Hayek) „Konservativer Sozialismus" war das Schlagwort, das die Atmosphäre vorbereitete, in der der „Nationalsozialismus" gedeihen konnte.

Seine Geschichtsbetrachtung nannte Spengler eine Morphologie (Gestaltlehre). Für ihn war die Weltgeschichte das Weltgericht: „… sie hat immer dem Stärkeren … Recht gegeben … und die Menschen und Völker zum Tode verurteilt, denen die Wahrheit wichtiger war als Taten, und Gerechtigkeit wesentlicher als Macht." Aus diesen Überzeugungen leitet Spengler seine „Philosophie des Schicksals" ab. Kulturen sind für ihn lebendige Organismen, die wachsen und vergehen. Sie weisen deutliche Lebensabschnitte auf, von der Entwicklungszeit über die Blüte bis zum Niedergang. Die letzte Phase ist die der weltstädtischen Zivilisation, mit ihr beginnt der Verfall. Sinnlosigkeit, Intellektualismus, Vermassung, Bürokratisierung und Technisierung herrschen vor. Aus dieser Geschichtsdeutung heraus lässt sich durch Analogieschlüsse auch die Zukunft voraussagen. So begann Spengler sein Hauptwerk mit dem Satz: „In diesem Buch wird zum ersten Mal der Versuch gewagt, Geschichte vorauszubestimmen".

Kulturphilosophie

Was Spengler prohezeite, ergab ein düsteres Bild. Unsere Kultur befindet sich in der letzten Phase, im Stadium der Zivilisation, der Erstarrung und geht dem Untergang entgegen. Der Intellekt hat über den Instinkt triumphiert, Rationalismus, Bürokratie und Technik sind an der Macht, in den Städten lebt ein kulturloser Pöbel. Zwölf Jahre vor 1933 prophezeite Spengler: „Zu einem Goethe werden wir Deutschen es nicht wieder bringen, aber zu einem Cäsar." Das Ergebnis seiner Analyse fasste er zusammen im Titel seines Hauptwerkes, den er bereits 1912 formulierte: „Der Untergang des Abendlandes". Spenglers Prophezeiung wurde zum geflügelten Wort. Im Anklang an Nietzsches „amor fati" schloss er sein Buch mit den Sätzen: „Wir haben nicht die Freiheit, dies oder jenes zu erreichen, aber die, das Notwendige zu tun oder nichts." Wer dem Schicksal gehorcht, führt, wer sich gegen das Schicksal wehrt, wird mitgerissen.

Das Abendland geht unter

Die zwei Bände von Spenglers Werk, die 1918 und 1922 erschienen, und seine Vision vom Untergang des Abendlandes wurden lebhaft und kontrovers diskutiert. Thomas Mann nannte es „ein Buch voller Schicksalsliebe und Tapferkeit der Erkenntnis", in dem man „die großen Gesichtspunkte findet, die man heute als deutscher Mensch braucht". Ein Urteil, das er später allerdings revidierte. Nun nannte er Spengler „Nietzsches klugen Affen". Spengler selbst griff 1933 noch einmal zur Feder. In seinem Buch „Jahre der Entscheidung" schrieb er, kein anders Land sei, schon durch seine geographische Lage, in solchem Maße handelnd und leidend in das Weltschicksal verflochten, wie Deutschland. Die Deutschen, denen die historische Stärke der Bri-

Jahre der Entscheidung

ten abgehe, würden an Angst, Feigheit und Unkenntnis leiden. Das Volk der Dichter und Denker sei im Begriff zum Volk der Schwätzer und Hetzer zu werden. Die Nationalsozialisten wollten Spengler für sich vereinnahmen, aber der war von dem aufkommenden nationalsozialistischen Unrechtsstaat tief enttäuscht. Am Ende setzten die nationalsozialistischen Machthaber Spenglers Schriften auf den Index.

Sozialist, aber kein Marxist — Für den Sozialismus gibt es keine exakte Definition, am ehesten kann man ihn noch als Gegenmodell zum Kapitalismus definieren, mit dem Ziel, soziale Gleichheit herzustellen. Die verschiedenen Formen des Sozialismus reichen vom orthodoxen, „wissenschaftlichen" Marxismus über den an russische Verhältnisse angepassten Leninismus und Stalinismus bis zur demokratisch ausgerichteten Sozialdemokratie, die ihre Ziele mit Reformen anstatt mit Revolutionen erreichen will. Für Spengler war Sozialismus eine Staatsauffassung, bei der der Einzelne hinter der Gemeinschaft zurücktreten muss und in ihr aufgeht. „Es gibt keinen Privatmann", so hatte er Preußen, seinen Idealstaat beschrieben. Den Marxismus hingegen verabscheute Spengler. Die Marxisten seien nur im Verneinen stark, im Positiven seien sie hilflos, fand er. Es ging ihm darum, den deutschen Sozialismus von Marx zu befreien. Im Marxismus bestimmt der Gegensatz von arm und reich das Leben, im Sozialismus wird es vom Rang, den Leistung und Fähigkeit bestimmen, beherrscht, erklärte Spengler. Besonders ärgerlich fand er es, dass es Leute gab, die zwischen. Sozialismus und Marxismus keinen Unterschied machten. Auch den Kommunismus lehnte Spengler ab. Die sowjet-russische Form des Kommunismus, den Bolschewismus, hatte Spengler als das größte Übel bezeichnet und ihn genau so verdammt wie Hitlers Nationalsozialismus.

Toynbee (1889–1975) — Zu den Historikern, die sich um eine umfassende Geschichtsbetrachtung bemühten, gehörte auch der Engländer Arnold Toynbee. Er gilt als einer der letzten großen Universalhistoriker. Toynbee war Diplomat und nahm 1919 an der Friedenskonferenz in Versailles teil. Später wurde er Professor in Oxford und an der London School of Economics. Fast 30 Jahre lang arbeitete er an seinem Geschichtswerk, das schließlich 12 Bände umfasste, als er es 1961 abschloss. Er gab ihm den schlichten Titel „A study of history" (Deutscher Titel: „Der Gang der Weltgeschichte").

Herausforderung und Antwort — Toynbee hatte sich natürlich auch mit Spengler befasst und hatte großen Respekt vor dessen wissenschaftlicher Leistung. Wie Spengler wollte auch Toynbee die Ursachen von Aufstieg und Untergang der

Kulturen herausfinden, um auf diese Weise Zukunftsaussichten zu erkennen. Auch er ging vom Vergleich der Kulturen aus, aber bei ihm unterliegen sie nicht einem gesetzmäßigen, „biologischen" Rhythmus, sondern es sind die Menschen, die weitgehend ihre Entwicklung gestalten. Nicht an Schicksalsschlägen oder Katastrophen gehen Kulturen zugrunde, sondern an ihrem eigenen Versagen. Die historischen Abläufe werden durch „Herausforderung und Antwort" („challenge and response") bestimmt. Es kommt darauf an, wie der Mensch, wie die Gruppe oder die Nation geistiger oder materieller Not durch schöpferische Leistung begegnen. Anders als bei Spengler waren für Toynbee die Kulturen nicht radikal getrennt, vielmehr befruchteten sie sich gegenseitig. Anders als Spengler war Toynbee Optimist. Ein prägendes Merkmal für eine Kultur sah Toynbee auch in der Religion, ähnlich wie es später Samuel Huntington in seinem „Kampf der Kulturen" betonte. Ein visionäres Element in Toynbees Betrachtung war seine Forderung nach einer weltumfassenden politischen Organisation, wie sie seit fünftausend Jahren nötig und heute technisch realisierbar sei. Nur durch einen solchen, im Entstehen begriffenen Weltstaat könne der Frieden garantiert werden.

Aus einer umfassenden Geschichtsbetrachtung entwickelte Oswald **Fazit**
Spengler seine Vision vom „Untergang des Abendlandes". Spengler verabscheute den Marxismus, sah sich aber als Sozialist und Preuße, weil Preußentum für ihn nichts anderes war als wahrer Sozialismus, im Gegensatz zum „anglo-amerikanischen beutesuchenden Kapitalismus", den er verachtete. Spengler, für den Kulturen wie Lebewesen aufblühen und vergehen, befand im Analogieschluss, dass sich unsere Zivilisation im Niedergang befindet. Der Engländer Arnold Toynbee, der sich ebenfalls auf eine universale Geschichtsbetrachtung stützte, kam hingegen zu einem optimistischeren Ergebnis. Die Menschen können durch schöpferische Leistung den geschichtlichen Ablauf von „challenge and response" bestimmen und so den Niedergang abwenden.

Ob Spengler oder Toynbee Recht behalten, ist noch nicht entschieden. **Was wurde**
Wenn man heute sieht, wie der islamistische Terror um sich greift, **wahr?**
könnte man manchmal schon meinen, dass der Untergang des Abendlandes näher rückt. Aber bis jetzt spricht mehr für Toynbees Auffassung, dass wir nicht unvermeidlichen Abläufen ausgeliefert sind, sondern dass es die Menschen sind, die den Lauf der Welt gestalten.

Der Mythus des 20. Jahrhunderts

Chamberlain (1855–1927) Zehn Jahre bevor Spengler an seinem „Untergang des Abendlandes" zu arbeiten begann, hatte eine andere kulturphilosophische Geschichtsdeutung Aufsehen erregt. Um die Jahrhundertwende erschien Houston Stewart Chamberlains Werk „Die Grundlagen des XIX. Jahrhunderts"(1899) und vom Oberlehrer bis zu Kaiser Wilhelm II. wurde das Buch eifrig studiert. Chamberlain hatte in Genf Naturwissenschaften studiert, hielt sich anschließend in Dresden und Wien auf und fand in Deutschland seine Wahlheimat. Er war ein begeisterter Anhänger Richard Wagners und heiratete 1908 dessen Tochter Eva, mit der er bis an sein Ende in Bayreuth lebte.

Rassenlehre als Geschichtsdeutung Der französische Dichter Joseph Arthur Comte de Gobineau (1816–1882), Diplomat und Verehrer Richard Wagners, hatte 1855 einen Essay veröffentlicht, in dem er die These aufstellte, die arische Rasse sei allen anderen überlegen, nur sie sei kulturschöpferisch. Das Ideal des arischen Herrenmenschen, der über die anderen Rassen zu herrschen habe, sah er in der Renaissance verkörpert. Chamberlain fand Gobineaus These „genial" und machte sich als erster daran, eine Deutung der Geschichte auf der Basis der Rassenlehre auszuarbeiten. Die abendländische Geschichte sah er als den „unaufhörlichen Konflikt zwischen den vergeistigten und kulturschaffenden Ariern und selbstsüchtigen und materialistischen Juden". Die letzten überlebenden Arier waren die Germanen. Die Grundlagen einer leistungsfähigen Gesellschaft sah Chamberlain im Christentum und einem rassereinen Germanentum. Die beiden Hauptfeinde des deutschen Volkes mit seinem wertvollen „arischen" Blut waren für ihn die katholische Kirche und das auf Rassenmischung ausgerichtete Judentum.

Rosenberg (1893–1946) Chamberlains Rassentheorie wurde 30 Jahre später in überhöhter Form von Alfred Rosenberg aufgegriffen. Rosenberg stammte aus einer in Reval ansässigen baltendeutschen Familie, studierte in Riga Architektur und wurde „Wagnerianer". Als der Erste Weltkrieg ausbrach, wurde das Rigaer Polytechnikum nach Moskau verlegt, dort erlebte Rosenberg 1917 die bolschewistische Oktoberrevolution. Er verabscheute die Bolschewiken und da nach seiner Meinung fast alle Linkssozialisten Juden waren, wurde er auch zum fanatischen Antisemiten. Wie viele andere Deutschbalten auch emigrierte Rosenberg 1919 nach München. Dort lernte er Adolf Hitler kennen und begann eine Karriere im Nationalsozialismus, Zunächst als Journalist beim

„Völkischen Beobachter". Zuletzt war er „Reichsleiter" und zuständig für die besetzten Ostgebiete. 1946 wurde er im Nürnberger Kriegsverbrecherprozess zum Tode verurteilt und hingerichtet.

Aus Russland hatte Rosenberg seine Verschwörungstheorie mitgebracht, wonach das internationale Judentum nach der Weltherrschaft strebte und er fand damit bei Hitler und seinen Parteigenossen ein lebhaftes Echo. Seinen persönlichen Durchbruch erlebte er 1930, als er Reichstagsabgeordneter wurde und zur gleichen Zeit sein Buch „Der Mythus des 20. Jahrhunderts" erschien. Das Buch baute auf Chamberlains „Die Grundlagen des XIX. Jahrhunderts" auf und versprach im Untertitel „eine Wertung der seelisch-geistigen Gestaltenkämpfe unserer Zeit". Rosenberg plädierte darin für eine „Religion des Blutes" anstelle des Christentums und erfand dazu noch eine „ nordische Rassenseele", um die Überlegenheit der Arier zu belegen. Sein Judenhass, den er mit Hitler teilte, gipfelte in der Forderung Ehen zwischen Ariern und Juden unter Todesstrafe zu stellen.

Verschwörungstheorie und „Rassenseele"

Rosenbergs Ansehen unter den „Paladinen des Führers" war zwar begrenzt und auch Hitler selbst fand das Buch sei nur schwer lesbar, dennoch wurde der „Mythus" neben Hitlers „Mein Kampf" zum Kultbuch des Nationalsozialismus. Rosenberg galt fortan als Chefideologe und der Theoretiker der Nazi-Ideologie. Die beiden Bücher, die der Verkündung von der Vision des „Tausendjährigen Reiches" dienen sollten, waren am Ende nichts anderes als die geistige Grundlage für die entsetzlichen Verbrechen des Holocaust.

Eine gescheiterte Vision

So wie Spengler und Toynbee hatten vor ihnen schon andere nach einem Schlüssel zum Verständnis der Weltgeschichte gesucht. Der Franzose Comte de Gobineau meinte ihn darin gefunden zu haben, dass die „arische Rasse" allen anderen überlegen sei und den Gang der Geschichte bestimmen werde. In dem Engländer Houston Stewart Chamberlain fand er einen begeisterten Anhänger, der die Rassentheorie noch weiter ausbaute. Auf die Spitze getrieben wurde sie dann durch Alfred Rosenberg, den „Chefideologen" des Nationalsozialismus, der in seinem Buch „Der Mythus des 20. Jahrhunderts" seine Verschwörungstheorie ausbreitete, wonach das Judentum nach der Weltherrschaft strebt.

Fazit

Die unsinnige Rassentheorie ließ sich zwar nicht belegen, war aber in ihrer Wirkung verheerend, weil sie zum Holocaust führte. Als die unsagbaren Schrecken des Holocaust offenbar wurden, fand auch der Rassenwahn ein Ende.

Was wurde wahr?

Der ewige Quell

Rand
(1905–1982) Ein russisches Emigrantenschicksal, ähnlich dem Rosenbergs, hat auch Alissa Sinowjewna Rosenbaum erlebt. Sie gehörte einer deutschstämmigen jüdischen Familie in Sankt Petersburg an. Ihre Eltern besaßen eine Apotheke und wurden in der Oktoberrevolution 1917 enteignet. Die Familie war nun arm, aber Alissa studierte trotzdem an der Universität in Sankt Petersburg Philosophie und Geschichte und später am Institut der Filmkünste. Die Eltern wünschten sich eine bessere Zukunft für ihre Tochter und erinnerten sich an Verwandte in Amerika. Alissa gelang es, ein befristetes Ausreisevisum zu erhalten. 1926 kam sie bei ihren Verwandten in Chicago an und kehrte nie mehr nach Russland zurück. Sie ging nach Hollywood, um Drehbuchschreiberin zu werden. In dem Regisseur Cecil B. DeMille fand sie einen Förderer, und in dem Filmschauspieler Frank O'Connor ihren Ehemann, mit dem sie 50 Jahre lang verheiratet war, bis an ihr Ende. Sie fing an zu schreiben und nannte sich nun Ayn Rand. In ihrem ersten Buch „We the living" (1936, deutscher Titel: „Vom Leben unbesiegt") schrieb sie sich erst einmal ihre düsteren Russland-Erlebnisse von der Seele und kritisierte die Sowjetunion, den Kommunismus und den Kollektivismus. Das kam allerdings nicht so gut an, denn es war die Zeit des Rooseveltschen „New Deal" und bei vielen amerikanischen Intellektuellen war links damals Mode.

Die Hymne Zwei Jahre später, 1938, konnte Ayn Rand ein weiteres Buch in England veröffentlichen. Sie nannte es „Anthem" (deutscher Titel: „Die Hymne des Menschen") In diesem Roman entwarf sie das Bild eines utopischen Staates, der durch Sozialismus und radikalen Kollektivismus gekennzeichnet ist. Alle Menschen sind gleich, Individualismus gilt als Verbrechen, auf den Gebrauch des Wortes „Ich" steht die Todesstrafe. Der Held des Romans, der statt eines Namens nur eine Nummer trägt, „Equality 7-2521", lehnt sich gegen die Unterdrückung durch die allmächtige Regierung auf. Er entdeckt die eigene Individualität und verliebt sich in die schöne „Liberty 5-3000". Die beiden leben zusammen und streben nach einer Zukunft, in der die Menschen wieder persönliches Glück finden können. Ein ähnlich düsteres Zukunftsbild hatte bereits der enttäuschte Sozialist Samjatin beschrieben, dessen Buch „Wir" 1925 in England erschien. Auch er hatte die Schrecken der russischen Oktoberrevolution 1917 mitgemacht, auch er malte einen Staat aus, in dem die Menschen nur Nummern sind, die Kinder vom Staat aufgezogen werden und Individualität mit dem

Tode bestraft wird. Ob Ayn Rand dieses Buch gekannt hat, weiß man nicht genau. Jedenfalls hat sie ähnliche Erfahrungen verarbeitet wie Samjatin und kam dabei zu ähnlichen Folgerungen.

Mehr Erfolg hatte Ayn Rand mit ihrem nächsten Buch, an dem sie vier Jahre lang gearbeitet hatte und das 1943 erschien: „Fountainhead" (deutscher Titel: „Der ewige Quell"). Dieser Roman liest sich spannend, obwohl er fast 1.000 Seiten dick ist und obwohl man ihm anmerkt, dass Personen und Handlungen konstruiert sind, um eine Idee zu transportieren, die Idee des Individualismus. Howard Roark, ein Architekt, für den Frank Lloyd Wright als Modell gedient haben soll, besteht bei seinen Entwürfen darauf, seinen eigenen Stil gegen alle Widerstände durchzusetzen und eher auf einen Auftrag zu verzichten, als sich dem allgemeinen Zeitgeist anzupassen. Sein Gegenspieler ist der Journalist Toohey, ein Sozialist und typischer „Zweithänder", der sein Leben auf der Meinung der anderen aufbaut, der predigt, dass der Mensch dazu da sei, der Allgemeinheit zu dienen und der dahinter nur seinen eigenen Mangel an Kreativität verbirgt. Darum herum gibt es noch eine Reihe von mächtigen Zeitungsverlegern und Bauherren und natürlich auch eine Frau, die mit Roark nicht nur seelenverwandt ist, sondern am Ende auch ihre Liebe zu ihm bekennt. Der Höhepunkt des Romans ist ein Plädoyer, mit dem sich Howard Roark vor einem Gericht verteidigt. Es ist ein flammender Appel für den Individualismus und gegen den Kollektivismus. „Uns wird gelehrt, wir sollten den Zweithänder, der nicht von ihm erzeugte Gaben verteilt, mehr bewundern als den, der die Gaben ermöglicht hat, … und es sei eine Tugend, mit anderen Menschen einer Meinung zu sein und mit dem Strom zu schwimmen …" Doch der schöpferische Mensch bildet sich seine eigene Meinung. Das Allgemeinwohl eines Kollektivs war noch immer die Rechtfertigung jeglicher Tyrannei. Doch der Mensch hat das Recht, sein eigenes Glück zu suchen. Er erkenne keine Verpflichtung gegen Menschen an außer einer: Ihre Freiheit zu achten. „Amerika beruht nicht auf selbstlosem Dienst am Nächsten, auch nicht auf Selbstaufopferung, Entsagung oder irgendeiner Form von Altruismus, … das Fundament dieses Landes ist vielmehr das Recht eines jeden Menschen, sein Glück zu verwirklichen. Sein ureigenes Glück. Nicht anderer Leute Glück." So klang Roarks Botschaft. Der Roman wurde 1949 von Regisseur King Vidor nach dem Drehbuch von Ayn Rand verfilmt, mit Gary Cooper und Patricia Neal in den Hauptrollen. In der deutschen Fassung gab man ihm den Titel „Ein Mann wie Sprengstoff".

Ein Mann wie Sprengstoff

14 Jahre später, 1957, erschien ein neuer Roman von Ayn Rand, 1.324 Seiten stark; der ihr Hauptwerk werden sollte und der heftig diskutiert wurde, bejubelt, beschimpft, vielfach zitiert, aber vor allem von Millionen gelesen. Auch in „Atlas shrugged" (deutscher Titel: „Atlas wirft die Welt ab") geht es Rand darum, ihre Philosophie darzulegen, von der schöpferischen Wirkung des Individualismus und dem vernunftbetonten Wesen des Kapitalismus. Die Heldin des Romans ist Dagny Taggart, Erbin eines Industrieimperiums und erfolgreiche Unternehmerin, die zusammen mit anderen Unternehmern demonstriert, was mit der Gesellschaft geschieht, wenn die tragenden unternehmerischen Kräfte streiken. Als immer mehr Unternehmer verschwinden, gerät das Land in eine tiefe, scheinbar unlösbare Krise. Die Erklärung dafür liefert John Galt in einer Ansprache, die sich über 70 Seiten hinzieht und nicht nur Antwort auf die Frage gibt „Wer ist John Galt?", mit der das Buch begonnen hat, sondern zugleich die Philosophie Ayn Rands erläutert. John Galt schließt mit dem Bekenntnis: „Ich schwöre, … nie um eines anderen Menschen willen leben zu wollen, noch von einem anderen Menschen zu verlangen, dass er um meinetwillen lebe." Galts Botschaft: Ein kollektivistischer Wohlfahrtsstaat, in dem nach Bedürfnissen und nicht nach Leistung entlohnt wird, richtet uns zugrunde, tötet die am Verstand orientierten kreativen Kräfte, die der Motor unserer Welt sind. „Der Streik", so der Titel einer neuen deutschen Ausgabe, wurde zum Kultbuch der konservativen USA und es gab kaum einen College-Studenten, der es nicht gelesen hatte. „Natürlich habe ich meine Rand-Bücher verschlungen", bekannte auch Hillary Clinton in einem Interview. Die Library of Congress befragte ihre Leser, ob es ein Buch gäbe, das ihr Leben radikal verändert hat und dabei landete auf dieser Liste der einflussreichsten Bücher „Atlas shrugged" auf Platz 2, direkt hinter der Bibel.

Wirkung

Ayn Rand hat nicht nur zu ihrer Zeit die Menschen beeindruckt. Ludwig von Mises nannte sie „den mutigsten Mann Amerikas" und Alan Greenspan, der langjährige Präsident der Notenbank, bekannte, Rand verdanke er die Einsicht, dass der Kapitalismus das einzige mit der politischen Freiheit vereinbare System sei, dass er nicht nur effizient und praktisch, sondern auch moralisch sei. Rands Bücher werden heute noch gelesen und erreichten weltweit eine Gesamtauflage von nahezu 50 Millionen. Ayn Rand hat ihre Philosophie unter der Bezeichnung „Objektivismus" ausformuliert. Darauf bauten Institute auf, die heute noch tätig sind und sie selbst ist auch heute noch, 20 Jahre nach ihrem Tod, eine Leitfigur des konservativen Amerika. Es gibt Tea-Party-Anhänger die im Wahlkampf auf ihre Stoßstangen schreiben: „Wer ist John Galt?" Ayn Rands Warnung vor einer Gesellschaft der Mutlosigkeit, die den Verstand ebenso wie traditionelle Werte missachtet, für die die Wahrheit eine Sache der Mehrheitsverhältnisse ist und die alle diffamiert, die sich über das Mittelmaß erheben, wird auch heute noch gehört.

Ayn Rand erlebte die russische Oktoberrevolution 1917, die Enteignung ihrer Familie und die schrecklichen Zustände unter der Sowjetherrschaft. Als sich ihr die Möglichkeit bot, in die USA zu reisen, blieb sie dort. Sie schrieb ein Buch über ihre Erlebnisse in Russland und ein weiteres, in dem sie das Bild eines Staates entwarf, der von Sozialismus und radikalem Kollektivismus geprägt war und in dem Individualität als Verbrechen galt. Das war keine Utopie, sondern eine Vision, die der Wirklichkeit in Stalins Sowjetunion recht nahe kam. Die Warnung vor Kommunismus und Kollektivismus, aber vor allem ihr Eintreten für schöpferischen Individualismus, wurde für Ayn Rand zur Lebensaufgabe. In ihrem Roman „Der ewige Quell" schilderte sie den kompromisslosen Kampf eines kreativen Individualisten gegen einen sozialistischen „Zweithänder", der sein Leben auf der Meinung anderer aufbaute. Noch größeren Erfolg hatte sie mit ihrem nächsten Buch, „Atlas wirft die Welt ab" mit der Botschaft, dass ein kollektivistischer Wohlfahrtsstaat uns auf die Dauer zugrunde richtet. Fazit

Ayn Rand blieb nicht die einzige, die das Schreckensbild eines kollektivistischen Staates zeichnete. Weitere sollten folgen und solche warnenden Visionen werden auch heute noch zu Recht zitiert, weil sich auch in der Gegenwart immer wieder Bestrebungen zeigen, die durch erzwungene Gleichmacherei die Entwicklung einer freiheitlichen Gesellschaft unterdrücken wollen. Ayn Rands Botschaft von der unverzichtbaren Kraft des kreativen Individualismus wirkt auch heute noch als einer der prägenden Züge des konservativen Amerikas. Was wurde wahr?

Die Lehren der Geschichte

Seine Laufbahn als Schriftsteller begann mit einer Romanze. William James Durant stammte aus einer franko-kanadischen Familie und ging in Jersey City zur Schule. Er wurde Journalist, aber das befriedigte ihn wenig. Dann wurde er Lehrer in der Erwachsenenbildung und das gefiel ihm weit mehr. Außerdem war er Sozialist und demonstrierte **Durant** (1885–1981)

53

eifrig für bessere Löhne und das Frauenstimmrecht. Dann verliebte er sich in eine seiner Schülerinnen, Chaya Kaufmann, die Tochter russischer Einwanderer. Sie heirateten 1913 und gründeten eine Familie. Will Durant gab nun seinen Beruf als Lehrer auf und wurde Schriftsteller. Seine Frau, die er Ariel nannte, wurde seine Mitarbeiterin und Co-Autorin. Nebenbei studierte er Philosophie an der Columbia University und 1917 promovierte er. Zehn Jahre später hatte er sein großes Werk, „The Story of Philosophy" (deutsch: „Die großen Denker") fertiggestellt. Das Buch war in einem lockeren Erzählton geschrieben und wurde ein großer Erfolg. Durant war nun auch finanziell unabhängig, konnte zusammen mit seiner Frau große Reisen unternehmen und gemeinsam konnten sie sich nun einem noch größeren Projekt widmen.

Kulturgeschichte der Menschheit Das Werk, das sich die beiden vornahmen, war nichts geringeres als „The Story of Civilisation", die „Kulturgeschichte der Menschheit", wie der deutsche Titel lautete. Durant wollte einmal alles im Zusammenhang aufzeichnen, was man über die Menschheit, ihre Geschichte und ihre Entwicklung, bis dahin wusste. Als er gemeinsam mit seiner Frau damit begann, war er 41. Die beiden schrieben daran über 40 Jahre lang und schlossen das Werk mit der Epoche Napoleons ab. Die deutsche Ausgabe, die 1978 erschien, umfasste 18 Bände und ist heute vergriffen. Im Zeitalter des Internets und der Wikipedia haben große Enzyklopädien in Buchform wohl auch kaum mehr Chancen. Die großen Lexika-Verlage gehen langsam ein. Will und Ariel Durant haben 17 Millionen ihrer Bücher verkauft. Nach 68 glücklichen Ehejahren verstarben Ariel 1981 und kurz darauf auch Will Durant in Los Angeles.

Lessons of History Während der Arbeit an seinem monumentalen Werk hat sich Will Durant oft gefragt, wozu das alles? Hat es einen Sinn und einen Nutzen, das alles aufzuzeichnen? Und immer wieder gab er sich selbst die Antwort, wie wichtig es war, Zusammenhänge zu erkennen und herauszufinden, ob sich daraus vielleicht auch Lehren ziehen lassen, die uns einen Blick in die Zukunft ermöglichen. Die Erkenntnisse, die Durant gewonnen hatte, fasste er 1968 in einem schmalen Bändchen zusammen, mit dem Titel „The Lessons of History" (deutsch: „Die Lehren der Geschichte"). Was er herausfand, war etwa folgendes: Es gibt einige fundamentale Erkenntnisse, die Durant „Biologische Lektionen" nannte: 1. Leben ist Wettbewerb, im Kleinen wie im Großen, zwischen den Menschen wie zwischen Gruppen und Völkern. 2. Leben ist Auslese: Im Kampf ums Überleben und im Wettbewerb erweisen sich die

einen als tüchtig, die anderen als Versager. 3. Leben muss sich fort-
pflanzen. Die Natur liebt den Überfluss als Vorbedingung für qualitati-
ve Auslese. Sie kümmert sich nicht darum, dass hohe Geburtenziffern
meist einen kulturellen Tiefstand begleiten, und kulturelle Blütezeiten
meist mit einer geringen Geburtenrate verbunden sind.

Wir werden ungleich geboren. Die angeborene Ungleichheit nimmt **Gleichheit**
zu, je komplexer die Gesellschaft ist, in der wir uns bewegen. Frei- **und Freiheit**
heit und Gleichheit sind geschworene Feinde. Je mehr die Freiheit
zunimmt, desto mehr schwindet die Gleichheit, und umgekehrt.
„Wer ...erkennt, dass seine Fähigkeiten unter dem Durchschnitt liegen, strebt nach Gleichheit; diejenigen, die sich im Besitz überdurch-
schnittlicher Fähigkeiten wissen, verlangen nach Freiheit ...Utopische
Vorstellungen von Gleichheit sind zum Untergang verurteilt ... das
Maximum, das ein vernünftiger Geschichtsphilosoph erhoffen darf, ist
eine annähernde Gleichheit des Rechts und der Bildungsmöglichkei-
ten", meint Durant.

Durant war nach der Lektüre Spinozas zum Agnostiker geworden. **Glaube und**
Dennoch fand er Religion gut und notwendig, da ging es ihm wie Kant. **Vernunft**
Religion ist hilfreich. Die Auseinandersetzung zwischen Vernunft und
Glaube zeigt, dass der Glaube ein zähes Leben hat. Und wenn man aus
der Geschichte eine Theologie ableiten wollte, dann am ehesten eine
dualistische Lehre wie die des Zarathustra oder des Mani, wonach sich
zwei Mächte , das Gute und das Böse, die Herrschaft über das Universum streitig machen, und dass, wie auch das Christentum versichert,
das Gute am Ende doch siegt. Was zum Niedergang des religiösen
Glaubens beitrug, war schließlich die aufblühende Wissenschaft, die
Francis Bacon die Religion des modernen Menschen nannte.

Ein guter Teil der Geschichte hat wirtschaftliche Ursachen, da gibt **Wirtschaft**
Durant Karl Marx Recht. Aber die Wirtschaft braucht den Erwerbstrieb des Einzelnen, ohne ihn kann sie nicht florieren. Die Ungleichheit der Menschen sorgt dafür, dass der Abstand zwischen arm und
reich dabei immer größer wird. „Die Konzentration von Reichtum ist
natürlich und unvermeidlich", meint Durant. Damit es nicht zum Aufstand kommt, muss von Zeit zu Zeit ein Ausgleich gefunden werden.
Dafür gibt es zwei Möglichkeiten: Gesetz oder Revolution. Gesetze
zum sozialen Ausgleich verteilen den Reichtum neu, eine Revolution
verteilt die Armut gleichmäßig. Gleichmacherei und Staatssozialismus
waren immer erfolglos.

Demokratie Nach Platons These musste die antike Form der Demokratie, entstanden aus der Oligarchie, schließlich in der Diktatur enden. Für die moderne Demokratie, wie sie in Amerika entstand, galt das nicht. Ihr kam zugute, was sie von England geerbt hatte: die Verteidigung der Rechte des Bürgers gegen den Staat. Hier wurde die Regierungtätigkeit auf ein Minimum beschränkt und so den individualistischen Kräften Raum gegeben, die das Land zum Blühen brachten. Die Demokratie erwies sich, trotz aller Nachteile, als optimale Regierungsform, aber sie ist auch die anspruchsvollste. Sie muss die gleichen Bildungschancen und die gleichen Aufstiegschancen bieten. „Der Mensch hat nicht von vorneherein Anspruch auf Stellung und Macht, sondern Anspruch darauf, die Fähigkeiten zu erproben und zu entwickeln, die ihm zu Stellung und Macht verhelfen können", meint Durant.

Krieg und Frieden Was die Sicherung des Friedens anbelangt, so ist Durant eher Pessimist. „Krieg ist eine geschichtliche Konstante, und weder Zivilisierung noch Demokratie haben vermocht, ihn aus der Welt zu schaffen … in den vergangenen 3.421 Jahren … gab es nur 268 ohne Krieg", schreibt Durant. Die Staaten werden sich nur dann zur Zusammenarbeit bereitfinden, wenn ihnen von außen her eine gemeinsame Gefahr droht, meint er. Durant denkt dabei an eine planetarische Bedrohung. Aber vielleicht hat ja auch das atomare „Gleichgewicht des Schreckens" die gleiche befriedende Wirkung, wenigstens was weltweite Konflikte betrifft.

Aufstieg und Niedergang Hat Spengler recht, dass Kulturen wie Organismen geboren werden, blühen, welken und sterben? „Wenn eine Gruppe oder eine ganze Gesellschaft untergeht, geschieht dies nicht, weil … ihre Lebensuhr abgelaufen wäre, sondern weil ihre politische oder geistige Führung nicht imstande war, den veränderten Umständen gerecht zu werden", hält Durant dem entgegen. Und ebenso hängt es davon ab, ob sich tatkräftige und schöpferische Einzelne finden, die neue Herausforderungen annehmen und bewältigen und so einen Aufschwung bewirken. Der wahre Fortschritt liegt beim Einzelnen. Es sind immer wieder große Einzelpersönlichkeiten, die die Welt voranbringen.

Gibt es Fortschritt? „Gibt es einen wirklichen Fortschritt?", fragt sich Durant schließlich und seine Antwort fällt eher skeptisch aus. Die Menschen haben sich über die Jahrtausende kaum verändert, ungeachtet der explosiven Entwicklung, die Wissenschaft und Technik genommen haben. Wenn sich die menschliche Natur nicht wesentlich verändert hat, dann sind die technischen Fortschritte nur neue Mittel zur Erreichung alter Zwecke.

„Wissenschaft ist neutral, sie tötet und heilt mit gleicher Bereitwilligkeit und zerstört rascher als sie aufbaut", meint Durant. Er befürchtet, dass wir einzig auf die ständige Verbesserung unserer Mittel sinnen und darüber die Veredelung unserer Zwecke vergessen.

So wie Spengler oder Toynbee bemühte sich auch der Amerikaner Will **Fazit**
Durant um eine universale Geschichtsbetrachtung mit dem Ziel, daraus Erkenntnisse für die Zukunft zu gewinnen. 40 Jahre lang arbeitete er an seinem Werk „Kulturgeschichte der Menschheit". Durant fand, die Geschichte lehrt uns, dass im Leben Wettbewerb und Auslese herrscht, dass Freiheit und Gleichheit geschworene Feinde sind, dass ohne den Erwerbstrieb des Einzelnen die Gesellschaft zugrunde gehen würde. Die Konzentration von Reichtum hält Durant für natürlich und unvermeidlich, findet aber auch einen von Zeit zu Zeit auf gesetzlichem Wege zu vollziehenden Ausgleich für notwendig. Gleichmacherei hält er für verderblich, für ihn liegt der wahre Fortschritt beim Einzelnen. Durant hält es mit Toynbee: Wenn Kulturen untergehen, liegt es daran, dass ihre geistige und politische Führung versagt hat. Durants Fazit fällt ernüchternd aus: Ungeachtet der explosiven Entwicklung von Wissenschaft und Technik haben sich die Menschen über die Jahrtausende kaum verändert.

Bei realistischer Betrachtung wird man Durants Folgerungen weitge- **Was wurde**
hend zustimmen müssen. Was bleibt ist vor allem seine Mahnung, dass **wahr?**
wir über der ständigen Verbesserung unserer Mittel nicht vergessen dürfen, unsere Zwecke zu veredeln.

Visionen der Enttäuschten

Der Sozialismus mit seiner Gleichheits-Ideologie war über die Jahr- **Sozialistische**
hunderte hin zu einer Art Heilslehre und Religionsersatz geworden. **Dystopien**
Der Reiz der Utopie ist ihm erhalten geblieben bis auf den heutigen Tag. Die Auswirkungen des Sozialismus, dort wo er in der Praxis zum Zuge kam, reichen von den Schrecken totalitärer Diktaturen bis zu den zweifelhaften Segnungen des Versorgungsstaates. Aber trotz aller abschreckenden Erfahrungen ist er die beherrschende Utopie geblieben. Eine Gegenutopie hat sich in ausreichender Ausprägung nicht aufgebaut. Als wesentliche politische Denkrichtungen gelten in unserer Zeit die drei Ismen Sozialismus, Liberalismus und Konservatismus, wobei Liberalismus und moderner Konservatismus gegeneinander

fließende Grenzen haben und sich gemeinsam gegen den Sozialismus abgrenzen lassen durch ihren Spitzenwert der Freiheit, dem als oberster Wert beim Sozialismus die Gleichheit gegenüber steht. Treffend zusammenfassen kann man die Frontstellung in der Parole „Freiheit oder Sozialismus", die von der Linken wütend geschmäht wird, aber gerade dadurch ihre Gültigkeit beweist. Eine ausgeprägte Gegenutopie zum Sozialismus hat es also nicht gegeben. Wohl aber entstand eine Reihe sozialistischer „Dystopien". Unter diesem Begriff versteht man das Gegenteil einer Utopie, eine Anti-Utopie. Während die Utopie verheißungsvoll eine bessere Zukunft ausmalt, blickt die Dystopie zwar auch in die Zukunft, aber in eine düstere, nichts Gutes verheißende. Es waren vor allem enttäuschte Sozialisten, die solche düsteren Visionen entwarfen. Sie erregten große Aufmerksamkeit und werden zum Teil auch heute noch häufig zitiert, so Orwells „1984".

Samjatin (1884–1937) Aber der erste enttäuschte Sozialist der in Form eines Romans ausmalte, wie eine sozialistische Zukunft aussehen könnte, war Jewgeni Iwanowitsch Samjatin. Er hatte eine lange Laufbahn als Revolutionär hinter sich, als er 1920 seinen Roman mit dem Titel „Wir" veröffentlichte. Samjatin studierte Schiffsbau in Sankt Petersburg und im Revolutionsjahr 1905 war er als Organisator dabei, als die Besatzung des Panzerkreuzers „Potemkin" gegen ihre zaristischen Offiziere meuterte. Samjatin, der sich den Bolschewiki anschloss, emigrierte nach England; kehrte aber nach Russland zurück, als dort 1917 die Oktoberrevolution ausbrach. Was er dabei erlebte, ernüchterte ihn jedoch. Die Schreckensherrschaft, die da mit kaltem rationalem Kalkül ausgeübt wurde, fand er abstoßend und die seelenlosen Typen, die sich da austobten, entsetzten ihn. Wohin sollte das führen? Samjatin entwarf in seinem Roman ein Bild dieser düsteren Zukunft und seine prophetische Vision sollte schon bald in den Jahren der Stalin-Ära der Wirklichkeit sehr nahe kommen. Für Samjatin war es nicht leicht, seinen Roman zu veröffentlichen. Erst 5 Jahre nach seiner Fertigstellung erschienen die ersten Ausgaben in verschiedenen Sprachen im Ausland. In der Sowjetunion wurde Samjatin angefeindet, er musste den sowjetischen Schriftstellerverband verlassen. 1931 erlaubte ihm Stalin auszureisen. Samjatin emigrierte nach Frankreich und starb 1937 in Paris.

Der „Einzige Staat" Samjatins Roman spielt in dem „Einzigen Staat", der nach einem langen Krieg und der „allerletzten Revolution" entstanden war. An seiner Spitze steht der „große Wohltäter", der über Heerscharen von „Beschützern" verfügt, die über das „Wohl" der Einwohner wachen. Die

58

Menschen, die auf diese Weise „beschützt" werden, haben keine Namen mehr, sondern sind nur noch Nummern. Sie zählen nicht mehr als Einzelne, sondern nur noch als Glieder des Kollektivs, es herrscht völlige Gleichheit. Wer sich gegen diese „Fürsorge" wehrt, wird öffentlich hingerichtet. Der Ich-Erzähler des Romans, die Nummer D-503, ist Konstrukteur der Rakete „Integral", mit der der Weltraum erobert werden soll. Er schildert die Ereignisse in Form eines Tagebuches. D-503 begegnet der Staatsfeindin I-330, die noch an die alte Welt mit Menschen voller Gefühl und Phantasie glaubt. D-503 verliebt sich in sie und verändert sich dadurch. Der Arzt diagnostiziert, dass sich bei ihm „eine Seele gebildet" hat. Die Handlung endet tragisch: Ein Aufstand scheitert, bei D-503 wird eine Gehirnoperation vorgenommen und sein Phantasiezentrum entfernt. I-330 wird hingerichtet.

Zehn Jahre bevor Ayn Rand das Schreckensbild eines kollektivistischen **Fazit** *Staates aufzeichnete, hatte bereits ihr Landsmann Samjatin in seinem Roman „Wir" ausgemalt, wie die Menschen in einem solchen Staat unterdrückt, manipuliert und beherrscht werden. Samjatin, früher selbst kommunistischer Revolutionär, war vom Sozialismus enttäuscht und beschrieb in seinem Buch, wie später auch Ayn Rand, einen Staat, in dem Menschen nur Nummern sind, die Kinder vom Staat aufgezogen werden und Individualität mit dem Tod bestraft wird. Seine Schilderung war, wie später auch die Vision Orwells, ein Gegenbild zu den sozialistischen Utopien, die eine bessere Zukunft verheißen, eine Anti-Utpie gewissermaßen, genauer ausgedrückt eine Dystopie, die einem vor der Zukunft Angst macht.*

Von den sozialistischen Utopien ist keine je verwirklicht worden. Die **Was wurde** *von den Enttäuschten aufgezeichneten Dystopien hingegen, beschreiben* **wahr?** *unheilvolle Zustände, wie sie zum Teil inzwischen wieder überwunden worden sind, aber in verschiedener Hinsicht noch andauern oder drohen.*

Schöne neue Welt

Die Familie, der Aldous Leonard Huxley entstammte, hatte eine Reihe bekannter Wissenschaftler und Künstler hervorgebracht. Auch Aldous war begabt und seine Talente ließen ihn zum Schriftsteller werden. In seiner Jugend hatte er allerdings einige Schicksalsschläge zu überwinden. Er war 14, als seine Mutter starb. Als später sein Bruder

Huxley (1894–1963)

Selbstmord beging, traf ihn auch das schwer. Das schwerste Handicap aber war eine Augeninfektion, die ihn fast erblinden ließ. Nur langsam erlangte er einen Teil seiner Sehkraft zurück. Trotzdem blieb Huxley dem Leben zugewandt. Ungeheuer interessiert, aufgeschlossen gegenüber allem Neuen, wurde er zu einer Art Freigeist. Eine enge Freundschaft verband ihn mit D. H. Lawrence, dessen freizügiger Roman „Lady Chatterleys Lover", erschienen 1928, damals großes Aufsehen erregte.

„Kontrapunkt des Lebens" Zu dieser Zeit war Huxley nach schwierigen Anfangsjahren als Journalist und Kunstkritiker auch bereits als erfolgreicher Romanautor etabliert. Besonders sein Roman „Kontrapunkt des Lebens", erschienen 1928, wurde zu einer Art Kultbuch und gilt als einer der großen gesellschaftskritischen Romane aus der Zeit nach dem Ersten Weltkrieg. Huxley beschreibt, wie ein zweifelnder Intellektueller den Verlust traditioneller Werte wie Religion, Liebe und Familie erlebt. Ein noch weit größerer Erfolg wurde 4 Jahre später Huxleys Roman „Schöne neue Welt", der 1932 erschien. Den Titel hatte er einem Shakespeare-Zitat („Brave new world") entnommen. Hier ging es nicht um eine kritische Schilderung der gegenwärtigen englischen Gesellschaft, zumindest nicht direkt. Indirekt war mit der utopischen Darstellung einer künftigen Gesellschaft natürlich auch Gesellschaftskritik verbunden.

„Men like Gods" Was hatte Huxley zu diesem Stoff veranlasst? Er war zwar Pazifist und politisch interessiert, aber sicher kein enttäuschter Sozialist. Vielmehr reizte es ihn, gesellschaftliche Zustände satirisch zu überzeichnen. Außerdem hatte er die Bücher von H. G. Wells gelesen, und zwar nicht nur die „Zeitmaschine", die als Pionierwerk der Science-fiction-Literatur gilt, sondern auch Wells' Roman „Menschen Göttern gleich" („Men like Gods"). Darin hatte Wells, der seinerseits offenbar Thomas Morus „Utopia" gelesen hatte, auch eine Utopie entworfen. Er schilderte das Leben auf dem Planeten Utopia, wo „Menschen Göttern gleich" leben. Eine Reisegruppe aus der englischen High Society sorgt jedoch für Konflikte, als sie versucht, gewaltsam irdische Zustände herbeizuführen. Ein solcher Stoff reizte Huxley und hinzu kam, dass er naturwissenschaftlich sehr interessiert war. Hier spielte sicher eine Rolle, dass sein Großvater ein bekannter Mitstreiter Darwins gewesen war, der dessen Evolutionstheorie unerschrocken verteidigte. So unternahm es Huxley, auszumalen wie die Entwicklung der Naturwissenschaften das gesellschaftliche Leben künftig prägen könnte. Ebenso mögen Eindrücke aus Amerika mitgespielt haben.

Dort hatte Huxley eine hochtechnisierte Konsumgesellschaft erlebt, ungezähmten Kapitalismus, Fortschrittsgläubigkeit und Machbarkeitswahn. Wenn man das konsequent zu Ende dachte, dann mochten Verhältnisse entstehen, in denen der Mensch nur noch ein durch Werbung manipulierter fremdbestimmter Konsument ist. Huxley hatte nachgedacht über die Fehlentwicklungen der modernen Gesellschaft, über den Wahn von der Gleichheit der Begabungen und darüber, dass technischer Komfort allein das menschliche Glücksstreben nicht befriedigt.

In seinem Roman besteht Huxleys „schöne neue Welt" aus einem Weltstaat, in dem alles bis ins Kleinste reglementiert ist. Oberstes Gebot ist die Stabilität der Verhältnisse. Die Menschen sind in Kasten eingeteilt. Die oberste Klasse sind die Alphas, die niedrigste die Epsilons, die nur primitive Tätigkeiten verrichten. Von Geburt an werden die Menschen entsprechend in Brutöfen gezüchtet. Natürliche Zeugung ist verboten. Alpha-Babies, die künftige Führungskaste, erhalten beste Ernährung und Fürsorge, Epsilon-Babies werden durch Sauerstoffentzug entpersönlicht. Die aufwachsenden Kinder werden ihren künftigen Aufgaben und ihrer Kastenzugehörigkeit gemäß konditioniert. Epsilon-Kleinkindern zum Beispiel wird durch Elektroschocks eine Aversion gegen Bücher und Blumen beigebracht. In der Schule haben die Kinder einen breitgefächerten Lehrplan, vom empfängnisverhütenden Geschlechtsverkehr bis zur vorgeschriebenen Verbraucherhaltung. Promiskuität ist Pflicht. In diesem Weltstaat ist der Krieg abgeschafft, ebenso wie Armut und Verbrechen. Auch die Familie und die Liebe werden nicht mehr gebraucht. Es herrscht absolute geschlechtliche Freiheit. Für alles ist gesorgt, „die Menschen sind glücklich, sie kriegen, was sie begehren und sie begehren nichts, was sie nicht kriegen". Und wenn doch einmal etwas aus dem Ruder läuft, dann hilft „Soma", eine Wunderdroge, die ständig konsumiert wird. Die Romanhandlung kommt in Gang durch einen jungen „Wilden", der von außen kommt, normal gezeugt wurde und normal aufgewachsen ist, der aber mit der schönen neuen Welt nicht zurecht kommt, obwohl sie doch kein Leid, keinen Schmerz, keine unerwiderte Liebe und keine Emotionen kennt. Er vermisst die Freiheit und scheitert am Ende.

„Brave New World"

Lag Huxley richtig, mit seinem Zukunftsbild aus dem Jahr 1932? Oder hatten sich seine Prophezeiungen inzwischen als falsch erwiesen? 30 Jahre später machte sich Huxley daran, noch einmal kritisch durchzusehen, was er damals geschrieben hatte. Er kam zu dem Schluss, dass er in der Tendenz richtig gelegen hatte, auch wenn der Zeitrahmen

30 Jahre danach

vielleicht weiter zu spannen war, als er sich ursprünglich vorgestellt hatte. Außerdem wies er besonders auf das Problem der Überbevölkerung hin. Er meinte, es würde zu Wirtschaftskrisen führen, die schließlich in totalitären Regierungsformen enden könnten. Die Gesellschaft sei überorganisiert, die Menschen würden entmündigt und durch Werbung verdummt. Er appellierte an die Jugend, das bisschen Freiheit, das der Welt verblieben ist, zu schützen, doch er hatte den Eindruck, dass die heutige Jugend die Freiheit nicht sonderlich zu schätzen weiß. Huxley fand selbst, dass er im Wesentlichen Recht behalten und die wichtigsten Entwicklungen angesprochen hatte, bis auf eine: die Atomkraft. Das habe sich damals schon abgezeichnet, und er bedauerte, dass er darauf nicht schon einging.

Eine neue Utopie

Trotzdem schien ihm das Bild, das er damals gezeichnet hatte, nun doch etwas zu düster. „Brave New World" war ja keine Utopie im Sinne positiver Wunschvorstellungen. An dem schlimmen Ende gemessen, war es genau genommen eine Dystopie. Nun wollte Huxley noch einmal ein optimistisches Bild zeichnen. So kam sein zweiter utopischer Roman zustande, mit dem Titel „Eiland" („Island"). In diesem Roman schilderte er einen utopischen Inselstaat, in dem westliche Wissenschaft und der Mystizismus östlicher Religionen zu einer fruchtbaren Synthese zusammen gespannt wurden. Huxley hatte sich schon immer für den Buddhismus und für mystische Phänomene interessiert und auch eine Zeit lang mit „psychedelischen" Drogen experimentiert. In „Eiland" schilderte er nun, wie Geburtenkontrolle durch Yoga-Technik aussehen könnte, wie Kinder in Adoptivgemeinschaften ökologisch erzogen werden könnten, wie die Wirtschaft ohne Expansion gedeihen könnte und wie der Frieden ohne Waffen garantiert werden könnte. In schwierigen Situationen könnte immer mit der Wunderdroge Moksha nachgeholfen werden. So könnte die Insel Pala ein Paradies auf Erden sein, wenn nicht die bösen Nachbarn wären. Sie haben es auf die reichen Ölvorkommen auf der Insel abgesehen und starten eine Invasion. Als die feindlichen Panzer vorbei gebraust sind, ertönt noch immer der Ruf der Myna-Vögel und verheißt trotz allem eine glücklichere Zukunft.

Wirkung

Der Roman „Eiland", erschienen 1962, war eine Art literarisches Vermächtnis. Huxley hatte nicht mehr lange zu leben. Er hatte schon immer mit gesundheitlichen Problemen zu kämpfen und schließlich wurde bei ihm auch noch Zungenkrebs diagnostiziert. Seine Frau Maria, mit der er 36 Jahre lang glücklich verheiratet war, starb 1955. Ihr Tod traf Huxley tief. Dennoch verheiratete er sich ein Jahr später noch einmal mit einer Freundin Marias, mit Laura Archera, die ihn getreulich pflegte, bis er 1963 in Los Angeles starb. Huxley ist ein viel zitierter Autor geblieben, bis auf den heutigen Tag. Das ist ein Zeichen dafür, dass er Ängste angesprochen und Entwicklungen beschrieben hat, die sich in mancherlei Hinsicht bewahrheiten. Seine Voraussicht wird bewundert. So beispielsweise von Michel Houellebecq, der ihm in seinem Roman „Elementarteilchen" ein ganzes Kapitel widmet.

Houellebecq meint, die westliche Gesellschaft habe seither unablässig versucht, sich Huxleys Modell anzunähern. Die immer genauere Kontrolle des Zeugungsvorgangs würde zur Trennung von Sex und Zeugung und zur künstlichen Fortpflanzung im Labor führen. Damit verschwinden dann auch die familiären Beziehungen, wie z. B. Vaterschaft und Abstammung. Es herrscht völlige sexuelle Freiheit, die sinnliche Begierde wird durch nichts eingeschränkt, falls Depressionen aufkommen, werden sie durch Drogen schnell behoben. Die Entwicklung der menschlichen Gesellschaft ist seit mehreren Jahrhunderten ausschließlich durch die wissenschaftliche und technologische Entwicklung gesteuert worden. Huxley hat als erster Schriftsteller begriffen, dass nach der Physik jetzt die Biologie die entscheidende Rolle spielt. Huxley, der schon immer für völlige sexuelle Freiheit gekämpft habe, sei einer der maßgeblichen Theoretiker der Hippie-Bewegung gewesen, habe für den Konsum bewusstseinserweiternder Drogen plädiert und habe die New-Age-Bewegung beeinflusst. So sei er einer der einflussreichsten Denker des zwanzigsten Jahrhunderts gewesen, meint Houellebecq. *Elementarteilchen*

Wie die Gesellschaft der Zukunft aussehen könnte, beschrieb in besonders eindrucksvoller Weise Aldous Huxley in seinem Roman „Schöne neue Welt". Huxley wollte vor überzogener Fortschrittsgläubigkeit und grenzenlosem Machbarkeitswahn warnen und vor einer Gesellschaft, die nur noch aus durch Werbung manipulierten, fremdbestimmten Konsumenten besteht. In dem streng reglementierten utopischen Staat, den Huxley beschreibt, werden die Menschen nicht mehr auf natürliche Weise gezeugt, sondern in Brutöfen gezüchtet und für ihre vorgesehene Stellung im Kollektiv „konditioniert". Kriege, Armut und Verbrechen sind abgeschafft, Familie und Liebe werden nicht mehr gebraucht. Probleme werden durch Drogen behoben. Die Menschen sind scheinbar glücklich, aber ihre Freiheit und ihre Menschenwürde haben sie verloren. *Fazit*

Huxley hat Ängste angesprochen und Entwicklungen beschrieben, die sich in mancherlei Hinsicht bewahrheitet haben. Wer hätte gedacht, dass zum Beispiel die Gender-Ideologie einmal eine so breite Wirkung entfal- *Was wurde wahr?*

ten könnte oder dass sich die Einstellung zur Sexualität so weitgehend verändern könnte. Was fällt einem bei Huxleys Visionen noch ein? Man denkt an Klonen und Retorten-Babies, und an künstliche Befruchtung, Begriffe, die heute ganz selbstverständlich zur Diskussion gehören. Man denkt aber auch an die Sexualmoral der 68er, an die Jünger Wilhelm Reichs, an die Kinderläden und an die Pädophilie-Debatte bei den Grünen, der Partei der Verbote und der Juchtenkäfer, der Homo-Bannerträger und der Gender-Ideologie.

Der große Bruder

„Brave new world" oder „1984"? Als Huxley 1932 seine Utopie von der „schönen neuen Welt" veröffentlichte, war die Zeit der Weltwirtschaftskrise und für Huxley bestand die Gefahr, vor der er warnen wollte, in der Versklavung der Menschen durch Massenkonsum und einen übermächtigen Staat. 16 Jahre später, als die Katastrophe des zweiten Krieges vorüber war, erregte eine andere Utopie Aufsehen, Orwells „1984". Huxley hatte damals seinen Roman aus der Distanz des kühlen Betrachters geschrieben. Orwell hingegen zeichnete seinen Alptraum vom „großen Bruder" nach einer Zeit durchlittener Schrecken auf. Huxley war dennoch der Ansicht, dass beide Utopien im Grunde einander ergänzten. 1949 schrieb er an Orwell: „… dass sich Machthunger ebenso gut stillen lässt, wenn man den Menschen einsuggeriert, ihre Knechtschaft zu lieben, wie wenn man sie mit Stiefel und Peitsche zum Gehorsam zwingt. Mit anderen Worten, ich habe das Gefühl, dass der Alptraum „1984" zwangsläufig in den Alptraum von einer Welt übergehen wird, die mehr meinen Vorstellungen in „Brave New World" entspricht."

Verrat am Sozialismus Bei Huxley wie bei Orwell wird ein totalitärer Unterdrückungsstaat beschrieben. Bei Huxley werden die Menschen mit wissenschaftlichen Methoden manipuliert, und zwar von Anfang an, im Grunde schon vor der Geburt. Ihr normales Gefühlsleben ist ihnen genommen, sie sind Opfer der wissenschaftlichen Machbarkeit und auf diese Weise in ihrer beschränkten Art glücklich. Der Unterdrückungsstaat, der uns bei Orwell vorgeführt wird, ist in vieler Hinsicht härter und unerbittlicher. Da werden unmenschliche Unterdrückungsmethoden angewandt, von der Folter bis zur Gehirnwäsche und zwar auf Menschen, die normal auf die Welt gekommen und groß geworden sind. Auch sie sind am Ende total manipulierbar, aber deshalb, weil sie terrorisiert wurden. Es ist ein

Szenario unmenschlicher Unterdrückungsmethoden, das bei Orwell vorgeführt wird. Huxley warnt vor einem Missbrauch wissenschaftlicher Methoden, Orwell zeigt, was totalitäre Diktaturen aus Menschen machen können. Anders als Huxley war Orwell ein tief enttäuschter Sozialist. Für Orwell war der Sozialismus eine Bewegung der sozialen Gerechtigkeit, wie man heute sagen würde. Dieser Sozialismus wurde durch Stalins Diktatur aufs Schrecklichste verraten. So sah es Orwell. Er hat dabei allerdings übersehen, dass die Wurzeln des Totalitarismus eben doch in der Gleichheitsideologie und dem Allmachtswahn des Marxismus angelegt waren. Andererseits war ihm klar, dass Kommunismus und Faschismus beide die gleichen Wurzeln hatten und nur unterschiedliche Erscheinungsformen des Totalitarismus waren.

George Orwell war als Eric Arthur Blair in Motihari in Britisch-Indien auf die Welt gekommen. Sein Vater war britischer Kolonialbeamter. Als Eric ein Jahr alt war, ging seine Mutter mit ihm und seiner Schwester zurück nach England. Die Familie gehörte zur „oberen Mittelschicht" und der junge Blair besuchte die entsprechenden Schulen. Als es um die Berufswahl ging, trat er in die Fußstapfen des Vaters und ging in den Kolonialdienst. 5 Jahre lang diente er in der Indian Imperial Police in Burma. Dann ging er nach England zurück und versuchte sich als Journalist, Lehrer und Gelegenheitsarbeiter, allerdings mit wenig Erfolg. Es waren Jahre, in denen es ihm zeitweise richtig schlecht ging und er den bitteren Geschmack der Armut kosten musste. Das war wohl die Zeit, in der er Sozialist wurde.

Orwell
(1903–1950)

Sein Ziel, Schriftsteller zu werden, erreichte er 1933. Der Verleger Victor Gollancz nahm seinen ersten Roman an, „Erledigt in Paris und London", den Blair unter dem Pseudonym „George Orwell" geschrieben hatte. Orwell, wie er sich nun nannte, arbeitete an weiteren Büchern und drei Jahre später wagte er sogar, eine Familie zu gründen und zu heiraten. Das war 1936. Im gleichen Jahr brach der Bürgerkrieg in Spanien aus und Orwell ging 1937 für ein halbes Jahr dorthin. Als Kriegskorrespondent teilte er sich ein Büro mit Hemingway und Malraux. Zurück in England musste er in ein Sanatorium, die Tuberkulose hatte ihn im Griff. Orwell arbeitete weiter an neuen Büchern, auch während des Krieges, als er in der Home Guard war. 1943 arbeitete er eine Zeit lang bei der BBC und erfuhr dabei, wie eine Propagandamaschine funktioniert. 1945 wurde für ihn ein Schicksalsjahr. Er arbeitete als Kriegsberichterstatter für den „Observer", dann starb seine Frau an einer Operation und im gleichen Jahr erschien ein Roman, mit dem er als Schriftsteller eine Art Durchbruch erreichte.

Endlich
Schriftsteller

Farm der Tiere

Es war eine Erzählung, die er „Märchen" nannte und der er den Titel „Farm der Tiere" gab. Mit beißendem Spott rechnete der enttäuschte Sozialist Orwell mit dem Stalinismus ab, dem er vorwarf, die Revolution und die sozialistischen Ideale verraten zu haben. Das Buch fand im beginnenden Kalten Krieg als Stellungnahme gegen den Totalitarismus auch in den USA große Aufmerksamkeit und machte Orwell berühmt. Er hatte inzwischen auch seinen eigenen Stil gefunden und erwies sich als blendender Stilist. Viele seiner Formulierungen wurden zu ständigen Redensarten, wie zum Beispiel: „Alle Tiere sind gleich, aber manche sind gleicher." Nach Kriegsende zog sich Orwell mit seinem Sohn auf eine einsame Insel vor der Küste Schottlands zurück und arbeitete nun an einem größeren Roman, der auch wirklich sein bedeutendstes Werk werden sollte. Er wollte darin die Abrechnung mit dem totalitären Sozialismus fortsetzen und vertiefen. 1948 hatte er das Werk fertig gestellt und als er nach einem Titel suchte, der in die Zukunft weisen sollte, fiel ihm, als einfachste Lösung, ein Zahlendreher ein und er nannte das Buch „1984".

Ozeanien, der Zukunftsstaat

Der Zukunftsstaat „Ozeanien", den Orwell beschrieb, war einer von drei Weltstaaten, die nach einem langen Krieg übrig geblieben waren. Die drei führten wechselweise Krieg gegeneinander, weil ihnen der Kriegszustand am besten geeignet erschien, um ihre Bevölkerung zu disziplinieren. In Ozeanien stand an der Spitze des Staates der „Große Bruder", den nie jemand gesehen hatte, dessen Bild aber ständig präsent war. („Big Brother is watching you!"). Der Machtapparat, auf den er sich stützte, war die Partei. Die herrschende Schicht bestand aus der „Inneren Partei", während das Gros der Genossen in der „Äußeren Partei" nur Befehlsempfänger waren. Die dritte Kategorie, die arbeitende Masse, die politisch machtlos war, wurde „Proles" genannt. Es gab einen Staatsfeind, der ständig bekämpft werden musste, von dem aber auch niemand wusste, ob er überhaupt existierte, oder ob ihn die Partei nur erfunden hatte. Der Staatsaufbau wurde beherrscht von 4 Ministerien (Orwell persifliert hier Roosevelts Rede aus dem Jahr 1941, in der er von 4 Freiheiten sprach): „Minipax", das Ministerium für Frieden, das für die Kriegspropaganda zuständig ist; „Minifluss", dieses Ministerium für Überfluss soll den Mangel verwalten, es ist für Wirtschaft und Planerfüllung zuständig; „Minilieb", dem Ministerium für Liebe, untersteht die Gedankenpolizei, es besorgt Folter, Gehirnwäsche und Umerziehung, und schließlich „Miniwahr", das Ministerium für Wahrheit, zuständig für das „Neusprech"-Lexikon, die Revision der Vergangenheit und die Geschichtsklitterung.

Die Partei verfügte über ein reiches Arsenal an Mitteln zur Unterdrückung des Volkes. Am wirkungsvollsten waren die „Teleschirme", Fernsehgeräte, die in beiden Richtungen wirkten: Sie strahlten ständig Propagandabilder aus und sie waren zugleich Kameras, die alles in ihrer Reichweite aufzeichneten. Teleschirme gab es praktisch in jedem Raum, in dem sich Parteimitglieder aufhielten, und auf allen öffentlichen Plätzen. So war die Überwachung total. Wichtigstes Exekutivorgan war die „Gedankenpolizei", die unerbittlich einschritt, wenn „Gedankenverbrechen" vermutet wurden, und sei es nur durch ein Augenzwinkern. Ein wirksames Unterdrückungsmittel war die Veränderung der Kommunikation durch „Neusprech". Aus der Sprache werden alle unliebsamen Begriffe, wie zum Beispiel Freiheit, entfernt und sie wird reduziert auf Wörter und Begriffe, die der Parteilinie entsprechen. Ein weiterer Schritt war die Anwendung des „Zwiedenkens", das jedes Parteimitglied beherrschen musste. Er musste zwischen zwei sich widersprechenden Wahrheiten hin und her schalten können. Regelmäßig fanden „Hassminuten" und „Hasswochen" statt, Massenveranstaltungen, bei denen die Parteiparolen eingeübt wurden.

Instrumente der Unterdrückung

Die Romanhandlung, die Orwell in diesem Milieu ansiedelte, endet tragisch. Winston Smith, der Held des Romans, ist im Wahrheitsministerium angestellt, als Spezialist für Geschichtsklitterung. Er muss in allen möglichen Dokumenten Daten und Fakten, die der Parteilinie widersprechen, ändern oder löschen. Seit langem ist ihm jedoch die Parteidoktrin tief verhasst, aber das darf er nicht zeigen. Er findet Kontakt zu O'Brien, einem Mitglied der „Inneren Partei", und sieht seine Vermutung bestätigt, dass es sich bei diesem um einen geheimen Regimegegner handelt. Bei einer der vielen Hassveranstaltungen findet Winston Blickkontakt zu Julia, einer schönen jungen Frau. Sie steckt ihm heimlich einen Zettel zu, auf dem steht „Ich liebe dich!" Die beiden finden Mittel und Wege, sich heimlich zu treffen und ihre Liebe auszuleben. Dabei ist ihnen bewusst, dass das nicht von Dauer sein kann, dass sie früher oder später erwischt werden. Und so geschieht es auch. Während eines Rendezvous werden die beiden von der Gedankenpolizei überrumpelt und festgenommen. Der Offizier, der Winston verhört, ist O'Brien, den Winston für einen Regimegegner gehalten hatte. Winston wird gefoltert und einer Gehirnwäsche unterzogen. Am Ende der Umerziehung erkennt er, dass er nun von seiner Auflehnung „geheilt" ist und während die Gedankenpolizei seine Exekution vorbereitet, beteuert er seine Liebe zum Großen Bruder.

Die Story

Orwells „1984" kam 1949 auf den Markt und wurde ein großer Erfolg, den er allerdings nicht lange genießen konnte. Orwell starb ein Jahr später in London, sein altes Leiden, die Tuberkulose hatte ihn wieder eingeholt. Sein Buch wird heute noch gelesen und immer wieder zitiert. „Orwell" und „1984" sind zu Begriffen geworden, zu Kurzformeln, mit denen man Tendenzen oder Ansätze zu einem Überwachungsstaat kennzeichnet. Im „Orwell-Jahr" 1984 wurde der Roman werkgetreu verfilmt, versehen mit dem Motto: „Wer die Vergangenheit kontrolliert, kontrolliert die Zukunft. Wer die Gegenwart kontrolliert, kontrolliert die Vergangenheit."

Fahrenheit 451 Vier Jahre nach Orwells „1984" erschien ein anderer utopischer Roman, der auch einen totalitären Überwachungsstaat schilderte. Auch in diesem Staat wird die Bevölkerung unmündig gehalten, um sie beherrschen zu können. Vor allem selbständiges Denken soll auf jeden Fall verhindert werden. Und da Bücherlesen am ehesten dazu verleitet, ist der Besitz von Büchern streng verboten. Eine technisch bestens ausgerüstete Feuerwehr ist ständig unterwegs, um verbotene Bücher aufzuspüren und zu verbrennen. Der Feuerwehrmann Guy Montag erliegt allerdings der Versuchung, nimmt heimlich Bücher an sich und liest sie. Das führt zum Zerwürfnis mit seiner Frau, die sich im herrschenden System, bei ständiger Berieselung durch das Fernsehen und gelegentlicher Aufmunterung durch Drogen, restlos glücklich fühlt. Sie denunziert ihren Mann wegen der gestohlenen Bücher und Guy Montag muss nun seine Bücher und sein Haus selbst niederbrennen. Dabei richtet er den Flammenwerfer allerdings auch auf den Feuerwehrkommandanten und tötet ihn. Montag flüchtet in die Wälder zu den „Buchmenschen". Das sind Leute, die Bücher für die Nachwelt dadurch bewahren wollen, dass sie sie auswendig lernen.

Bradbury (1920–2012) Der Autor dieses Romans, Ray Bradbury, war ein versierter Schriftsteller und Drehbuchautor und lebte in Los Angeles. Den Titel seines utopischen Romans hatte er gewählt, weil er annahm dass bei dieser Temperatur Papier sich selbst entzündet. Die Annahme beruhte zwar auf einem Irrtum und Bradbury hatte auch Celsius mit Fahrenheit verwechselt, aber das tat dem Erfolg des Buches keinen Abbruch. 1966 wurde der Roman von Francois Truffaut auch verfilmt. Und auch der Film war erfolgreich. Der Erfolg beruhte allerdings zu einem guten Teil auf einer falschen Vorstellung. Es überwog nämlich die Annahme, dass Bradbury mit seiner Dystopie die Schrecken eines Überwachungsstaates schildern wollte. Aber das war nicht der Fall, wie Bradbury selbst klarstellte. Ihm ging es darum, durch die Überzeichnung vor übertriebenem Fernsehkonsum zu warnen und wieder daran zu erinnern, wie wichtig Bücherlesen war, um sich selbständiges Denken zu bewahren. Er hatte ja auch im Buch darauf hingewiesen, dass der Verzicht auf selbständiges Denken und die kulturelle Armut nicht so sehr durch die Regierung aufgezwungen worden war, sondern sich schrittweise durch die allgemeine Nivellierung entwickelt hatte. Darüber hinaus sah Bradbury seinen Roman eher in einer Literaturgattung, die zunehmend an Aufmerksamkeit gewann und die man „Science Fiction" nannte.

Der utopische Staat, den Huxley vor dem Zweiten Weltkrieg beschrieben **Fazit**
hatte, unterdrückte und manipulierte die Menschen mit wissenschaftlichen Methoden. Der totalitäre Staat, den Orwell nach dem Zweiten Weltkrieg beschrieb, beherrschte die Menschen durch Terror, von der Folter bis zur Gehirnwäsche. Orwell, ehemals Sozialist, der durch Stalins Diktatur tief enttäuscht wurde und schreckliche Zeiten durchlebt hatte, erregte mit seinem Roman „1984" noch größere Aufmerksamkeit als Huxley. In Orwells Staat „Ozeanien" regierte der allgegenwärtige „große Bruder". Durch die überall installierten Teleschirme blieb ihm nichts verborgen. Seine Gedankenpolizei sorgte dafür, dass bei den Menschen keine eigenen Ideen aufkamen und Gedankenverbrechen bestraft wurden, dass nur im vorgeschriebenen Neusprech kommuniziert wurde und von der Vergangenheit nur erfahren werden konnte, was die Geschichtsklitterung vorschrieb. Die Menschen wurden im Zwiedenken erzogen, sie durften sich immer nur der Wahrheit bedienen, die dem Regime gerade genehm war, und sie wurden in Hasswochen trainiert, um den ständig beschworenen Staatsfeind zu bekämpfen. Der Machtapparat des großen Bruders war die Partei, ein Friedensministerium war für die Kriegspropaganda zuständig, das Ministerium für Überfluss verwaltete den Mangel, im Ministerium für Liebe wurden Folter, Gehirnwäsche und Umerziehung besorgt und das Ministerium für Wahrheit arbeitet am Neusprech-Lexikon und an der Geschichtsklitterung. Vier Jahre nach Orwells „1984" schrieb Ray Bradbury ebenfalls einen utopischen Roman, der einen Überwachungsstaat schilderte und den er „Fahrenheit 451" nannte. In Bradburys totalitärem Staat will man vor allem selbständiges Denken verhindern, deshalb ist der Besitz von Büchern streng verboten und die Menschen werden ständig durch Fernsehen berieselt.

Am weitesten fortgeschritten ist die Annäherung an Orwellsche Zustände **Was wurde**
auf dem Gebiet der Kommunikation. Der „Neusprech", der sich heute **wahr?**
„Political Correctness" nennt, hat bereits eine beherrschende Stellung

und ist absolut zielgerichtet. Alles was links ist, ist political correct, und alles was rechts oder zumindest nicht sozialistisch ist, kann ohne Mühe verteufelt werden mit Ausdrücken die von „Rechtspopulismus" bis zu „rechtsextrem" reichen. An Orwellsche Verhältnisse erinnerte auch der US-Geheimdienst NSA, als 2013 sein Überwachungsprogramm PRISM bekannt wurde. Auch der Gedanke, gegen erfundene Staatsfeinde zu mobilisieren, ist bei manchen Linken auf fruchtbaren Boden gefallen. Auch Bradburys Befürchtung, die Menschen könnten bei ständiger Fernseh-Berieselung zu wenig lesen und dadurch selbstständiges Denken verlernen, ist durchaus nicht realitätsfern, wie der Einfluss der Massenmedien zeigt.

Ludwig Erhards Vision

Zeit des Untergangs

Ludwig Erhard (1897–1977) entwickelte seine Vision von einer freiheitlichen Gesellschaft in einer Zeit der drohenden Katastrophe und des Untergangs. Als 22-Jähriger war er schwer verwundet aus dem Ersten Weltkrieg heimgekehrt, hatte dann Wirtschaftswissenschaften studiert und promoviert. Er folgte seinem Hang zu wissenschaftlicher Analyse, wurde Unternehmensberater und Marktforscher und gründete schließlich ein eigenes „Institut für Industrieforschung". 1944 war ihm klar, dass der Krieg verloren war und er machte sich Gedanken darüber, wie es nach dem verlorenen Krieg weitergehen könnte. Seine Überlegungen fasste er in einer Denkschrift zusammen mit dem Titel „Kriegsfinanzierung und Schuldenkonsolidierung". Darin sprach er sich dafür aus, die künftige Friedenswirtschaft möglichst bald „… aus den Fesseln staatlicher Bevormundung zu lösen … Das erstrebenswerte Ziel bleibt in jedem Falle die freie, auf echtem Leistungswettbewerb beruhende Marktwirtschaft." Das war damals, als noch bedingungsloser Glaube an die Parole vom Endsieg gefordert wurde, ein gefährliches Unterfangen. Als dann im Frühjahr 1945 der Krieg zu Ende war, nahm Ludwig Erhard Kontakt zur amerikanischen Besatzungsmacht auf und war bald als Fachmann ohne Parteizugehörigkeit anerkannt. Er wurde bayerischer Wirtschaftsminister, dann Leiter der „Sonderstelle Geld und Kredit", die eine Währungsreform vorbereiten sollte, und geriet schließlich als Direktor für Wirtschaft der Bizone in eine Schlüsselstellung.

Krisenbewältigung

Damals befand sich das zerstörte Deutschland in der größten denkbaren Krise, gegen die die Eurokrise, von der wir heute alle Tage reden

70

müssen, wie eine Schönwetterperiode anmutet. Die Amerikaner wollten die Krise durch die Umstellung auf eine neue Währung bewältigen, aber Erhard war der Meinung, dass das allein nicht genügen würde, um die Wirtschaft in Gang zu bringen und die Inflation zu beenden. Er nutzte seine Schlüsselstellung und als die Währungsreform am 20. Juni 1948 stattfand, hob er eigenmächtig, zugleich mit der Einführung der neuen D-Mark, auch die Bewirtschaftung der Waren auf. Das löste bei der Besatzungsmacht Ärger und bei der SPD Entsetzen aus, die den Hungertod von Millionen befürchtete. Aber Erhard hielt an seiner Konzeption fest, trotz Generalstreik und steigender Preise, und der Erfolg gab ihm Recht. Von 1949 an ging es bergauf. Erhard als „Wahllokomotive" verhalf der CDU zum Sieg bei der ersten Bundestagswahl 1949, in die sie mit der Parole „Marktwirtschaft oder Planwirtschaft" gezogen war. Erhard wurde der erste Bundeswirtschaftsminister und hielt gegen alle Widerstände an seiner Konzeption fest. Er musste sie in der Koreakrise gegen die Amerikaner verteidigen, er musste sie gegen den Bundesverband der Industrie und gegen Bundeskanzler Adenauer verteidigen, als es um die Kartellfrage und später um die Aufwertung der D-Mark ging, und er musste sie gegen die inzwischen entstandene allgemeine Begehrlichkeit mit eindringlichen „Maßhalteappellen" verteidigen. Das führte in den 1950er- und 1960er-Jahren zur Vollbeschäftigung und zu einem von Erhard erstrebten „Wohlstand für alle", sodass man im Inland wie im Ausland von einem deutschen „Wirtschaftswunder" sprach. Wie konnte Erhard das erreichen? Es konnte ihm nur gelingen, weil er unbeirrt aus einer tiefen Überzeugung heraus handelte.

Es ist jedoch nicht so, dass Erhard einfach die Lehren von liberalen Wirtschaftswissenschaftlern, wie Eucken, Böhm, Röpke, Rüstow oder Hayek, in praktische Politik umsetzte. Vielmehr hatte er durchaus eigene Vorstellungen entwickelt, unabhängig von den „Ordoliberalen" der „Freiburger Schule", mit denen ihn allerdings gleiche wirtschaftliche Grundsätze verbanden, wie freie Preisbildung, freier Wettbewerb, in dem sich unternehmerische Initiative entfalten kann, Privateigentum, Vertragsfreiheit und stabiler Geldwert. Nobelpreisträger F. A. von Hayek, einer der führenden Köpfe der Freiburger Schule, würdigte Erhards eigenständige Konzeption mit den Worten: „Ich habe Erhard bewundert, weil er das Richtige erkannt hat, ohne auf komplizierten Wegen dahin zu kommen … Unter allen Ökonomen, die ich gekannt habe, … bin ich keinem … begegnet, der einen solchen Instinkt für das, was richtig ist, gehabt hat, wie Ludwig Erhard."

Ordoliberalismus

Freiheit und Verantwortung

Erhard bezeichnete sich selbst gelegentlich als „Ordoliberalen", vor allem weil er mit der ordoliberalen Zielsetzung einig ging, dass Freiheit sowohl gegen den Staat als auch gegen private Macht verteidigt werden muss. Er war auch mit den Ordoliberalen einig, dass der Freiheit Grenzen gesetzt werden müssen, damit die Freiheit einiger nicht zur Unfreiheit anderer wird. Doch sollte das nach Erhards Ansicht nicht durch den Staat geschehen, sondern der Einzelne selbst muss diese Grenzen aufgrund seiner Verantwortung setzen. Der Grundwert, um den Erhards Denken kreiste, war die Freiheit, gepaart mit Selbstverantwortung. Daraus entsprang sein Bild vom freien, mündigen Bürger und sein Vertrauen in dessen Initiative und dessen Einsicht.

Die Vision einer freiheitlichen Gesellschaft

Erhards Konzeption reichte über die Wirtschaftspolitik hinaus und entsprang der Vision von einer freiheitlichen Gesellschaft. Für Erhard war die Wirtschaft nicht Selbstzweck, sonder diente dem höheren, ethischen Ziel, ein freies, selbstbestimmtes Leben führen zu können. Einen Einblick in seine Vorstellungen gab er zum ersten Mal in seinem leidenschaftlichen Plädoyer für das „Leitsätzegesetz" am Vorabend der Währungsreform 1948: „Die Währungsreform hat nur einen Sinn, wenn wir die Wirtschaft zugleich aus der Zwangsjacke der staatlichen Befehlswirtschaft befreien." Es geht darum, „eine neue Ordnung zu schaffen, in der ehrliche Arbeit wieder ehrlich belohnt wird, und in der man sich für sein gutes Geld wieder kaufen kann, was man sich wünscht. Es steht aber immer nur so viel Kaufkraft zur Verfügung, wie Güter erzeugt werden. Und um für die neue Währung von Anfang an die ausreichende Güterdeckung zu schaffen, müssen wir mehr leisten. Nur ein harter freier Wettbewerb mit entsprechend hohen Leistungsanforderungen an den Einzelnen kann das deutsche Volk und die deutsche Wirtschaft aus ihrer Verelendung herausführen. Wir müssen alles, was unwirtschaftlich ist, ausschalten … Das schaffen wir aber nicht durch behördliche Verbote, sondern das schaffen wir nur, wenn wir den Einzelnen bei Strafe des wirtschaftlichen Untergangs dazu zwingen, die Dinge zu produzieren, die Arbeit zu leisten, die die Gesellschaft wirklich anerkennt und die nützlich sind. Wer seinen Beitrag zur Volkswirtschaft leistet, der erhält auch Lohn und Kaufkraft. Wir werden den Notleidenden helfen und die Kleinen schützen. Aber das können wir eben nur, wenn wieder wirtschaftlich gearbeitet wird." (Heute könnte man das wie ein Konzept für den „Grexit" lesen.)

Erhards Gesellschaftsbild

Später hat Erhard das Gesellschaftsbild, das ihm vorschwebte, immer wieder erläutert: „Nicht die freie Marktwirtschaft des liberalen Freibeutertums einer vergangenen Ära, auch nicht das ‚freie Spiel der Kräf-

72

te' und dergleichen Phrasen, mit denen man hausieren geht, sondern die sozial verpflichtete Marktwirtschaft, die das einzelne Individuum wieder zur Geltung kommen lässt, die den Wert der Persönlichkeit obenan stellt und der Leistung den verdienten Ertrag zugutekommen lässt, das ist die Marktwirtschaft moderner Prägung." Horst Friedrich Wünsche, wissenschaftlicher Mitarbeiter Erhards in seinen letzten Jahren, beschreibt Erhards Vision so: Erhard forderte eine Politik, „die der Würde des Menschen entspricht, das heißt, eine Politik, die die Autonomie jedes einzelnen achtet und jegliche Bevormundung und Gängelung unterlässt." Erhard wollte eine Situation schaffen, „in der sich jeder Einzelne seiner Kräfte und seiner sozialen Einordnung und seiner damit unweigerlichen bestehenden sozialen Verpflichtungen bewusst wird."

Das Etikett „Soziale Marktwirtschaft", das noch während des Krieges geprägt und von Müller-Armack 1947 aufgegriffen wurde, verwendete Erhard zunächst sehr zögerlich, weil er jeden Anklang an sozialistische Vorstellungen vermeiden wollte. Inzwischen hatte sich aber der dieser Begriff als Bezeichnung für eine marktwirtschaftliche Politik im Gegensatz zur Planwirtschaft durchgesetzt, sodass ihn Erhard auch etwa seit 1950 selbst verwendete. „Soziale Marktwirtschaft" wurde zu Erhards Markenzeichen. Inzwischen ist jedoch das, was heute unter dieser Bezeichnung verstanden wird, längst nicht mehr konform mit Erhards Vorstellungen. **Soziale Marktwirtschaft**

Eine freiheitliche Wirtschaftspolitik ist zugleich die beste Sozialpolitik, das war die Überzeugung Ludwig Erhards. Er meinte, „dass die Marktwirtschaft als solche sozial ist, nicht dass sie erst sozial gemacht werden muss". (Hayek) Eine Wirtschaftsordnung die „Wohlstand für alle" bringt, löst auch die sozialen Probleme optimal. Und Ludwig Erhards „Wirtschaftswunder" hat gezeigt, dass ein freiheitliches Wirtschaftssystem allen anderen überlegen ist. Aber dann setzte sich immer mehr das große Missverständnis der Sozialpolitiker aller Parteien durch. Sie meinen, eine Marktwirtschaft sei umso sozialer, je mehr Sozialpolitik betrieben wird, je mehr soziale Wohltaten von Staats wegen verordnet werden. **Das Soziale in der Marktwirtschaft**

Erhard sah es als größtes Übel der Vergangenheit an, „dass der Staat zu viel Einfluss auf die Wirtschaft ausgeübt hat". Er meinte, wer Soziale Marktwirtschaft „als Mischung aus Wirtschaftsfreiheit und sozialem Ausgleich verstehe, sei wohl dem Irrglauben verfallen, dass der Staat so etwas wie eine Kuh sei, die im Himmel gefüttert wird, damit man **Der Weg in den Versorgungsstaat** sie auf Erden melken kann". Erhard warnte davor, dem Staat mehr und mehr die Aufgabe der individuellen Lebenssicherung zu übertragen und ihn so zu überfordern. Der Sozialen Marktwirtschaft drohe die größte Gefahr von einer gesellschaftlichen Ordnung, in der jeder die Hand in der Tasche des anderen hat. Am Ende werde dann der Versorgungsstaat stehen, der soziale Untertan und die bevormundete Garantie der materiellen Sicherheit. Aber solche „Wohltaten" müsse das Volk immer teuer bezahlen, weil kein Staat seinen Bürgern mehr geben könne, als er ihnen zuvor abgenommen habe.

Staatsver-schuldung Doch der Weg in den Versorgungsstaat, vor dem Erhard so eindringlich gewarnt hatte, nahm unvermindert seinen Lauf und dieser Weg war mit Schulden gepflastert. Für Ludwig Erhard war neben Marktwirtschaft und Wettbewerb stabiles Geld der wichtigste Garant für den Erhalt der freiheitlichen Ordnung. Notwendige Voraussetzung für die Geldwertstabilität wiederum sah er in einem ausreichenden Maß an Haushaltsdisziplin. Der Staat dürfe nicht mehr ausgeben, als er einnehme. Aber so wie nach Erhards Zeit seine Konzeption der Sozialen Marktwirtschaft immer mehr verfälscht wurde durch zunehmenden Dirigismus, Reglementierungen und einen überbordenden Sozialstaat. so blieb auch die Haushaltsdisziplin auf der Strecke; mit dem Ergebnis, dass der Schuldenberg immer höher wuchs.

Formierte Gesellschaft Bereits gegen Ende seiner Kanzlerschaft musste Ludwig Erhard voller Enttäuschung feststellen, dass mit wachsendem Wohlstand auch immer mehr Begehrlichkeit um sich griff. Adenauers Gefälligkeitsdemokratie hatte bereits mit ihren Wahlgeschenken die öffentlichen Haushalte nahezu überfordert und ebenso wucherten die Forderungen egoistischer Gruppen. Erhard versuchte, mit dem Begriff der „formierten Gesellschaft" seine Gesellschaftspolitik noch einmal griffig zu formulieren. Seine Vision galt einer neu geordneten kooperativen Gesellschaft, die das Leitbild des Gemeinsinns gleichwertig neben die individuellen Freiheiten stellt und den Gruppenegoismus in Schranken hält. Aber er drang damit schon nicht mehr durch, ebenso wie seine Maßhalteappelle kein ausreichendes Echo fanden.

Fazit *Ludwig Erhard bewältigte die wirtschaftliche Krise der Zeit nach dem Zweiten Weltkrieg, indem er die vorherrschende staatliche Befehlswirtschaft durch eine Politik der „Sozialen Marktwirtschaft" ablöste. Aber für Erhard ging es nicht nur um wirtschaftspolitische Weichenstellungen, sondern um eine freiheitliche Gesellschaftsordnung insgesamt. Er hatte „viel größere Verdienste um die Wiederherstellung einer freien Gesell-*

schaft, als ihm in Deutschland und im Ausland zugestanden wurde"
(F. A. von Hayek).

Ludwig Erhards Politik der „sozialen Marktwirtschaft" führte in den **Was wurde**
ersten Jahren der Bundesrepublik zum deutschen „Wirtschaftswunder". **wahr?**
Seine Nachfolger behielten zwar das Etikett der „Sozialen Marktwirt-
schaft" bei, gaben aber in viel größerem Maße Staatseingriffen Raum,
als es Erhard je zugestanden hätte, mit dem Ergebnis, dass wir heute
vor einem riesigen Berg von Staatsschulden stehen. Deutschland, das
vergleichsweise wirtschaftlich gut dasteht, konnte zwar 2014 zum ersten
Mal eine „schwarze Null" schreiben, ist aber von einem Schuldenabbau
noch weit entfernt. Noch weiter davon entfernt sind allerdings die eu-
ropäischen Staaten die in den letzten Jahren eine betont sozialistische
Politik betrieben haben. Auch die Europäische Union selbst folgt in der
Wirtschaftspolitik überwiegend sozialistischen Vorstellungen. Sie be-
kämpft Schulden mit noch mehr Schulden und lässt es zu, dass die EZB
in gigantischem Ausmaß Geld druckt, um Staaten zu finanzieren und
ihnen Zeit zu kaufen für Reformen, die nicht stattfinden. Ein Ende der
anhaltenden Eurokrise ist auf diese Weise nicht in Sicht.

Science-Fiction

Was in der Literatur und im Film heute unter dem Etikett „Science-Fiction" eingeordnet wird, sind in der Regel Zukunftsvisionen, die sich auf Technik und Wissenschaft beziehen. Die Gattung zu beschreiben und zurück zu verfolgen, wäre „ein weites Feld". So sei nur auf einige herausragende Beispiele hingewiesen. Einer der Pioniere der Science Fiction Literatur war der Engländer H. G. Wells. Er konnte sich seinerseits bereits auf bekannte Science-Fiction-Literatur stützen, so auf die Romane des Franzosen Jules Verne.

Der Engländer Herbert George Wells war ein vielseitiger Mann: **Wells**
Historiker, Soziologe und ein sehr produktiver Schriftsteller. Er stammte **(1866–1946)**
aus einfachen Verhältnissen und hatte viele Schwierigkeiten zu überwinden, bis er sich als Schriftsteller erfolgreich etablieren konnte. Sein Studium bei Professor Thomas Huxley hatte ihn zum Anhänger Darwins gemacht, und der Kontakt mit George Bernard Shaw und der Fabian Society machte ihn zum Sozialisten. Außerdem hielt er nichts von der christlichen Religion. Als Naturwissenschaftler war er zu der

Überzeugung gelangt, dass die Menschheit die Kräfte, die sie durch die Technik entfesselt hatte, nicht mehr ausreichend beherrschte und daran zugrunde gehen werde, falls es ihr nicht gelingen würde, sich besser anzupassen.

Die Zeitmaschine Seinen Ruf als Pionier der Science-Fiction-Literatur begründete Wells gleich mit einem seiner ersten Romane. In seiner 1895 erschienen utopischen Erzählung „The Time Machine" („Die Zeitmaschine") berichtet Wells von einem Gerät, mit dem man sich in der vierten Dimension, der Zeit, bewegen konnte. Die Bewegung im Raum mit seinen drei Dimensionen beherrschten die Menschen. Aber sich in der Zeit vor- oder rückwärts zu bewegen, das war neu. Der Erfinder machte sich auch tatsächlich mit seiner Maschine auf die Reise und landete im Jahr 802.701, also ein gehöriges Stück in der Zukunft. Was der Zeitreisende dort vorfand, war recht seltsam. Von den Menschen, die er aus der Gegenwart kannte, waren zwei Klassen übrig geblieben. Da gab es hübsche junge Leute, die an der Erdoberfläche sorglos in den Tag hinein lebten. Man nannte sie Eloi. Und da gab es in unterirdischen Höhlen menschenähnliche Wesen, die ziemlich hässlich aussahen. Das waren die Morlocks. Sie betrieben Maschinen und Fabriken und lieferten den Unterhalt für die oberirdischen Eloi. Für den Zeitreisenden schienen die Verhältnisse klar zu sein. Offenbar hielten sich die Lichtgestalten der Eloi eine Schar von sklavenähnlichen Arbeitern, die unterirdischen Morlocks, die für sie sorgen mussten. Nach einiger Betrachtung wurde dem Zeitreisenden allerdings klar, dass die Verhältnisse genau umgekehrt waren. Die Morlocks waren die Herren, die sich die Elois hielten, weil sie ihnen als Nahrung dienten. In den dunklen Nächten holten sie sich jeweils eine Portion Elois, die sie verspeisten. Wells Roman war offensichtlich eine Dystopie, etwa in der Tradition von Jonathan Swifts „Gullivers Reisen" aus dem Jahr 1726. Er wollte seine Zeitgenossen zum Nachdenken über ihre Lebensumstände und die wahren Machtverhältnisse bringen.

Krieg der Sterne Drei Jahre später schrieb Wells die nächste von weiteren „scientific romances", wie er sie nannte. Es war der Roman „The War oft the Worlds" („Krieg der Welten"), der 1898 erschien und 40 Jahre später noch einmal Furore machte. Orson Welles hatte aus dem Stoff ein Hörspiel gemacht, das 1938 ausgestrahlt wurde und in den USA beinahe eine Massenpanik verursachte, weil die Leute es für aktuelle Berichterstattung hielten. Weitere sechzig Jahre später wurde der Stoff erneut aktuell, als der Regisseur Roland Emmerich den Film „Independence Day" drehte. Auch für die Serie der „Star Wars" – Filme, die 1977 be-

gann und eine Welle von Weltraum-Action-Filmen einleitete, hatte
der Stoff Pate gestanden, ebenso wie für die Filmserie „Raumschiff
Enterprise".

H. G. Wells hatte seinen Faden der „scientific romances" ebenfalls wei- **Prophet der**
ter gesponnen, immer wieder mit technischen Visionen, die später, zur **Technik**
Verblüffung des Publikums, Wirklichkeit wurden. 1901 erschien „The
first Men in the Moon" („Die ersten Menschen auf dem Mond") und 68
Jahre später landeten die Amerikaner mit ihrem Raumschiff Apollo 11
tatsächlich auf dem Mond. So gibt es noch eine ganze Reihe technischer Entwicklungen, die H. G. Wells zutreffend vorausgesagt hat. Die
keineswegs vollständige Liste reicht vom Grammophon (1866) über
den Luftverkehr und den Luftkrieg (1900) bis zu Panzerwagen und
zur Atombombe (1913). Aber nicht nur als Naturwissenschaftler und
Techniker, auch als Historiker hatte Wells eine Reihe von Visionen
entwickelt. Davon wird später noch die Rede sein.

H. G. Wells war zwar der produktivste Science-Fiction-Autor, aber **Verne**
nicht der erste. Vor ihm war schon der Franzose Jules Verne mit tech- **(1828–1905)**
nischen Zukunftsromanen bekannt geworden. Verne, der Sohn eines
Rechtsanwaltes aus Nantes, sollte eigentlich die väterliche Kanzlei
übernehmen, aber während seiner Studienjahre in Paris fühlte er sich
viel mehr zu Theater und Literatur hingezogen. Und als er schließlich
1863 mit seinem Roman „Cinq semaines en ballon" („Fünf Wochen
im Ballon") einen ersten Erfolg hatte, war der Weg für ihn klar. Ein
Jahr später erschien „Reise zum Mittelpunkt der Erde", wieder ein Jahr
später „Von der Erde zum Mond", dann 1874 „Zwanzigtausend Meilen
unter dem Meer" und den Höhepunkt des Erfolges bildete 1873 die
„Reise um die Erde in 80 Tagen". Seine Romanerfolge machten Verne
reich, er konnte große Reisen unternehmen und sich eine eigene Yacht
leisten. Einige seiner Romane sind bis heute jung geblieben und viele
wurden erfolgreich verfilmt, so die „Reise um die Welt in 80 Tagen"
und „Der Kurier des Zaren".

Auch in Deutschland gab es einen Science-Fiction-Autor, der in der **Dominik**
Zeit zwischen dem Ersten und dem Zweiten Weltkrieg eine große Le- **(1872–1945)**
sergemeinde hatte. Hans Dominik, der in Berlin aufwuchs und später
auch dort lebte, hatte Maschinenbau studiert und sich neben seiner
Berufsarbeit als Elektroingenieur nebenher auch für die Schriftstellerei
interessiert. Seinen ersten Erfolg hatte er 1922 mit dem utopischen Roman „Die Macht der Drei". Auch seine weiteren Bücher erzielten große
Auflagen, darunter „Der Brand der Cheopspyramide" (1925), „Das Erbe

der Uraniden" (1927), „Kautschuk" (1930), „Atomgewicht 500" (1937) und „Flug in den Weltenraum" (1939). Man sollte die technischen Phantasien der Science-Fiction-Autoren nicht zu gering schätzen. Von der technischen Seite her gesehen waren sie zumindest anspruchsvolle Unterhaltung. Aber nicht selten waren sie auch mehr. Sie beflügelten Wissenschaftler und Techniker in ihren Ideen und in ihrem Bestreben, über die konventionellen Grenzen hinaus zu denken. Die Pioniere der Raumfahrt zum Beispiel, bezogen manchen Impuls und manche Anregung aus solcher Lektüre, wie Hermann Oberth (1894–1989) bezeugte.

Kampf der Kulturen Bei Hans Dominik klang auch bereits das Stichwort vom „Kampf der Kulturen" an, das später in anderer Dimension noch breit diskutiert werden sollte. Damals gingen in Europa Ängste um, andere Rassen könnten den Europäern ihre dominierende Stellung streitig machen. Von der „gelben Gefahr" aus China war die Rede, aber auch von Arabern und Schwarzafrikanern, und nicht zuletzt von der bolschewistischen Gefahr aus Russland. Hans Dominik hatte dieses Thema in seinem Roman „Die Spur des Dschingis-Khan" (1923) aufgegriffen. Dabei ging es nicht um einen primitiven Rassismus, der die Überlegenheit der „weißen Rasse" oder der Arier beweisen wollte, sondern um die Verantwortung der Europäer bei der Ordnung und Regierung der Welt, etwa so wie bei Rudyard Kipling in seinem Gedicht „The White Man's Burden" (1899).

Fazit *Neben den politisch motivierten Utopien wurden auch immer wieder Visionen hinsichtlich der Entwicklung von Wissenschaft und Technik entworfen. Zu den Pionieren auf diesem Gebiet des Science-Fiction gehören der Engländer H. G. Wells, der Franzose Jules Verne und der Deutsche Hans Dominik.*

Was wurde wahr? *Besonders H. G. Wells bewies eine erstaunliche Voraussicht bei seinen Visionen. 1900 sprach er von Luftverkehr und Luftkrieg, 1901 von den ersten Menschen auf dem Mond und 1913 von der Atombombe. Dominik beschrieb 1939 einen Flug in den Weltraum.*

Kampf der Kulturen

Huntington (1927–2008) Als der Kalte Krieg zu Ende war und die USA als einzige Supermacht übrig geblieben waren, schien „Das Ende der Geschichte" gekommen, wie zum Beispiel der amerikanische Politologe Francis Fukuyama annahm. Sein Harvard-Kollege Samuel P. Huntington sah das jedoch anders. Im 19. Jahrhundert, fand Huntington, waren es die Staaten, die sich bekämpften und im 20. Jahrhundert die Ideologien, die gegeneinander standen. Im 21. Jahrhundert jedoch werden es die Kulturen sein, die sich als Gegner gegenüberstehen. Daraus entwickelte Huntington seine These vom „Clash of Civilisations", die er 1993 in einem Aufsatz und drei Jahre später in einem Buch vertrat. Vor einem solchen „Zusammenprall der Kulturen" wollte Huntington warnen. Im Deutschen hatte man seinen Buchtitel etwas aggressiver mit „Kampf der Kulturen" übersetzt und im Lichte der folgenden Ereignisse scheint diese Formulierung treffender zu sein.

Huntingtons These ging von der Überlegung aus, dass im Zeitalter der Globalisierung die wichtigsten Unterscheidungen zwischen den Völkern nicht mehr ideologischer, politischer oder ökonomischer, sondern kultureller Art sind. Kulturelle Identität habe für die meisten Menschen die höchste Bedeutung, einschließlich der Symbole (wie zum Beispiel Kreuz oder Kopftuch), die mit ihr verbunden sind. Das wichtigste Merkmal einer Kultur aber ist die Religion. An der religiösen Einstellung werden die Unterschiede am deutlichsten. Für Huntington zeigt sich das besonders, wenn man die christliche und die islamische Kultur miteinander vergleicht. **Kulturelle Identität**

Die westliche Kultur ruht auf drei Säulen: der griechisch-römischen Antike, der jüdisch-christlichen Religion und der Aufklärung. Die Aufklärung bedeutet in diesem Zusammenhang vor allem die Trennung von Religion und Staat. Nur so konnten die Werte entstehen, die die westliche Kultur so einzigartig machen: individuelle Freiheit, politische Demokratie, Rechtsstaatlichkeit, Menschenrechte. Daraus entspringt auch die Modernität, und der technische Fortschritt, in dem der Westen führend ist. Die kulturellen Wurzeln des Islam hingegen beruhen auf einer Religion, die mit dem Staat eine Einheit bildet und das ganze Leben ohne Einschränkung beherrscht. Eine Aufklärung hat nicht stattgefunden. Es ist eine Religion, die „Ungläubige" verachtet und deren Toleranz sich in engen Grenzen hält. **Kulturelle Unterschiede**

Dass sich mit dem Westen und dem Islam zwei gegensätzliche Kulturen gegenüber stehen, schien sich in politischen Aktionen vielfach zu bestätigen. Huntington prophezeite jedenfalls 1998 weltweite, gewalttätige Auseinandersetzungen zwischen Muslimen und Nichtmuslimen. Drei Jahre später begann sich Huntingtons Prophezeiung zu erfüllen, **Huntingtons Prophezeiung** zunächst mit dem schrecklichen Anschlag islamischer Terroristen auf das World Trade Center in New York am 11. September 2001, dann mit dem Irak-Krieg und dem Krieg in Afghanistan.

Huntingtons Warnung Wie wird es weiter gehen, was soll der Westen tun? Den Schlüssel für die Vermeidung eines noch stärkeren Zusammenpralls der Kulturen sieht Huntington vor allem beim Westen. Die Menschen im Westen sind vielfach von der Universalität ihrer Kultur überzeugt. Sie glauben, dass die kulturelle Verschiedenheit durch das Heranwachsen einer gemeinsamen, westlich orientierten Weltkultur überwunden werden kann. In dieser Einstellung sieht Huntington eine Gefahr. Der Westen sollte sich damit abfinden, dass seine Kultur einzigartig, aber nicht universal ist, und er sollte sich untereinander einig sein, um diese Kultur zu erneuern und vor der Herausforderung durch nichtwestliche Gesellschaften zu schützen. Ein weltweiter Kampf der Kulturen kann nur vermieden werden, wenn die Mächtigen dieser Welt eine globale Politik akzeptieren und aufrechterhalten, die unterschiedliche kulturelle Wertvorstellungen berücksichtigt. Deshalb sollte man nicht andere Kulturen nach dem Bild des Westens umformen wollen, sondern man sollte sich im Westen ganz darauf konzentrieren, die einzigartigen Qualitäten der westlichen Kultur zu erhalten, zu schützen und zu erneuern. Huntington warnt vor „kulturellem Selbstmord", vor moralischem Verfall, wie er sich im Verfall der Familie, in asozialem Verhalten und zunehmendem Egoismus äußert.

Immigration und Assimilation Den Zusammenprall verschiedener Kulturen verfolgte Huntington auch im Inneren der USA mit Sorge. Er meint, dass vermehrt Immigration ohne Assimilation stattfindet, dass viele der neuen Einwanderer nicht integrationsfähig oder nicht integrationswillig sind. Für die Amerikaner spielen Rasse und Ethnizität heute fast keine Rolle mehr. Für sie ist das prägende Element ihrer Identität das „amerikanische Credo" mit den Prinzipien, die in ihrer Verfassung verankert sind. Wenn sich jedoch Parallelgesellschaften bilden, die die herrschende angloprotestantische Kultur nicht akzeptieren wollen, ist die Einheit der Nation gefährdet. Auch davor warnte Huntington. Ein solcher Multikulturalismus, meint Huntington, steht seinem Wesen nach in Opposition zur europäischen Zivilisation, er ist im Grunde eine antiwestliche Ideologie. Die Multikulturalisten, die ein Mosaik verschiedener Kulturen anstreben, zerstören damit die alles verbindende Nationalkultur der USA.

80

Um das Ziel eines friedlichen Verhältnisses der Kulturen zueinander zu erreichen, gibt Huntington den Staatsmännern einige Mahnungen mit auf den Weg. Man kann die Realität nur dann konstruktiv verändern, wenn man sie anerkennt und versteht. Kein Staat sollte sich in die Konflikte eines anderen Kulturkreises einmischen, der Westen sollte auf Interventionen in anderen Kulturkreisen verzichten. Was den Kurs der amerikanischen Außenpolitik betrifft, so meint Huntington, „in dieser Ära können die USA … weder die Welt beherrschen, noch ihr den Rücken kehren". Sie sollten sich auf die enge Zusammenarbeit mit ihren europäischen Partnern konzentrieren, „um die Interessen und Werte der einzigartigen, ihnen gemeinsamen Kultur zu schützen und zu fördern". **Friedliches Miteinander**

Um die Verständigung zwischen den Kulturen zu erleichtern, sollte man sich darauf besinnen, dass es Werte gibt, die allen Kulturen gemeinsam sind. Huntington nennt als Beispiel das „White Paper", das dazu in Singapur formuliert wurde und in dem die Nation über die ethnische Gemeinschaft, und die Gesellschaft über das Ich gestellt wird, das die Familie als Grundbaustein der Gesellschaft bezeichnet und dem Individuum Anerkennung und Unterstützung durch die Gemeinschaft garantiert. Um die Definition gemeinsamer Werte und ihre Zusammenfassung in einem „Weltethos" haben sich auch andere bemüht. **Gemeinsamkeiten der Kulturen**

Die Utopie des Multikulturalismus, vor der Huntington in den USA gewarnt hatte, fand auch in Deutschland viele Anhänger, besonders unter den Achtundsechzigern, und wirkte sich vor allem auf die Einwanderungspolitik aus. Die Idealvorstellung der Multikulturalisten besteht darin, dass in einem Staat die verschiedensten Kulturen ihre Eigenart bewahren und so nebeneinander leben. Sie sehen in diesem bunten Mosaik ethnischer Vielfalt die Voraussetzung für die Überwindung des Nationalismus und des klassischen Nationalstaates. Dieses Bild eines friedlichen, bunten Mosaiks ist aber nirgends Wirklichkeit geworden. Die Integration der Zuwanderer bewegt sich zwischen zwei Polen, wie schon Huntington beschrieben hatte. Wo die Assimilation nicht gelingt oder verweigert wird, bilden sich Parallelgesellschaften. Parallelgesellschaften sind aber keine kulturellen Gemeinschaften, die auf Austausch bedacht sind, sondern sie bestehen auf Abschottung. Ein Multikulturalismus, in dem kulturelle Gemeinschaften friedlich miteinander leben und auf gegenseitiges Verständnis und auf Austausch bedacht sind, hat sich nicht herausgebildet. Insofern ist die Utopie des Multikulturalismus gescheitert. **Die Multikulti-Utopie**

Das zeigt sich besonders an der Auseinandersetzung mit dem Islam, die durch die Zuwanderung von Muslimen und besonders von Türken hervorgerufen wurde. Man sollte sich daran erinnern, dass 2008 der türkische Ministerpräsident Erdogan in Köln vor 20.000 seiner eingewanderte Landsleute Assimilation als ein „Verbrechen gegen die Menschlichkeit" bezeichnete. Türkische Einwanderer in Deutschland sollten zwar Deutsch lernen, um keine Benachteiligungen zu erleiden, aber vor allem ihre Muttersprache beibehalten, die Kinder sollten erst Türkisch und dann erst Deutsch lernen und assimilieren sollten sie sich nicht, sie sollten Türken bleiben. Erdogan forderte praktisch dazu auf, in Deutschland eine türkische Parallelgesellschaft zu bilden, um die er sich kümmern und auf die er Einfluss nehmen will. 2010 wiederholte er sein Verdikt, dass Assimilation ein Verbrechen gegen die Menschlichkeit sei, beklagte den „Hass gegen die Türkei" und empfahl, die deutsche Staatsbürgerschaft anzunehmen, um politischen Einfluss im Sinne der Türkei nehmen zu können. Die türkische Diaspora in Deutschland, die Erdogan so sehr am Herzen liegt, umfasste 2013 die Zahl von 1,5 Millionen türkischer Staatsbürger, die in Deutschland leben, die Zahl der türkischstämmigen Menschen (Personen mit derzeitiger oder früherer türkischer Staatsbürgerschaft und als deutsche Staatsangehörige geborene Kinder) betrug 2,9 Millionen.

Wie sehr der Islam das Leben der meisten Muslime beherrscht, wurde von vielen Politikern völlig unterschätzt und warnende Stimmen, die darauf hinwiesen, dass dem Islam wesentliche Voraussetzungen für eine säkulare Eingliederung in westliche Gesellschaften fehlen, wurden verdrängt. Den meisten Muslimen fällt es schwer, den westlichen Universalismus als Leitkultur zu akzeptieren, einen Universalismus, der „den demokratischen Rechtsstaat, die Gleichheit der Geschlechter, die Unantastbarkeit der Würde des Individuums und den religiösen und politischen Pluralismus" (Ley) umfasst. Unter diesem Aspekt ist es verständlich, wenn Huntington den Multikulturalismus für eine gegen den Westen gerichtete Ideologie hält und auch Ley meint: „In der Konsequenz bedeutet der Multikulturalismus die Selbstzerstörung der westlichen europäischen Gesellschaften" und Egon Flaig sogar überzeugt ist, dass Multikulturalismus langfristig im Bürgerkrieg münden muss.

In ähnlicher Weise wie Huntington in den USA hat sich in Deutschland besonders Bassam Tibi (* 1944) mit dem Problem des Multikulturalismus beschäftigt. Bassam Tibi, in Damaskus geboren, ein Moslem, hat sich für die Assimilation entschieden und eine glänzende

Laufbahn als Wissenschaftler absolviert. Er ist Politikwissenschaftler und war Professor für internationale Beziehungen in Göttingen und an der Cornell University in den USA. Mit Huntington, der ihn 1982 als „Research Associate" zu sich an die Harvard University geholt hatte, war er befreundet. Noch bevor 1996 Huntingtons epochemachendes Buch vom „Clash of Civilisations" erschien, hatte sich auch Bassam Tibi in zahlreichen Publikationen mit dem Islam und mit dem Problem des Multikulturalismus auseinandergesetzt. Er warnt vor der Gefahr von Parallelgesellschaften und dem Verlust unserer eigenen Identität. In seinem 1998 erschienen Buch „Europa ohne Identität" beklagt er, dass die multikulturell ausgerichtete Gesellschaft in Europa wertebeliebig bis zur Selbstverleugnung geworden sei.

Die Globalisierung habe Menschen unterschiedlicher Kulturen einander nicht nur näher, sondern auch ihre Weltanschauungen miteinander in Konflikt gebracht. Solange sich kulturelle Unterschiede dem Wertekonsens der Zivilgesellschaft unterordnen, gibt es keine Probleme. Wenn sich aber Parallelgesellschaften bilden ist der innere Friede bedroht. Als „demokratisch-säkular gesinnter Moslem" sieht es Bassam Tibi als seine Pflicht an, die offene Gesellschaft gegen ihre Feinde zu verteidigen. Erfolgreiche Integration kann nur bedeuten, dass Menschen aus anderen Kulturen in ein Wertesystem und nicht ins Leere zuwandern. Das bedeutet zugleich, dass die Aufnahmegesellschaft über ein Wertesystem und eine eigene Identität verfügen muss. Im Multikulturalismus ist das nicht der Fall.

Erfolgreiche Integration

„Wann erkennen europäische Gutmenschen (endlich), dass ihr multikultureller Kulturrelativismus es Islamisten ermöglicht, eine totalitäre Ideologie mit Hass auf ‚Juden und Kreuzzügler' … unter Berufung auf die Anerkennung von kulturellen Eigenheiten als ‚kulturelle Rechte' … zu vertreten?", fragt Bassam Tibi. Er meint, Europäer sollten es nicht zulassen, „dass ihr Kontinent unter dem Deckmantel der kulturellen Differenz stufenweise islamisiert wird". Der Scharia-Islam und die Kopftuch-Uniformierung richten sich eindeutig gegen eine Integration, meint Bassam Tibi. In seinem Buch „Die fundamentalistische Herausforderung" (1992) vertritt Bassam Tibi die Ansicht, dass es dem Islamismus um die Zerstörung von Nationalstaaten geht und er eine islamistische Weltordnung auf der Basis der Scharia errichten will. Statt eines wertebeliebigen Multikulturalismus wünscht sich Bassam Tibi eine europäische Leitkultur, in der auch seine Vision eines „Euro-Islam" gedeihen kann.

Islamistische Herausforderung

In den vergangenen Jahrhunderten waren es Staaten und Ideologien, die sich bekämpften. Im 21. Jahrhundert werden es Kulturen sein, die aufeinanderprallen und Kulturen werden vor allem durch ihre Religion bestimmt. Das war die Vision Samuel P. Huntingtons, der weltweite gewaltsame Auseinandersetzungen zwischen Muslimen und Nichtmuslimen prophezeite. Der westlichen Welt empfahl Huntington für die Auseinandersetzung mit dem Islam, sich darauf zu beschränken, die einzigartigen Qualitäten ihrer Kultur zu erhalten. Mit Sorge beobachtete er in den USA, ebenso wie Bassam Tibi in Deutschland, dass immer mehr Immigration ohne Assimilation stattfindet. Er warnte vor Parallelgesellschaften. Den Multikulturalismus hielt er für eine antiwestliche Ideologie. Eine Verständigung zwischen den Kulturen hielt er für möglich, weil es Werte gibt, die allen gemeinsam sind.

Die gewalttätigen Auseinandersetzungen, die Huntington 1998 prophezeit hatte, setzten bereits drei Jahre später mit dem Anschlag islamischer Terroristen auf das World Trade Center in New York ein, es folgten der Irak-Krieg und der Afghanistan-Krieg. Die islamistische Bedrohung fand mit Osama bin Laden und seiner al-Qaida kein Ende, sondern lebt mit der Terrormiliz „Islamischer Staat" (IS) und ihrem Kampf für ein weltweites Kalifat erst richtig auf.

Weltethos

„Die Globalisierung braucht ein globales Ethos, nicht als zusätzliche Last, sondern als Grundlage und Hilfe für die Menschen, für die Zivilgesellschaft. Einige Politologen sagen für das 21. Jahrhundert einen ‚Zusammenprall der Kulturen‘ voraus. Dagegen setzen wir unsere anders geartete Zukunftsvision; nicht einfach ein optimistisches Ideal, sondern eine realistische Hoffnungsvision: Die Religionen und Kulturen der Welt, im Zusammenspiel mit allen Menschen guten Willens, können einen solchen Zusammenprall vermeiden helfen, vorausgesetzt, sie verwirklichen die folgenden Einsichten: Kein Friede unter den Nationen ohne Frieden unter den Religionen. Kein Friede unter den Religionen ohne Dialog zwischen den Religionen. Kein Dialog zwischen den Religionen ohne globale ethische Standards. Kein Überleben unseres Globus in Frieden und Gerechtigkeit ohne ein neues Paradigma internationaler Beziehungen auf der Grundlage globaler ethischer Standards."

Diese Worte wurden 2001 in einer Rede vor der UN-Vollversammlung in New York gesprochen. Der Redner war der Theologe Hans Küng. Der gebürtige Schweizer hatte die Päpstliche Universität Gregoriana in Rom absolviert, war zum Priester geweiht worden, setzte sein Studium an der Sorbonne in Paris und an der Universität Münster fort, und folgte 1960 einem Ruf als Ordinarius für Fundamentaltheologie an die Universität Tübingen. Er wurde zu einem der schärfsten Kritiker der katholischen Amtskirche. Nach vielen Kontroversen, die er besonders mit Kardinal Joseph Ratzinger, dem späteren Papst Benedikt XIV. ausfocht, wurde ihm schließlich die kirchliche Lehrerlaubnis entzogen. Küng gründete 1995 eine Stiftung, mit der er die Ziele, die er in seiner 1990 erschienen Programmschrift „Projekt Weltethos" dargelegt hatte, realisieren wollte. 1993 war es ihm gelungen, in Chicago einen Weltkongress zu organisieren, an dem Vertreter aus 125 Religionen teilnahmen. Es wurde eine „Erklärung zum Weltethos" verabschiedet mit der Grundforderung: „Jeder Mensch muss menschlich behandelt werden! Ferner gilt als Gemeinsamkeit die Goldene Regel!"

Küng
(* 1928)

Dass es tatsächlich verbindende ethische Vorstellungen zwischen allen Religionen gibt, zeigt am einfachsten die „Goldene Regel". Im Deutschen ist diese Maxime in Form eines Sprichwortes bekannt: „Was du nicht willst, dass man dir tu, das füg' auch keinem anderen zu!" Etwa zur gleichen Zeit wie Konfuzius haben sie auch Zarathustra und Thales von Milet ausgesprochen und es ist unwahrscheinlich, dass sie voneinander wussten. Sie scheint zur Grunderkenntnis über menschliches Zusammenleben zu gehören und immer wieder von neuem entdeckt worden zu sein. Wir finden sie im indischen Nationalepos „Mahabharata" ebenso wie in den Reden Buddhas und im Alten (Tobias 4,16) wie im Neuen Testament (Matthäus 7,12). Letzten Endes ist auch Kants kategorischer Imperativ nichts anderes als eine etwas präzisere Formulierung der goldenen Regel.

Die
Goldene Regel

Nach Abschluss des Kongresses in Chicago hatte Küng das Fazit gezogen: „Das Weltethos ist schon da!" Die von Küng verfasste Erklärung, die der Kongress verabschiedete, enthält die Verpflichtungen auf eine Kultur der Gewaltlosigkeit und der Ehrfurcht vor allem Leben, der Solidarität und eine gerechte Wirtschaftsordnung, der Toleranz und ein Leben in Wahrhaftigkeit, der Gleichberechtigung und der Partnerschaft von Mann und Frau. Es darf keine neue Weltordnung ohne ein Weltethos geben.

Ethische
Verpflichtung

Der Küngsche Optimismus hat in der Realität allerdings bis jetzt noch keine ausreichende Bestätigung gefunden und wird von der empirischen Sozialforschung nicht geteilt. Der amerikanische Sozialforscher Ray Funkhouser kam zu dem Ergebnis, dass es zwar auf einer sehr hohen Abstraktionsebene eine Übereinstimmung gibt. Bei hohem Abstraktionsgrad ist es klar, dass Freiheit besser ist als Despotie, Gerechtigkeit besser als Ungerechtigkeit, Glück besser als Elend. Aber sobald man konkreter wird, tun sich zwischen den Kulturen tiefe Unterschiede auf. Das beginnt schon bei den Menschenrechten. Die Vorstellungen von guten und bösen Menschen sind sehr verschieden. Der Anerkennung von Gemeinsamkeiten steht zum Teil auch das Festhalten an erstarrten Dogmen entgegen. Konfuzianismus und Buddhismus gehen von der menschlichen Natur aus, es fällt ihnen nicht schwer, sich flexibel an die ständigen Veränderungen der Welt und der Menschen anzupassen. Anders bei den drei monotheistischen Religionen, Judentum, Christentum und Islam. Ihre Ethik beruht zu einem wesentlichen Teil auf der Unveränderlichkeit ihrer zu Dogmen erstarrten Glaubenssätze. Insofern weigern sie sich, sich an veränderte Lebensbedingungen anzupassen und erwarten eher, dass die Welt sich ihnen anpasst. Am augenfälligsten ist das beim Islam, der auch heute noch in einer völlig veränderten Welt starr an den Dogmen aus dem vorigen Jahrtausend festhält und damit zunehmend Konflikte heraufbeschwört. (Sandvoss)

So wie Küng das friedliche Zusammenleben im Zeitalter der Globalisierung durch ein gemeinsames ethisches Fundament abstützen will, so hat ein anderer Tübinger Professor die Vision einer Weltrepublik im Blick. Otfried Höffe kommt in seinem Buch „Demokratie im Zeitalter der Globalisierung" (1999). zu dem Ergebnis, dass sich ein globaler Handlungsbedarf ergeben hat, der mit den hergebrachten Strukturen souveräner Einzelstaaten nicht zu bewältigen ist. Er sieht die Lösung in einer globalen Rechts-. und Staatsordnung, die sich den Bedingungen der freiheitlichen Demokratie unterwirft, und die weiter bestehenden Einzelstaaten subsidiär ergänzt. Für Höffe sind die Stufen politischer Gerechtigkeit universal gültig: Willkür und Gewalt müssen durch Regeln abgelöst werden, für die eine öffentliche Gewalt verantwortlich ist und diese Gewalt ist als qualifizierte Demokratie zu gestalten. Deshalb brauchen wir zusätzlich zu den demokratischen Einzelstaaten eine demokratisch verfasste Weltordnung, eine subsidiäre und föderale Weltrepublik. Höffe kennt die Einwände, die gegen diese „realistische Vision" einer globalen Herrschaft von Recht, Gerechtigkeit und Demokratie vorgebracht werden können: lebensfernes Ideal, schwärmerische Utopie, Mangel an exekutiver Macht, Überforderung der egoistisch motivierten Menschen. Er bleibt trotzdem Optimist.

Der Gedanke einer Weltregierung war übrigens nicht neu. Bertrand Russell (1872–1970), der englische Philosoph, ein überzeugter Pazifist, hielt 1955 die Zeit für eine allgemeine Friedenserklärung für gekommen, arbeitete ein Manifest aus, und bat auch Einstein, es zu unterzeichnen. Albert Einstein (1879–1955), der geniale Physiker, dessen Relativitätstheorie die Welt verändert hatte, willigte kurz vor seinem Tode ein, dieses „Einstein-Russel-Manifest" mit zu unterzeichnen. Einstein war zeitlebens ein erklärter Kriegsgegner, er hatte darüber auch schon mit Sigmund Freud korrespondiert. Einstein empfand es als tiefe Tragik, dass seine berühmte Formel, wonach Masse und Energie äquivalent sind, zur Entwicklung der Atombombe geführt hatte. Nach dem Atombombenabwurf auf Hiroshima meinte er, die entfesselte Atomkraft habe alles in Frage gestellt und die Menschen müssten ihre Denkweise radikal ändern. Es gebe nur einen Weg zu Sicherheit und Frieden, das sei eine Weltregierung.

Einsteins Weltregierung

Visionen sind wichtig, sie beeinflussen das Denken der Menschen, auch wenn sie nur selten in vollem Umfang realisiert werden. Es ist auch nicht allein die Realität, gegen die Visionen meistens anzukämpfen haben und die sie verändern müssen. Sie liegen ja auch im Wettstreit mit anderen, oft entgegengesetzten Visionen. Wie schwierig es sein kann, aus einem solchen Wettbewerb der Visionen herauszufinden, zeigt der Wettstreit, der um die Gestaltung der Europäischen Idee im Gange ist.

Visionen im Wettstreit

Für eine Verständigung zwischen den Religionen durch das Bekenntnis zu einem Weltethos setzte sich besonders der Theologe Hans Küng ein. In der einfachsten Form ist es die „goldene Regel", die von allen Weltreligionen anerkannt wird und so sei im Grunde das Weltethos schon da, meint Küng. Sein Tübinger Professoren-Kollege Otfried Höffe ist sogar der Meinung, dass die Zeit für eine demokratisch verfasste Weltrepublik gekommen sei.

Fazit

Gegenwärtig steht leider nicht die Verständigung zwischen den Kulturen, sondern immer noch kriegerische Auseinandersetzung mit dem Islamismus in Nahost wie in Afrika im Vordergrund. Solange Religionen an ihren Dogmen festhalten ist eine Verständigung auch kaum möglich. Besonders mit dem Islam, der keine Phase der Aufklärung durchlaufen

Was wurde wahr?

hat und für den Staat und Religion eine Einheit bilden, ist eine Verständigung auf gemeinsame Werte kaum zu erreichen.

Kissingers Weltordnung

Näher an der Wirklichkeit als philosophische und ethische Betrachtungen dürfte der Blick in die Zukunft sein, den ein pragmatischer Politiker gewagt hat. Henry Kissinger, ehemaliger US-Außenminister, hat die Weltpolitik ein gutes Stück mitgestaltet. Er gehört außerdem zu den wenigen Politikern, die, mit profundem Wissen ausgestattet, in der Lage sind, historische Zusammenhänge offen zu legen. In seinem Buch „Weltordnung" analysiert Kissinger, wie das Zusammenleben der Staaten und Völker in der Vergangenheit funktionierte und wie es sich in der Zukunft abspielen könnte,

Westfälischer Friede In der Vergangenheit hatten sich verschiedene internationale Ordnungen herausgebildet, aber eine wirklich globale Weltordnung gab es bisher nicht. Die erste nachhaltige Ordnungsvorstellung zwischen unabhängigen Staaten war nach dem Dreißigjährigen Krieg (1618–1648) im „Westfälischen Frieden" ausgeformt worden. Ihre wesentlichen Prinzipien bestanden in der Nichteinmischung in die inneren Angelegenheiten der anderen und in dem Bestreben, das bestehende Gleichgewicht der Kräfte aufrecht zu erhalten. Zu den inneren Strukturen, die bei den anderen Staaten als Realität anerkannt wurden und nicht in Frage gestellt werden durften, gehörte auch die Religion. Dieses System, bestehende Vielfalt anzuerkennen und gegenseitig Zurückhaltung zu üben, war global anwendbar, wenn es die Verhandlungsführer damals wohl auch noch nicht so sahen. Im Wiener Kongress von 1814 erfuhr besonders das Prinzip des Gleichgewichts der Kräfte eine eindrucksvolle Bestätigung.

Chinas Weltsicht In China hingegen herrschte ein anderes Ordnungskonzept, es beruhte nicht auf der Anerkennung der souveränen Gleichheit von Staaten, sondern auf der Annahme, dass der Einfluss des Kaisers und die großartigen chinesischen Kulturleistungen für „Harmonie unter dem Himmel" sorgen würden.

Islam Zur gleichen Zeit hatte der Islam ein universales Weltordnungskonzept ausgebildet. Es bestand in der Vision eines einzigen, von Gott sanktionierten Herrschaftssystems, das die ganze Welt einen und befrieden sollte. Die Botschaft des Propheten Mohammed sollte durch Krieg auch in den Regionen der Ungläubigen verbreitet werden. Dass es dem Islam gelang, rasch auf drei Kontinenten vorzudringen, war für die Moslems der Beweis für die göttliche Mission ihrer Religion, die auf einen multiethischen Superstaat als Weltordnung abzielte. Die Gläubigen blieben verpflichtet, ihren Glauben durch Krieg zu verbreiten. Auch heute bestimmen die Fundamentalisten das Bild des Islam, die Dschihadisten, die im Nahen Osten Staaten zum Einsturz bringen und die Welt mit Terroranschlägen in Schrecken versetzen. Auch in der idealisierten, gemäßigten Form lassen es islamische Rechtsvorschriften im Grunde nicht zu, dass ein islamischer Staat „unter gleichen Bedingungen mit souveränen nichtmuslimischen Staaten interagiert". In diese Richtung weisen auch Äußerungen des obersten Führers des Iran, des Ajatollah Chamenei, für den das Wiedererwachen des islamischen Bewusstseins im „Arabischen Frühling" die Tür zu einer religiösen Weltrevolution öffnet, durch die der Einfluss der USA beendet wird und drei Jahrhunderte westlicher Vorherrschaft beendet werden.

In der „Neuen Welt", in Amerika, entwickelte sich eine Vorstellung, nach der sich Friede und Gleichgewicht in der Welt auf natürliche Weise ergeben sollten. Obwohl die Vereinigten Staaten das Europäische „Westfälische" System verteidigten, war ihr Motiv nicht das Konzept des Mächtegleichgewichts, sondern sie hatten die Vision, dass der Friede durch die Verbreitung demokratischer Prinzipien gesichert werden sollte. Das kommt auch in der Antwort zum Ausdruck, die Präsident Truman auf die Frage gab, was seine Präsidentschaft besonders auszeichnete: „… dass wir unsere Feinde völlig besiegten, und sie dann als Gleichgestellte in die Völkergemeinschaft zurückgeführt haben". **Amerikas Vorstellungen**

Das „Westfälische System" wie es Kissinger nennt, stellt nach seiner Meinung das einzige derzeit allgemein anerkannte Konzept einer Weltordnung dar und bildet den Rahmen für eine „auf Nationalstaaten beruhende internationale Ordnung; die viele unterschiedliche Zivilisationen und Regionen umfasst". Die USA verteidigen einerseits das Westfälische System des Mächtegleichgewichts und der Nichteinmischung, andererseits halten sie es für unmoralisch und überholt, meint Kissinger. Er plädiert für einen Ansatz, „… der sowohl die Mannigfaltigkeit der menschlichen Natur als auch die tief verwurzelte Sehnsucht des Menschen nach Freiheit respektiert". **Das Westfälische System**

In Europa wurde die Machtbalance der Nachkriegszeit durch die deutsche Wiedervereinigung verändert, weil Deutschland nun wieder der mächtigste europäische Staat ist, meint Kissinger. Zudem ist die Europäische Union in eine Krise geraten. Sie schränkt zwar die Souveränität ihrer Mitgliedstaaten in verschiedener Hinsicht, namentlich bei der Währungspolitik, ein, konnte aber noch keine wirkliche politische Union erreichen, sodass in vielen Ländern die nationalen Regierungen sich mit Einwänden gegen die EU-Politik auseinandersetzen müssen. „Europa ist zu der Frage zurückgekehrt, von der es ausgegangen war: ... welche internationale Ordnung destilliert man aus rivalisierenden Ambitionen und widerstreitenden Trends heraus?" Kissinger meint deshalb, es sei heute ungewiss, wie eine neu entstehende Weltordnung aussehen wird.

Das Konzept der USA

„Kein anderes Land hat bei der Gestaltung der heutigen Weltordnung eine so entscheidende Rolle gespielt wie die Vereinigten Staaten", meint Kissinger, und doch zeige kein anderes Land bei seiner Mitwirkung eine so unklare Haltung. Amerika stieg zur Supermacht auf, leugnete aber, Machtpolitik zu betreiben, sondern handelte nach der Überzeugung, „dass seine inneren Überzeugungen selbstverständlich universal seien und sich stets segensreich auswirken würden". Besonders Präsident Wilson betonte, Amerika habe nicht in den Ersten Weltkrieg eingegriffen, um das Mächtegleichgewicht wieder herzustellen, sondern um die Welt für die Demokratie zu sichern. Alle Völker der Welt sollten von denselben Werten motiviert werden wie die USA. Auch die neue Weltordnung, die Präsident Franklin D. Roosevelt im Zweiten Weltkrieg anstrebte, beruhte auf Wilsons Prinzipien. Roosevelt war der Ansicht, persönliches Vertrauen müsse die Grundlage einer neuen internationalen Ordnung sein. Sein sowjetischer Gegenspieler Stalin hingegen hielt aus tiefer Überzeugung die finale Auseinandersetzung mit dem Kapitalismus für unvermeidlich.

Die USA als einzige Supermacht

Alle US-Präsidenten der Nachkriegszeit waren überzeugt, dass die USA „uneigennützig nach der Lösung von Konflikten und der Gleichheit der Völker streben sollten", um Frieden und universelle Harmonie in der Welt zu erreichen. Die USA sollten immer und überall für Freiheit und Demokratie eintreten. Mit den Konflikten in Korea und besonders in Vietnam verloren die USA allerdings ihre Aura der Unbesiegbarkeit und auch ihr nationaler Konsens ging verloren. Auch das amerikanische Konzept der Weltordnung musste neu definiert werden, nicht zuletzt seit China als neue Weltmacht auf den Plan trat. Präsident Ronald Reagan brachte den kalten Krieg mit der Sowjetunion zu einem Ende. Mit dem Terroranschlag auf das World Trade Center am 11.9.2001 und den Kriegen in Afghanistan und im Irak, begann dann eine neue Phase der Auseinandersetzung mit dem islamischen Dschihadismus, die noch nicht zu Ende ist.

Das Atomzeitalter hat der Suche nach einer Weltordnung eine neue Dimension verliehen. Es herrscht ein „Gleichgewicht des Schreckens", das jedoch nicht verhindern konnte, dass trotzdem Kriege geführt wurden und neue Auseinandersetzungen drohen. Nicht weniger als die Atomtechnik dürfte die Cybertechnik eine künftige Weltordnung beeinflussen. Die Informationstechnik mit ihrem unheimlichen Entwicklungstempo stellt eine Revolution auf allen Ebenen menschlicher Kommunikation und Organisation dar, deren Ausmaß und Auswirkungen noch nicht abzusehen sind. So verheißen die neuen kommunikativen Netzwerke zum Beispiel einen gewaltigen Nutzen, machen aber Menschen und Organisationen, Firmen und Staaten auch verwundbarer, als sie je waren. „Am Ende ist ein Regelwerk zur Organisation der globalen Cyberumgebung unumgänglich". Neue internationale Regeln sind erforderlich, wenn es nicht zur Krise kommen soll.

Weltordnung und Technik

So muss die Suche nach einer wirksamen Weltordnung, die zeitweise einer Lösung schon recht nahe schien, fortgesetzt werden. Das westfälische System schien universal anwendbar, zeigt aber kaum Möglichkeiten für eine notwendige Weiterentwicklung. Die Frage, welche Prinzipien eine neue Weltordnung stabilisieren sollen, ist noch nicht beantwortet. Kann die Verbreitung von Demokratie und freier Marktwirtschaft automatisch eine gerechte, friedliche und für alle offene Welt schaffen? Es bleibt das Ziel, eine Ordnung zu errichten, die die Würde des Einzelnen wahrt, auf Partizipation beruht und international akzeptiert wird. Einen kontinuierlichen Weg zu einer solchen Ordnung wird es wohl nicht geben, Gegensätze müssen ausbalanciert werden, wir werden uns mit Zwischenstadien begnügen müssen und Kissinger meint, wir werden es mit Edmund Burke halten müssen, der schrieb, es sei besser, „… einem geeigneten Plan zuzustimmen der hinter der vollen Erfüllung des abstrakten Ideals zurückbleibt, als weiter nach dem Vollkommenen zu streben".

Weiter auf der Suche

Die Gender-Utopie

Gender Mainstreaming Die Unterscheidung zwischen dem natürlichen Geschlecht von Männern und Frauen (engl. Sex) reichte radikalen Frauenrechtlerinnen und einigen Soziologen nicht aus, sie wollten auch eine Unterscheidung in sozialer und politischer Hinsicht und verwendeten für diese Unterscheidung der Geschlechter den Begriff „gender" (engl.). Seit den 1950er-Jahren bemühen sie sich darum, den Gender-Begriff im „mainstream" zu etablieren und dieses Bemühen des „Gender Mainstreaming" hat zunehmend Erfolg.

Die Gender-Ideologie Am Anfang der Gender-Ideologie steht das Buch von Simone de Beauvoir „Das andere Geschlecht" (1949) und ihr berühmtes Postulat: „Man kommt nicht als Frau zur Welt, man wird dazu gemacht". Eine besonders aktive Gender-Verfechterin ist die amerikanische Philosophie-Professorin Judith Butler, die 1990 ihr Buch „Gender Trouble – Feminism and the Subversion of Identity" veröffentlichte. (Deutsch: „Das Unbehagen der Geschlechter", 2003). Obwohl das Buch im Jargon linker Philosophie-Professoren und im verrätselten und verklausulierten Adorno-Stil geschrieben ist, kann man ihm doch einiges über Butlers Gender-Ideologie entnehmen. Sie entwickelte neue Begriffe, wie zum Beispiel den der Performativität, den sie mit Moneys Gender-Experiment erläuterte. Zu ihren Glaubenssätzen gehörte, dass die Geschlechtsidentität nur eine Fiktion, eine anerzogene Rolle ist, und dass das Zusammenleben von Mann und Frau nur Ausdruck des perfiden Zwangssystems der Heterosexualität ist. Die Unterscheidung zwischen Sex und Gender lehnte Butler allerdings ab, für sie war nicht nur das soziale Geschlecht eine bloße Konstruktion, sondern auch das biologische nur eine kulturelle Interpretation des Körperlichen. In Deutschland ist die Star-Feministin Alice Schwarzer begeisterte Anhängerin der Gender-Ideologie, für sie war John Money ein „Ausnahmewissenschaftler".

Das Gender-Experiment Der amerikanische Psychiater John Money vertrat die These, dass die Geschlechterrolle nicht biologisch bestimmt, sondern angelernt sei. Er hat die Begriffe „gender identity" und „gender role" geprägt und sich 1967 daran gemacht, die Gender-Ideologie im praktischen Experiment zu beweisen. Er nahm an einem zweijährigen männlichen Zwilling einen operativen Eingriff vor, den er als „Geschlechtsumwandlung" bezeichnete. Dem äußerlich zum Mädchen umoperierten Jungen fehlte allerdings nach wie vor die Gebärmutter. Gleichwohl wurde er fortan als Mädchen aufgezogen und Money frohlockte, dass sein Experiment geglückt sei. Das neu geschaffene Mädchen fühlte sich allerdings sehr unglücklich und als ihm schließlich in der Pubertät die Wahrheit entdeckt wurde, wollte es wieder ein Junge sein. Sein männliches Dasein war gleichwohl verpfuscht und als er 39 war, nahm er sich das Leben. Das Experiment war gescheitert, aber die Ideologie lebt weiter.

Was will das Gender Mainstreaming? Das Ziel ist die Gleichstellung von Männern und Frauen. Das klingt recht harmlos und ist eigentlich längst erreicht, denn es steht im Grundgesetz. Aber das ist den Gender-Aktivisten zu wenig. Dass beide Geschlechter, dass Frauen und Männer in ihrer Eigenart gleich gestellt sind vor dem Gesetz und im Beruf, reicht ihnen nicht. Es geht um das Verhältnis zwischen Männern und Frauen, das verändert werden soll, die biologischen Geschlechterdifferenzen werden nicht als gesellschaftliche Differenzen akzeptiert. (Barbara Stiegler) Den Gender-Aktivisten geht es also nicht nur um gleiche Rechte, sondern sie wollen offenbar den Spieß umdrehen und die vermeintliche männliche Dominanz brechen. Wenn die Identität der Geschlechter nur anerzogen ist, dann kann man das entsprechende Lernprogramm auch umschreiben und eine „politische Geschlechtsumwandlung" (Volker Zastrow) bewirken. Dazu ist eine Art Umerziehung notwendig, die inzwischen längst im Gang ist. Als nächsten Schritt wollen die Gender-Aktivisten die zahlenmäßige Gleichsetzung, daher die Frauenquoten, und schließlich wollen sie die weibliche Dominanz, unabhängig von Begabung und Fähigkeit. Vor allem aber will die Gender-Ideologie die traditionelle Familie zerstören, die Kinder sollen schon als Babies mehr dem Staat anvertraut werden als den Eltern. „Wie jede utopische Ideologie will sie einen neuen Menschen schaffen, einen der sich selbst nach Belieben entwirft." (Gabriele Kuby)

Das Ziel der Gender-Ideologie

Die Gender-Ideologie erfüllt in radikaler Weise die Forderungen, die bereits Marx und Engels erhoben hatten, für die die „Frauenfrage" eine Klassenfrage und das Verhältnis von Mann und Weib ein Klassengegensatz war. Engels forderte in seinem 1846 erschienen Werk „Der Ursprung der Familie, des Privateigentums und des Staates" die Abschaffung der Familie, die gleichartige Eingliederung von Mann und Frau in den Arbeitsprozess und die öffentliche Kindererziehung (zitiert nach Kuby). Das Schicksal der marxistischen Utopie ist bekannt: sie endete in Diktatur und Totalitarismus. Aber bevor sie in Katastrophen untergehen, haben linke Utopien vor allem eines gemein-

Die Gender-Utopie

sam: sie zielen auf Zerstörung des Überkommenen, haben aber keine Vorstellung, wie es danach weitergehen soll. Das ist ganz ausgeprägt der Fall bei der Ideologie der 68er und ebenso auch bei der Gender-Ideologie. Wie die Zukunft aussehen soll, wenn erst einmal alles zerstört ist, darüber wurde offenbar nicht nachgedacht. Das ist wie beim Gottesstaat der Dschihadisten, Er existiert nur so lange, wie die blutige Unterdrückung aufrecht erhalten werden kann, die aber doch eines Tages ihr Ende finden muss, seit die Freiheit in der Welt ist.

Durchsetzung der Gender-Ideologie

Der erste Durchbruch gelang der Gender-Lobby bei den Vereinten Nationen. 1985, auf der 3. UN-Weltfrauenkonferenz in Nairobi wurde zum ersten Mal breit und öffentlich über Gender Mainstreaming diskutiert und 10 Jahre später, auf der 4. Weltfrauenkonferenz in Peking, bei der die Radikalfeministinnen den Ton angaben, wurde die Diskussion fortgesetzt und vertieft. Wenig später fühlte sich auch die EU verpflichtet, das Thema aufzugreifen. 1999 wurde im Amsterdamer Vertrag Gender Mainstreaming zum Ziel der Europäischen Union erklärt und verordnet, dass bei jeder staatlichen Aktion auch die geschlechtsspezifischen Folgen zu berücksichtigen sind, um Geschlechterungleichheit zu verhindern.

Von oben verordnet

In Deutschland ergriff die rot-grüne Bundesregierung unter Bundeskanzler Gerhard Schröder die Initiative und verordnete 2000 den Bundesministerien eine neue gemeinsame Geschäftsordnung, um Gender Mainstreaming durchzusetzen als „durchgängiges Leitungsprinzip und Querschnittsaufgabe". Seit 2004 betreibt das Bundesfamilienministerium eine aktive Gleichstellungspolitik im Sinne des Gender Mainstreaming, unterstützt durch eine sogenannte Antidiskriminierungspolitik, die später in der großen Koalition von Bundesfamilienministerin Ursula von der Leyen mit Nachdruck fortgesetzt wurde. Auf allen Ebenen stehen den Gender-Aktivisten zur Durchführung ihrer Ideologie-Projekte sowohl in der Wissenschaft wie in der staatlichen Bürokratie reichlich Steuermittel zur Verfügung. Die Zahl der Gender-Professoren an den Universitäten ist inzwischen sprunghaft gestiegen, Gender-Forschung ist ein höchst einträgliches Erfolgsprojekt, wenn es auch noch nicht ganz an die Erfolge der Klimaforscher heranreicht.

Vision und Wirklichkeit

Die Vision der Gender-Aktivisten, die Wirklichkeit immer stärker zu verdrängen, darf in ihrer Wirkung nicht unterschätzt werden. Die Mächtigen in Politik, Justiz und Medien haben sich die Gender-Perspektive inzwischen widerspruchslos zu eigen gemacht. Seit der Begriff in die Obhut der „Political Correctness" aufgenommen wurde, wird eine Diskussion über ihn zunehmend verweigert. Man darf einfach nicht dagegen sein. „Der Begriff des Normalen (wird) tabuisiert und unter Ideologieverdacht gestellt", meint der Philosoph Robert Spaemann, obwohl doch „der Begriff einer normativen Normalität unverzichtbar ist." Für Spaemann ist das Gender Mainstreaming eine antihumanistische Ideologie, die unsere Freiheit bedroht. Man sollte die totalitären Züge nicht unterschätzen, die jeder Ideologie anhaften. „Das Totalitäre hat sein Kostüm gewechselt und erscheint heute im Gewand der Freiheit, der Toleranz, der Gerechtigkeit, der Gleichheit, der Antidiskriminierung und der Vielfalt", meint Gabriele Kuby und zitiert den Ex-Kommunisten Ignazio Silone: „Der neue Faschismus wird nicht sagen: Ich bin der Faschismus; er wird sagen, ich bin der Antifaschismus."

Ein willkommenes Vehikel war die Gender-Ideologie für die Homosexuellen-Bewegung, jene kleine Minderheit (1–3 % in den westlichen Industriegesellschaften bezeichnen sich selbst als homosexuell), der es gelungen ist, „ihre Interessen zum beherrschenden Thema eines globalen Kulturkampfes zu machen" (Kuby). Wenn „der kleine Unterschied" zwischen Mann und Frau geleugnet wird, dann kann praktisch jede sexuelle Verhaltensweise den Anspruch erheben, als normal zu gelten. Weitere Etappen bei der Umsetzung der radikalen Gleichheit in die politische Realität sind Bestrebungen wie die umfassende Inklusion, von denen noch die Rede sein wird. Aber vielleicht sollte man das alles auch gar nicht so ernst nehmen, wie es Birgit Kelle tut, die in ihrem Buch vom „Gender-Gaga" den Unterhaltungswert betont.

Vehikel zur radikalen Gleichheit

Der amerikanische Psychiater John Money führte 1967 eine operative „Geschlechtsumwandlung" durch und wollte damit die Gender-Ideologie beweisen, dass es keine echten Geschlechtsunterschiede gibt, sondern die Geschlechtsrollen den Menschen nur anerzogen sind. Sein Experiment schlug fehl, aber die Ideologie blieb. Das angestrebte „Gender Mainstreaming" schlug sich in den Weltfrauenkonferenzen der UN nieder, wurde von der EU aufgenommen und manifestiert sich auch in Deutschland in einer Art Staatsfeminismus.

Fazit

Die Gender-Ideologie hat anhaltend große Auswirkungen. Am augenfälligsten ist der Zerfall der traditionellen Familie, an dem sie mitgewirkt hat. Sie wirkt sich aus in der Bildungspolitik und der Forderung nach umfassender Inklusion und sie hat der Homosexuellen-Bewegung zu einem spektakulären Durchbruch verholfen.

Was wurde wahr?

Vision Europa

Als im Mai 1945 der Zweite Weltkrieg zu Ende ging, waren die Zerstörungen, die er hinterließ, weit größer als nach dem Ersten Weltkrieg. Not und Mangel herrschten bei den Besiegten wie bei den Siegern. Auch die Bedrohung war noch nicht zu Ende, denn nun bauten sich die Fronten des Kalten Krieges auf. Doch diesmal gab es keinen Friedensvertrag wie damals in Versailles, stattdessen gab es einen Marshallplan, der Hoffnung machte und es gab eine Vision. Es war die Vision eines geeinten Europas, und der sie auf den Weg brachte, war der inzwischen abgewählte britische Kriegspremier Winston Churchill.

Im Herbst 1946 hielt Churchill in Zürich eine Rede, in der er davon sprach, dass zur Sicherung des Friedens die europäische Einigung notwendig sei. Er rief zur Gründung der Vereinigten Staaten von Europa auf, nach seiner Vorstellung freilich ohne Großbritannien. Der erste Schritt dazu müsse eine Partnerschaft zwischen Frankreich und Deutschland sein, meinte Churchill. „Es kann kein Wiederaufleben Europas geben ohne ein geistig großes Frankreich und ein geistig großes Deutschland." Es sei notwendig, der europäischen Völkerfamilie „… eine Struktur zu geben, unter der sie in Frieden, Sicherheit und Freiheit leben kann. Wir müssen eine Art Vereinigte Staaten von Europa schaffen. Nur so können Hunderte Millionen von Werktätigen wieder einfache Freuden und Hoffnungen erlangen, die das Leben lebenswert machen."

Churchills Vision von einem geeinten Europa trug Früchte, wenn es auch nicht die einzige Vision blieb. Es gab und gibt verschiedene Vorstellungen darüber, wie ein geeintes Europa aussehen sollte. Die verschiedenen Visionen widersprechen sich zum Teil und so hat man den Eindruck, dass Europa zu einer Union der Widersprüche geworden ist. Doch zunächst ging es mit praktischen Schritten voran. Der französische Außenminister Robert Schumann legte einen Plan vor, aus dem 1951 die Europäische Gemeinschaft für Kohle und Stahl („Montanunion") hervorging. Der nächste große Schritt zu einem geeinten Europa wurde 1957 mit der Unterzeichnung der Römischen Verträge vollzogen, mit denen sich die 6 Kernstaaten Europas, Frankreich, Deutschland, Italien, Belgien, die Niederlande und Luxemburg, zur Europäischen Wirtschaftsgemeinschaft (EWG) und der Europäischen Atomgemeinschaft (Euratom) zusammenschlossen. Die weitere Entwicklung der Einigung Europas verlief etwas holprig, weil verschiedene Visionen miteinander im Widerstreit um die Realisierung lagen.

Als de Gaulle 1958 in Frankreich Präsident wurde und die Fünfte Republik begründete, machte er sich tatkräftig daran, die großen Probleme zu lösen, die vor ihm lagen. Das eine war die Algerienkrise, die er mit der Loslösung Algeriens von Frankreich zu Ende brachte. Das andere war die Wiederherstellung von Frankreichs Weltmachtposition und dazu gehörte vor allem die Gestaltung Europas. Für Europa die Souveränität Frankreichs einzuschränken, kam für de Gaulle nicht in Frage. Im Gegenteil: Er wollte ja mit Hilfe Europas Frankreich auch gegenüber den dominierenden USA wieder unabhängiger machen. Dazu schwebte ihm ein Europa vor, dessen Staaten unter Frankreichs Führung wieder in der Weltpolitik mitmischen konnten. Der Kern dieses „Europas der Vaterländer" musste die Aussöhnung zwischen Frankreich und Deutschland sein. Dieses Ziel der deutsch-französischen Freundschaft hat de Gaulle gemeinsam mit Adenauer in großartiger Weise erreicht. Adenauer wurde in Frankreich herzlich empfangen und de Gaulle sprach 1962 auf seiner Deutschland-Reise vor der Menge, die ihm zujubelte, vom „großen deutschen Volk". Die Freundschaft wurde besiegelt mit dem „Élysée"-Vertrag, und 1963 standen Charles de Gaulle und Konrad Adenauer Seite an Seite in der Kathedrale von Reims. Bevor der Vertrag ratifiziert wurde, verpasste ihm der Deutsche Bundestag allerdings noch eine Präambel, die für de Gaulle eine enttäuschend bittere Pille war. In der Präambel hieß es, dass neben der Freundschaft zu Frankreich die Verbundenheit mit den USA ein Kernpunkt der deutschen Politik und auch der Beitritt Großbritanniens zur EWG erwünscht sei, den de Gaulle abgelehnt hatte. Auf der Präambel hatten vor allem die „Atlantiker" bestanden, jene deutschen Politiker, in deren Prioritätenliste die Verbundenheit mit der Schutzmacht USA noch vor der Freundschaft mit Frankreich rangierte.

De Gaulles Vision

Noch im gleichen Jahr, als der deutsch-französische Freundschaftsvertrag abgeschlossen wurde, trat Konrad Adenauer zurück und Ludwig Erhard wurde Bundeskanzler. Erhard war ein „Atlantiker" und seine Vision von Europa beruhte zwar auch auf souveränen Einzelstaaten, sah aber trotzdem ganz anders aus als die de Gaulles. Ludwig Erhards visionäres Bild von Europa war nicht, wie das Adenauers, auf einen „harten Kern" und auf Institutionen gerichtet, sondern ging aus von der völkerverbindenden Freiheit der Märkte bis hin zur freien Welt-

Erhards Vision

wirtschaft. Von einem „Europa der Freien und Gleichen" hat er etwas pathetisch gesprochen. Er war gegen „kleineuropäische" Lösungen, die Diskriminierung und Spaltung mit sich bringen würden. Dass de Gaulle und Erhard unter diesen Umständen nicht besonders gut miteinander zurecht kamen, ist verständlich.

Delors'
Vision

Später gewann noch eine andere Vision von Europa mehr und mehr an Einfluss, die Vision eines europäischen Superstaates. Bereits unter dem ersten Kommissionspräsidenten der EWG, Walter Hallstein, war in Brüssel eine starke Bürokratie aufgebaut worden. Systematisch entwickelt hatte die Vision eines europäischen Zentralstaates jedoch der Franzose Jacques Delors, ein Sozialist. Er stellte sich Europa als ein sozialistisch verfasstes Gebilde vor, mit einer „sozialen Dimension", mit möglichst viel Harmonisierung (wie die Gleichmacherei euphemistisch genannt wurde) und mit einer kräftigen Umverteilung von den reichen zu den armen Staaten. Das alles sollte erreicht werden mit straffem Dirigismus und einer Flut von Reglementierungen durch eine mächtige Bürokratie. Als Delors 1985 Präsident der EG-Kommission wurde, ging er tatkräftig daran, diese Konzeption zu realisieren. Unter seiner Führung griff die EU-Kommission in immer mehr Lebensbereiche ein und begründete den Machtanspruch der „Eurokraten".

Die Vision
der Deut-
schen

Eine ausgeprägte deutsche Vision gab es demgegenüber nicht, obwohl die Deutschen in den fünfziger Jahren, mit ihrer Vergangenheit im Rücken, ausgesprochen Europa-begeistert waren. Statt Deutsche wollten sie am liebsten gleich 150 prozentige Europäer sein. Solche Beflissenheit weckte im Ausland jedoch eher Misstrauen. „... Das Bedürfnis der heutigen deutschen Politiker, ihr Nationalbewusstsein mit einer weiter gefassten europäischen Identität zu verschmelzen, ist zwar verständlich, doch es stellt die selbstbewussten Staaten Europas vor große Probleme. Weil die Deutschen eine Scheu davor haben, sich selbst zu regieren, versuchen sie, ein europaweites System zu schaffen, in dem sich keine Nation mehr selbst regiert. ... Die zwanghafte Beschäftigung mit einem europäischen Deutschland birgt die Gefahr in sich, dass ein deutsches Europa entsteht", meinte damals die britische Premierministerin Margaret Thatcher. Die deutschen Europa-Fans hatten lange Zeit einen Bundesstaat im Sinn. Aber langsam begann man wohl zu realisieren, dass die anderen europäischen Staaten keineswegs ihre nationale Souveränität aufzugeben bereit waren. Seither steht eher die Vorstellung eines Staatenbundes im Vordergrund. Die Kontroverse ob Bundesstaat oder Staatenbund wurde nie ausdiskutiert. Dem entspricht die gegenwärtige, im Vertrag von Lissabon festgeschriebene europäische Verfassung, sie ist ein Weder-Noch, sondern wird als ein Zwischending namens „Staatenverbund" definiert. Heftig diskutiert wurde eine Zeitlang über die Alternative Erweiterung oder Vertiefung. Doch das erwies sich als Scheinproblem, weil man es fertigbrachte, beides zu bewerkstelligen. Aus den sechs Kernstaaten wurden inzwischen 28 Mitglieder der EU und gleichzeitig ist die Vertiefung durch Ausbau der Bürokratie, fortschreitende Reglementierung, Vergemeinschaftung der Schulden und der Risiken in vollem Gange.

Der französische Staatspräsident François Mitterand, ein Sozialist, **Mitterands** war 1977 überzeugt, Europa muss sozialistisch sein, oder es wird gar **Vision** nicht zustande kommen, so versprach er es seinen Anhängern. Dazu gehörte für ihn eine wirksame „Wirtschaftsregierung" und der Einfluss auf die Notenbank, wie er in Frankreich Tradition war. Von einer unabhängigen Notenbank, nach dem Muster der Deutschen Bundesbank, hielt er nichts. Gegen Ende der 1980er Jahre, während Delors Kommissionspräsident war, brachte Mitterand dann seine sehr präzise europäische Vision ins Spiel. Demnach sollte Frankreich (und Europa) vor allem von der Dominanz der D-Mark, die sich inzwischen als Folge der deutschen Wirtschaftskraft herausgebildet hatte, befreit werden und deshalb sollte eine europäische Währungsunion geschaffen werden. Schon Mitterands Amtsvorgänger, Giscard d'Estaing, hatte offen erklärt, dass die Abschaffung der D-Mark ein vorrangiges Ziel der französischen Politik sei. Ebenso hatte Jacques Delors bekannt, er habe immer für die Abschaffung der D-Mark gekämpft, sie sei das letzte Machtmittel der Deutschen. Die Eindämmung der deutschen Wirtschaftsdominanz durch die Abschaffung der D-Mark war das eine Ziel Mitterands, die Verhinderung der Wiedervereinigung Deutschlands das andere. Durch den Fall der Berliner Mauer hatte sich inzwischen eine Situation ergeben, die die Wiedervereinigung der beiden deutschen Staaten in greifbare Nähe rückte. Der amerikanische Präsident George Bush war für die Wiedervereinigung und der russische Präsident Michail Gorbatschow wollte ihr nicht im Wege stehen, aber die britische Premierministerin Margaret Thatcher und der französische Staatspräsident François Mitterand waren strikt dagegen. Mitterand musste schließlich einsehen, dass er sich in dieser Konstellation nicht durchsetzen konnte, aber dann wollte er wenigstens dafür, dass Frankreich die Wiedervereinigung duldete, einen möglichst hohen Preis aushandeln. Dieser Preis sollte die Abschaffung der D-Mark sein und das Mittel dazu eine europäische Währungsunion. Darüber verhandelte Mitterand im Dezember 1989 mit Helmut Kohl.

Der deutsche Bundeskanzler Helmut Kohl hatte in seiner Amtszeit zwei große Ziele verfolgt. Das eine war die Integration Deutschlands in Europa; nicht nur weil Kohl ein überzeugter Europäer war, sondern weil auch nur auf diesem Wege das andere große Ziel, die deutsche Wiedervereinigung, erreichbar schien. So war es zwar eine bedrückende Alternative zwischen Währungsunion und Wiedervereinigung, vor die sich Kohl damals gestellt sah, aber letztendlich hatte die Wiedervereinigung für ihn Vorrang. Äußerlich vollzog sich das in einem erstaunlichen „Paradigmenwechsel". Bisher war Kohl Verfechter der „Krönungstheorie" gewesen, die besagte, dass zuerst die politische Union Europas errichtet werden müsse, der dann als Krönung und Schlussstein die Währungsunion folgen könnte. Nun vertrat Kohl die umgekehrte Theorie: wäre erst die Währungsunion vollzogen, würde die politische Union zwangsläufig folgen müssen.

Jacques Delors hatte inzwischen einen Plan ausgearbeitet, wie die künftige europäische Union verfasst sein sollte. Im Vertrag von Maastricht wurde 1992 diese Verfassung, einschließlich einer Währungsunion, beschlossen. Um ihren Inhalt war heftig gerungen worden. In Frankreich wurde der Vertrag begrüßt: „Deutschland wird zahlen … Maastricht ist der Versailler Vertrag ohne Krieg", schrieb der „Figaro". Den Deutschen hingegen war klar, dass die Währungsunion nur funktionieren konnte, wenn die wirtschaftlichen Verhältnisse der Mitgliedsstaaten wenigstens annähernd gleich waren, denn das wichtige Instrument der Wechselkursanpassung würde künftig ja nicht mehr zur Verfügung stehen. Deshalb bestand Deutschland darauf, dass in den Vertrag einige Vorbedingungen eingearbeitet wurden. In die Währungsunion durfte nur aufgenommen werden, wer annähernd gleiche Stabilitätsbedingungen vorweisen konnte. Man nannte das Konvergenzkriterien. Außerdem verpflichteten sich die Mitglieder, ihre jährliche Neuverschuldung unter 3 % und ihre Gesamtverschuldung unter 60 % ihres BIP zu halten. Und schließlich sollte es ausgeschlossen sein, dass ein Staat für die Schulden eines anderen haften musste (No-Bailout-Klausel). Diese Maastrichter Vision von Europa erwies sich schon bald als Illusion. Die Konvergenzkriterien wurden augenzwinkernd gedehnt und mit der Aufnahme Griechenlands auch grob missachtet. Die Neuverschuldungsgrenze wurde von Deutschland unter der rot-grünen Regierung von Kanzler Schröder ebenso beiseite geschoben wie von Frankreich unter der Präsidentschaft von Jacques Chirac. Das blieb zunächst ohne Folgen, bis dann im Jahr 2008 die einsetzende Wirtschaftskrise die Welt veränderte.

Die Vorstellungen, die die britische Premierministerin Margaret That- **Thatchers Vision**
cher von Europa hatte, lagen nahe bei denen Ludwig Erhards. Ein in
einer Union vereinheitlichtes Europa wollte sie nicht, sondern ein Europa „… der freien Zusammenarbeit von Nationalstaaten, mit Lust
auf freien Unternehmergeist und freien Handel, … wir brauchen so
etwas wie eine Nordatlantische Freihandelszone, einschließlich Ost-
europa …" Für sie musste das Europa der Zukunft ein Markt sein, in
dem Personen, Firmen und Regierungen miteinander wetteifern. Den
„Maastrichter Föderalismus" hielt sie im Wesentlichen für ein Kind
sozialistischen Denkens, im Grunde überholt mit seinem Übermaß an
zentralistischer Lenkung. „Wir haben nicht daran gearbeitet, Britanni-
en von seiner sozialistischen Lähmung zu befreien, um dann mit anzusehen, wie sie durch die Hintertür zentraler Kontrolle und Bürokratie in Brüssel wieder hereingeschlichen kommt." Berühmt wurde eine
Rede Thatchers im Unterhaus, in der sie berichtete, der Vorsitzende
der Europäischen Kommission, Jacques Delors, betrachte das europäische Parlament als gesetzgebende Körperschaft, die Kommission als
Exekutive und den Ministerrat als Senat, und sie dieser Vorstellung ein
„No, no, no!" entgegen schmetterte. Thatchers Vorstellungen spielen
auch gegenwärtig noch eine Rolle. David Cameron, Premierminister
seit 2010, muss die Kontroverse ausfechten, ob sich Großbritannien
für oder gegen Europa entscheiden soll. Der britische Standpunkt
uneingeschränkter Souveränität lässt sich in der Europäischen Union
nur schwer durchsetzen, sodass sich die britischen Euroskeptiker, die
einen Austritt aus der EU wünschen, bestärkt fühlen. Eine Volksab-
stimmung soll spätestens 2017 darüber entscheiden.

Eine Vision zu Europa hat auch Bundeskanzlerin Merkel. Auf dem **Merkels Vision**
Höhepunkt der Eurokrise fasste sie ihre Vision in die markigen Worte:
„Wenn der Euro scheitert, dann scheitert Europa!" Damit erklärte sie
die Euro-Rettung für „alternativlos". Was natürlich nicht stimmt, denn
vor dem Euro ging es uns in Europa besser als nach dem Euro und
es gibt bekanntlich Länder in Europa, die auch ohne den Euro ganz
gut leben. Da hat wohl eher Thilo Sarrazin Recht, wenn er in seinem
Buchtitel feststellt: „Europa braucht den Euro nicht!" Und mit ihrem
„alternativlos" – eine Devise die es in der Politik gar nicht geben dürfte – erntete Angela Merkel nicht nur Widerspruch, sondern wurde zur
Geburtshelferin einer neuen Partei, der „Alternative für Deutschland"
(AfD). Mit der „Rettungspolitik" wird vor allem Zeit gekauft, verbunden mit der Vision, dass sich die Probleme irgendwie von selbst lösen
werden. In Frankreich sah man das konkreter. Als am 10. Mai 2010
Angela Merkel ihre Euro-Vision aussprach, tat sie es, nachdem sie

massivem französischem Druck ausgesetzt gewesen war. So stimmte der Bundestag dem ersten Rettungspaket zu, das Griechenland retten sollte, in Wirklichkeit aber vor allem französische Banken rettete. Damit war zugleich der Damm gebrochen und die berühmte No-bail-out-Klausel aufgegeben worden, auf die man in Deutschland so sehr vertraut hatte. Sie hatte den Schuldentransfer verhindern und den deutschen Sparer vor der Haftung für die Schulden anderer Länder schützen sollen.

Die Visionen der Euroskeptiker

Es gab die grundsätzlichen EU-Skeptiker, wie Margaret Thatcher oder den tschechischen Staatspräsidenten Václav Klaus, der von einem „irreparablen Demokratiedefizit" und einer Gefahr für die Freiheit sprach. Das Subsidiaritätsprinzip wurde auf den Kopf gestellt, der Zentralismus schwillt immer stärker an und mit ihm die Gleichmacherei. Und dann gibt es vor allem die Euroskeptiker, die Gegner der Währungsunion, deren Vision als einzige voll aufging. Von Anfang an haben sich vor allem Ökonomen gegen die Währungsunion gewandt und auch dagegen geklagt, allerdings ohne Erfolg. Zu den bekanntesten Euroskeptikern gehörten Lord Ralf Dahrendorf (1994: „Die Währungsunion scheitert, oder sie spaltet Europa"), Der Finanzexperte Kurt Richebächer, Arnulf Baring (1996: „Der Euro ist die größte Fehlentscheidung Deutschlands seit 1945"), Otto Graf Lambsdorff, der 1998 im Bundestag gegen die Währungsunion stimmte, und Wilhelm Hankel, der 1998 zusammen mit Wilhelm Nölling, Karl Albrecht Schachtschneider und Joachim Starbatty gegen den Euro Beschwerde beim Bundesverfassungsgericht einlegte. Im gleichen Jahr führte Bolko Hoffmann einen publizistischen Privatkrieg gegen „Kohls Euro-Wahn": „Euro, das bedeutet Betrug am Sparer, weil die Inflationsrate größer sein wird als der Sparzins", prophezeite er damals und zitierte den amerikanischen Notenbankpräsidenten Alan Greenspan: „Der Euro wird kommen, aber er wird keinen Bestand haben". Der amerikanische Nobelpreisträger Milton Friedman hatte 2002 ebenfalls den Euro als einen großen Fehler bezeichnet und prophezeit: „Euro-Land bricht in 5 bis 15 Jahren auseinander". Hans-Olaf Henkel, ursprünglich Euro-Befürworter, erlebte sein Damaskus, als 2010 die No-bail-out-Klausel fiel. Seither ist er überzeugt: „Europa zerbricht am Euro!" und schreibt gegen die Währungsunion an. Und auch Otmar Issing warnte 2012: Der Euro bringt „Europa in Not und Deutschland in Gefahr". Im gleichen Jahr unterschrieben 277 deutsche Wirtschaftsprofessoren einen Aufruf, mit dem sie vor der Bankenunion und der damit verbundenen gemeinsamen Haftung für die Schulden der Banken des Eurosystems warnten: „Die Bankschulden sind fast dreimal so groß wie die Staatsschulden!" Eine besonders düstere

Vision von Europa hat der englische Finanzexperte David Marsh. Er schrieb 2013: „Die Eurokrise ist faktisch unheilbar, denn die verschiedenen Akteure blockieren sich gegenseitig." Andere Euroskeptiker sind davon überzeugt, die EU wird in einem Superstaat enden, der nicht funktionieren kann.

Wenn die Ungleichgewichte zwischen den Volkswirtschaften nicht mehr durch Wechselkursänderungen ausgeglichen werden können, werden sich große innere Spannungen ergeben, hatten die Euroskeptiker von Anfang an befürchtet. Besonders in den sozialistisch regierten Ländern Europas, und das waren die meisten, werde die Staatsverschuldung ungehemmt weiter steigen und die Wettbewerbsfähigkeit sinken. Und so geschah es. Während sich Europa vor der Währungsunion gedeihlich entwickelt hatte, häuften sich nun die Krisen. Immer neue „Rettungsschirme" mussten aufgespannt werden, die auch den gesünderen Volkswirtschaften, vor allem der deutschen, immer größere Lasten und Verpflichtungen aufbürdeten. Dass den Deutschen der Euro genützt habe, wie immer wieder behauptet wird, können die Euroskeptiker nicht erkennen, sie sind vom Gegenteil überzeugt. Genützt hat der Euro den bisherigen Abwertungsländern. Die Europäische Zentralbank (EZB), die eine unabhängige Hüterin der Währungsstabilität sein sollte, war immer mehr mit Schuldenmanagement und der Betätigung der Notenpresse zur Erzeugung billigen Geldes beschäftigt, um Banken und Staaten vor dem Bankrott zu retten.

Krisen und „Rettungsschirme"

Der Normalbürger hat gerne und dankbar die Vorteile wahrgenommen, die ihm die EU brachte. Am angenehmsten war die Freizügigkeit, mit der man sich in Europa über die früheren Grenzen hinweg bewegen konnte. Nicht leicht gefallen war den Deutschen der Abschied von der D-Mark, die für sie das Symbol des gelungenen Wiederaufbaus war. Der Euro brachte zunächst einen Inflationsschub, den es offiziell natürlich nicht gab, brachte aber auch gewisse Bequemlichkeiten, an die man sich inzwischen gewöhnt hat. Mit der Schuldenkrise zogen dann allerdings dunkle Wolken am Horizont auf, die sich auch im Alltag mehr und mehr bemerkbar machen. Dass man für sein erspartes Geld keine Zinsen mehr bekommt, das hatte es noch nie gegeben. Und irgendwann werden die Schulden so groß sein, dass die Inflation nicht nur leise schleichend wirkt, sondern hart und plötzlich hereinbricht. Oder eine Vermögensabgabe nicht nur erwogen, sondern verordnet wird. Im Alltag fühlt man sich gepiesackt von den närrischen Einfällen der verschwenderischen Brüsseler Bürokratie, die sich um

Die Vision der Normalbürger

tausend Sachen kümmert, von der Krümmung der Salatgurke über die Ölkännchen im Restaurant bis zum Staubsauger, nur nicht um das Wohl des Bürgers. So wird der Ausblick auf Europa zunehmend als düster empfunden. Nicht nur in Deutschland, sondern auch in anderen Ländern regt sich die Kritik an der EU. Der Euro, so hat man es inzwischen erfahren, hat Europa nicht geeint, sondern gespalten, zwischen Nord und Süd, zwischen stabilitätsbewusst und schuldenselig, zwischen Überschuss- und Defizitländern. Deutschland wird für die Lasten, die es übernommen hat, nicht gelobt, sondern beschimpft. Das will dem Normalbürger nicht so einfach in den Kopf.

Gefangen im Euro

Der Wirtschaftswissenschaftler Hans–Werner Sinn sieht Europa „Gefangen im Euro" (so der Titel seines Buches 2014) und seine Vision von der Lösung des Dilemmas liest sich wie die Wahl zwischen Pest und Cholera. Sinn hat, wie viele andere Ökonomen auch, die Entwicklung in der EU sehr aufmerksam und kritisch verfolgt. Die entscheidenden negativen Wendemarken sind für ihn der Bruch des Maastrichter Vertrages besonders durch die Missachtung der No-bail-out-Klausel und die Euro-Rettungsschirme, und zum anderen die Politisierung der EZB, die sich eine Macht anmaßt und eine Politik verfolgt, die demokratisch nicht legitimiert ist und sachlich auf die Dauer die Krise verschärft. Sinns Verdienst ist es auch, dass man auf die unheilvolle Wirkung der sogenannten Target-Salden aufmerksam geworden ist. Um Europa aus dem Gefängnis des Euro zu befreien, sieht Sinn zwei Wege. Entweder einen Schuldenschnitt, der private Gläubiger in die Pflicht nimmt, aber unweigerlich auch den Steuerzahler, besonders den deutschen, trifft. Als Alternative und eher kleineres Übel sieht Sinn den schnellen Austritt überschuldeter Länder aus der Eurozone, die dann in ihrer neuen (alten) Währung entsprechend abwerten könnten. Auf jeden Fall sollte die fatale Euro-Rettungsmaschine ein Ende haben, die die Länder Europas als Gläubiger und Schuldner immer mehr spaltet. Sinns Vision von einem neugeordneten Europa orientiert sich am Modell der Schweizer Konföderation.

Europa neu erfinden?

Diese traurige Bilanz bringt immer mehr Menschen zum Nachdenken und sie fragen sich: was kann man tun? Sitzen wir hoffnungslos in der Euro-Falle, wie Hans Werner Sinn meint, oder gibt es einen Ausweg? Oder müssen wir uns einfach nur einen Ruck geben? Für Alt-Bundespräsident Roman Herzog, dessen Berliner Ruck-Rede aus dem Jahr 1997 noch in guter Erinnerung ist, liegt die Lösung darin: Wir müssen „Europa neu erfinden!" (so der Titel seines Buches aus dem Jahr 2014). Auch Herzog hat Bilanz gezogen und findet, dass die Kluft zwischen dem in Brüssel entstandenen Überstaat und seinen Bürgern immer größer wird, ebenso wie der Graben zwischen Geber-und Nehmerländern immer tiefer wird und Europa von immer schwächeren Figuren regiert wird. Der EU-Bürokratie bescheinigt er eine Normen-Hypertrophie und die Bürokratie der Mitgliedstaaten mache sich das in einem üblen „Spiel über die Bande" auch noch zunutze. Der angestrebte Finanzausgleich zwischen den EU-Mitgliedstaaten wäre ein noch größerer Irrsinn als der in Deutschland praktizierte Finanzausgleich zwischen den Bundesländern. Die EU-Reform, die Herzog vorschlägt, zielt auf eine Neuordnung der Kompetenzen, eine Verschlankung der Bürokratie mit stärkerer Beachtung des Subsidiaritätsprinzips und mehr Richtlinien als Verordnungen. Man kann nur hoffen, dass Herzogs Europa-Ruck-Ruf mehr Erfolg hat, als seine Mahnung anno 1997.

Unzufrieden mit dem Europa, wie es geworden ist, ist auch Helmut Kohl, der Europa die D-Mark geopfert hat, um die Wiedervereinigung zu erreichen. Helmut Kohl meldet sich noch einmal zu Wort mit seinem Buch „Aus Sorge um Europa – ein Appell" (2014). Heute beteuert er allerdings, dass es nie einen Handel „D-Mark gegen Wiedervereinigung" zwischen ihm und Mitterand gegeben habe. Vielmehr habe er immer die gemeinsame Währung und die politische Union gleichzeitig verwirklichen wollen, was sich allerdings als nicht machbar herausgestellt habe. Helmut Kohl versichert, wenn er 1998 nicht abgewählt worden wäre, stünde Europa heute anders da. Mit ihm als Kanzler wäre Griechenland nie aufgenommen worden und wäre der Euro-Stabilitätspakt von Maastricht nie gebrochen worden, beides das Werk einer rot-grünen Bundesregierung, die damit über die Versäumnisse der eigenen Politik hinweg täuschen wollte. Deshalb sieht es heute in Europa so trübe aus, und deshalb appelliert Helmut Kohl an die Europäer, wieder sparsam zu wirtschaften, mit dem Schuldenmachen und der Gleichmacherei aufzuhören, zum Stabilitätskurs zurückzukehren und die Bürokratie einzuschränken. Er stellt sich heute Europa etwas anders vor, als sein Freund Mitterand und ist eher auf de Gaulles Seite bei einem „Europa der Vaterländer". Die Europäer sollten endlich eine politische Union zustande bringen, und zwar als Föderation souveräner Staaten, meint Helmut Kohl heute. Den Euro hält er weiterhin für unverzichtbar, aber auf die Probleme, die der Euro verursacht hat, geht er vorsichtshalber nicht ein. Die Ökonomie war schließlich noch nie Helmut Kohls stärkste Seite.

Kohls Appell

Dass sich Europa neu erfinden muss, der Ansicht ist auch Václav Klaus, der ehemalige tschechische Staatspräsident. Seine Vorstellung

Die Vision von Václav Klaus

105

ist allerdings radikaler, als die von Herzog. Klaus glaubt, dass sich die EU nicht mehr reformieren lässt. Vielmehr sollte die EU durch eine „Organisation Europäische Staaten" ersetzt werden, ein schlichtes Freihandelsbündnis ohne politische Integration. Nur durch einen solchen grundlegenden Systemwechsel könne Europa aus seiner Krisensituation herausfinden. „Meine Vision für Europa wäre ganz klar ein Europa der souveränen Nationalstaaten. Die EU ist ein post-demokratisches und post-politisches System."

Fazit

Charles de Gaulle und Konrad Adenauer haben das große Ziel erreicht, Frankreich und Deutschland auszusöhnen und Europa zu vereinigen, um Frieden zu schaffen. Über die Gestalt des vereinten Europa gab es jedoch verschiedene Vorstellungen. De Gaulle sah Europa als einen Bund souveräner Staaten mit Frankreich als Hegemon, ein „Europa der Vaterländer". Ähnliche Visionen von Europa hatten Ludwig Erhard und Margaret Thatcher. Für Mitterand hingegen musste Europa sozialistisch sein, zentralistisch regiert und sozial „harmonisiert", vor allem aber ohne die dominierende D-Mark. So entstand mit dem Maastrichter Vertrag von 1992 ein Europa verbundener Staaten, von denen die Mehrzahl durch die Einheitswährung des Euro aneinander gekettet ist, die aber nicht zu einem so weitreichenden Souveränitätsverzicht bereit sind, um eine politische Union entstehen zu lassen.

Was wurde wahr?

Die ersehnte Einigung Europas kam zustande, leidet aber unter so vielen Mängeln, dass schon wieder eine Spaltung droht. Nicht de Gaulles „Europa der Vaterländer" wurde realisiert, sondern das sozialistische Europa Mitterands. Der Euro, der von der Hoffnung getragen wurde, Europa unwiderruflich zusammenzuschweißen, droht es inzwischen zu zerreißen, spaltet es bereits in mehrfacher Hinsicht. Die Brüsseler Bürokratie als zentralistisches Organ beherrscht die Szene mit kleinlichen Reglementierungen, die die Menschen als Schikane empfinden. Der Währungssozialismus (Václav Klaus) hat nicht den Wohlstand steigen lassen, sondern die Schulden und die Arbeitslosigkeit in den Südländern. Die Notenbank (EZB) finanziert Staatsdefizite und beschreitet damit den sichersten Weg in die Inflation. Die Sparer werden stillschweigend enteignet. Die Freiheit wird eingeschränkt, Demokratie findet immer weniger statt und das Recht wird missachtet. „Wir mussten die Verträge brechen, um den Euro zu retten", bekannte 2010 die französische Finanzministerin, Christine Lagarde. Der Unionsgedanke wurde allerdings gestärkt, es gibt neben der Schuldenunion nun auch noch eine Bankenunion. Bei vielen Europäern verstärkt sich das Gefühl, dass sie dem System eines Superstaates ausgeliefert sind, ohne im Geringsten mitbestimmen zu können, dass sie

immer stärker reglementiert werden, bis hin zu Eingriffen ins Privatei-
gentum. Orwells Utopie blitzt am Horizont auf. Inzwischen wächst die
Zahl derer, die eine neue Gestalt Europas ohne die entstandenen Mängel
und die falschen Entwicklungen fordern.

Die Vision vom Klimawandel

Die Vision vom Klimawandel ist auf dem Boden der Umweltschutz- **Vorgeschichte**
Hysterie entstanden. Diese wiederum hat ihren Ursprung in den
1970er Jahren. Einen ersten Anstoß dazu gab 1972 der Bericht des
„Club of Rome" über die „Grenzen des Wachstums". Umweltschutz
wurde modern und zum Lieblingsthema der Medien, die es gehörig
aufbauschten. In den folgenden Jahren griff der „sanfte Wahn" (so ein
Buchtitel von Eilingsfeld 1989) immer mehr um sich und trieb bizar-
re Blüten. Sie reichten von der Technikfeindlichkeit und der Natur-
schützer-Ideologie (die sich besonders der Fledermäuse, Kröten und
Juchtenkäfer annahm) bis hin zur allumfassenden Bio-Euphorie und
wurde zu einer Art Ersatz-Religion.

Am stärksten wirkte sich die Umwelt-Ideologie in der Politik aus. **Umwelt und**
Umweltpolitik als vernünftiger Umgang mit der Natur und ihren **Politik**
Ressourcen wurde von allen Parteien akzeptiert. Aber das war in
den Zeiten der APO den Systemveränderern, Friedensbewegten und
Antifaschisten, die sich vor allem aus den 68ern und den Anhängern
der neomarxistischen „kritischen Theorie" rekrutierten, zu wenig.
Sie entdeckten in der Umwelt-Ideologie und der „ökologischen Bewegung" den Hebel, mit dem sie ihr Ziel der Systemveränderung
glaubten erreichen zu können. So entstand die Partei der „Grünen", in
der untergegangene K-Gruppen, Anarchisten, Pazifisten, Feministen
und wertkonservative Naturschützer ihre neue Heimat fanden und
die 1983 zum ersten Mal in den Bundestag einzog. Die Anhänger der
Umwelt-Ideologie formierten sich auch in anderen Ländern. Eine ihrer Gallionsfiguren ist in den USA der Demokrat Al Gore, von 1993–
2001 Vizepräsident und 2000 erfolgloser Präsidentschaftskandidat der
Demokraten. Diesen Hintergrund muss man im Auge behalten, wenn
man verstehen will, wieso eine Theorie wie die von einer bevorstehen-
den Klimakatastrophe die auf spekulativen, unbewiesenen Annahmen
beruht, eine so ungeheure Wirkung entfalten konnte und zu weitreichenden politischen Entscheidungen führte, die bei den unbegründe-

ten Annahmen, von denen sie ausgehen, nur Fehlentscheidungen sein können.

Klimaschwankungen

Das Klima ändert sich, langfristig gesehen. Das ist nichts Neues, das hat es in der Erdgeschichte schon öfter gegeben. Uneinigkeit besteht über die Richtung der Änderung. Es gibt Wissenschaftler, die sehen eine neue Eiszeit auf uns zukommen. Die meisten ihrer Kollegen aber sind der Meinung, dass gegenwärtig eine Erderwärmung stattfindet. Über das Ausmaß der Erderwärmung ist man sich allerdings auch wieder nicht einig. Die einen meinen, die Durchschnittstemperatur habe um 2 Grad zugenommen, die andern bezweifeln das und wieder andere finden, wir müssten in absehbarer Zeit mit 4 Grad rechnen. Aber einig war man sich offenbar in der Überzeugung: Da muss sich doch etwas daraus machen lassen!

Die Erzeugung der Klimakatastrophe

Die Vision von der Klimakatastrophe wurde systematisch entwickelt. Dem Begriff hatte 1986 der *Spiegel* zum Durchbruch verholfen mit einem Titelbild, auf dem der Kölner Dom in den Nordsee-Fluten versank. Das passte damals gut in die Zeit, nachdem man sich an die Angst vor der Atomenergie, dem Waldsterben und dem Ozonloch inzwischen gewöhnt hatte. Aber die Bedrohungskulisse allein brachte nichts ein, man musste überlegen, wie das zu kommerzialisieren war. Und das geschah in den USA. Dort wurde als Ableger der UNO das IPCC (Intergovernmental Panel on Climate Change) gegründet und auf den respektgebietenden Namen „Weltklimarat" getauft. Der Weltklimarat erhielt einen klaren politischen Auftrag: er sollte Beweise erbringen, dass der Welt eine Klimakatastrophe droht und dass diese Katastrophe vom Menschen verursacht wird. Den Forschern im Dienste des Weltklimarates wurde vorgegeben: „Um Aufmerksamkeit zu erregen, brauchen wir dramatische Statements und keine Zweifel am Gesagten. Jeder von uns Forschern muss entscheiden, wie weit er eher ehrlich oder eher effektiv sein will." Wissenschaft sollte nicht mehr wertfrei sein, sondern dem Anspruch „gesellschaftlicher Relevanz" genügen. Immer neue Schreckensszenarien wurden entworfen, im Vertrauen darauf, dass Angst jeder auf Vernunft beruhenden Kritik widersteht. In den folgenden Jahren wurden mehrere Weltklimakonferenzen organisiert und es entstanden überall auf der Welt Umweltbehörden mit Tausenden von Bediensteten und Forschern, die an dieser Aufgabe arbeiten. In der Politik machten sich besonders die „Grünen" die Klimakatastrophen-Ideologie zu nutze.

Die Basis-Theorie, auf der das Katastrophenszenario aufbaut, ist der **Treibhauseffekt**, die größte Errungenschaft der in Mode gekommenen „Klimaforschung". Demnach hat die Zunahme der sogenannten Treibhausgase, vor allem von CO_2, bewirkt, dass zu wenig Wärme von der Erdoberfläche in die Atmosphäre abgestrahlt und demzufolge die Erdatmosphäre wie ein Treibhaus aufgeheizt wird. Den schädlichen Anstieg der CO_2-Menge hat der Mensch verursacht, verkünden die Anhänger des Treibhauseffekts. Also ist der Mensch am Klimawandel schuld und er muss den CO_2 Ausstoß verringern, um eine weitere Erderwärmung zu verhindern.

Treibhauseffekt

Die Klimaschützer werden nicht müde, das Schreckensszenario zu beschreiben, das uns droht, wenn wir den CO_2-Ausstoß nicht verringern. Nach ihrer Vision nehmen Unwetter und Katastrophen weiter zu, die Erderwärmung steigt an und mit ihr steigt der Meeresspiegel, sodass ganze Küstenstreifen untergehen werden. Auf der Klimakonferenz 1997 in Kyoto hat man bereits damit begonnen, CO_2-Emissionshöchstmengen festzulegen. Die Vision der Klimaschützer hat aber auch eine kommerzielle Seite. Wenn wir alles tun, was sie fordern, entstehen viele neue Produkte (die Autoindustrie hat schon längst damit angefangen), werden alte Industrien stillgelegt und neue aufgebaut, wie die Energiewende zeigt. Aber nicht nur die Geschäfte der Industrie blühen, auch Tausende von Wissenschaftlern sind mit Hilfe staatlicher Fördermittel weiterhin unermüdlich damit beschäftigt, den Treibhauseffekt nachzuweisen und neue Vorgaben auszuarbeiten, was nicht zuletzt die Politik freut, die neue Verordnungen erlassen kann. Mit der Klimaschutz-Ideologie lässt sich Macht ausüben und die Welt verändern.

Die Vision der Klimaschützer

Natürlich regte sich gegen die CO_2-Theorie auch Widerstand. Der CO_2-Anteil in der Luft beträgt nur 0,037 % und davon sind nur 1,2 % technischen Ursprungs, wird eingewandt. Man kann also kaum ausrechnen, wie klein der Anteil des vom Menschen (z. B. durch die Verbrennung fossiler Brennstoffe) erzeugten CO_2-Anteils ist (0,0007 %). Dass dieser minimale Anteil das Weltklima zum Kippen bringen könnte, dürfte schon aufgrund der Größenverhältnisse unmöglich sein, abgesehen davon, dass dafür physikalische Beweise fehlen. Außerdem berücksichtigen die spekulativen IPCC-Klima-Modelle den Wasserdampfgehalt der Luft nicht. Der Wasserdampf ist aber der entscheidende Wärmetransporter in der Atmosphäre, neben dem CO_2 eine untergeordnete Rolle spielt. Auch die Wirkung der Ozeane wird zu wenig berücksichtigt, sodass die Theorie vom Treibhauseffekt wissenschaftlich nicht haltbar ist. Deshalb gibt es Forscher, die behaupten,

Vergeblicher Widerspruch

am Klimawandel sei nicht der Mensch, sondern die Sonne schuld. Die Sonne ist es, die unser Klima bestimmt, wenn sich ihre Energieemissionen verändern, verursachen sie Klimaveränderungen auf der Erde. Der beobachtete CO_2-Anstieg ist nicht die Ursache der Veränderung, sondern die Folge.

Die widerspenstige Realität

Für die Klimawandel-Ideologen wird indes die Herausforderung immer größer, die darin liegt, dass sich die Realität immer stärker ihren Vorstellungen verweigert. Die Klimaschützer begegnen dieser Herausforderung, indem sie die Realität einfach ignorieren. Was sollen sie auch dazu sagen, dass ihnen die Erderwärmung inzwischen verloren gegangen ist? Seit 1977 war zwar die Temperatur 23 Jahre lang angestiegen, aber seit nunmehr 16 Jahren nimmt sie nicht mehr zu, sinkt stattdessen wieder ab, trotz verstärkter CO_2-Emissionen. Und wenn sie weiter absinkt, müssen wir sogar mit geringeren Ernten und mit Hungerjahren rechnen, wie das in der Geschichte schon öfter der Fall war. Da bleibt dann nur noch die Hoffnung, dass die absurden Bemühungen um eine Verminderung des CO_2-Ausstoßes weniger Erfolg haben, denn dann braucht die Welt wieder mehr CO_2, Wenn die CO_2-Konzentration um 50 % steigt, verbessern sich die Ernten um 20 %. (Buchner).

Eine utopische Weltanschauung

Unter den Politikern gab es nur wenige, die gegen die Klimakatastrophen-Ideologie Stellung genommen haben, so besonders der ehemalige tschechische Staatspräsident Václav Klaus. Er hält das „Dogma der globalen Erwärmung" für eine Bedrohung unserer Freiheit und Prosperität. Die beobachtete Erwärmung sei nicht global und nicht bedeutend. Für Václav Klaus, der sich mehrfach kritisch mit dem Thema auseinandergesetzt hat, ist das Ganze nicht etwa nur eine wissenschaftliche Kontroverse, sondern ein Konflikt, zwischen jenen, die mit ihrer utopischen Weltanschauung nicht so sehr das Klima, sondern uns ändern wollen, und den anderen, die an „die Freiheit, die Märkte, die Schaffenskraft des Menschen und den technischen Fortschritt glauben". Die freie und spontane Entwicklung der Menschheit soll durch globale Planung ersetzt werden.

Energiewende

Die Mehrzahl der deutschen Politiker lässt sich jedoch von Gegenargumenten nicht beeindrucken. Wie sehr die Politik parteiübergreifend inzwischen die Klimaschutz-Ideologie verinnerlicht hat, zeigt sich am Beispiel der sogenannten „Energiewende", die in Deutschland 2011 als panikartige Reaktion auf den Reaktorunfall in Fukushima eingeleitet wurde. Abgesehen vom Ausstieg aus der als zu gefährlich eingeschätzten Atomenergie, den Deutschland im Alleingang vollzieht, geht es vor allem um die Reduktion fossiler Brennstoffe, um den CO_2-Ausstoß zu verringern. Die Bilanz dieser Bemühungen fällt allerdings ernüchternd aus. Die energiebedingten CO_2-Emissionen waren 2013 höher als 2011 zu Beginn der Energiewende, die Versorgungssicherheit hat eher abgenommen und der weiter steigende Subventionsbedarf für erneuerbare Energien treibt die Energiekosten immer mehr in die Höhe. Die Industrie büßt dadurch an Wettbewerbsfähigkeit ein und für den Verbraucher werden die Stromkosten langsam aber sicher unbezahlbar. Die deutsche Energiewende dürfte ein Alleingang bleiben, der andere Länder weniger zur Nachahmung sondern eher zum Kopfschütteln anregt.

Droht uns demnach eine Ökodiktatur? Wenn man die Entwicklung verfolgt, liegt der Gedanke nahe, es könnte uns eine Orwellsche Utopie auf ökologisch bevorstehen. Dirk C. Fleck hat 2006 in seinem Buch „Go! Die Ökodiktatur – erst die Erde dann der Mensch!" diesen Gedanken aufgegriffen. Er schildert in seiner Utopie, die genau genommen eine Dystopie ist, wie es auf der Erde zugeht, nachdem sich die Umweltbedingungen drastisch verschlechtert haben. Radikale Öko-Räte herrschen mit drakonischen Maßnahmen: Der Informationsfluss wird streng kontrolliert, es gibt keine privaten Medien mehr, Reisen ist verboten und es darf nicht mehr gebaut werden, vegetarische Lebensmittel, Einheitskleidung und Wohnraum stellt der Staat. Jeder Bürger wird zur ökologischen Aufbauarbeit verpflichtet, das Geld ist abgeschafft. Erholen können sich die Leute in Meditationskommunen, um zur Natur zurückzufinden. Im Übrigen sorgt die Armee für Ordnung. Die Reaktion auf Flecks Utopie, mit der er zu einer rechtzeitigen ökologischen Wende auffordern wollte, war nicht ganz so, wie es sich vorgestellt hatte. Die Leute sahen darin eher die Ankündigung einer ökologischen Diktatur, von der sie heute schon immer einmal wieder einen Vorgeschmack bekommen, besonders durch die Verbotspolitik der Grünen. Deshalb machte sich Fleck schleunigst daran, eine weitere Utopie zu schreiben, diesmal mit einem Happy-End. Er nannte diesen Roman „Das Tahity-Projekt" und ließ ihn auf einer Insel spielen, auf der glückliche Menschen im ökologischen und seelischen Gleichgewicht leben, indem sie den "Equilibrismus", einen neuen dritten Weg zwischen Kapitalismus und Kommunismus, zelebrieren.

Dass uns grüne Fesseln längst auch in der Wirklichkeit empfindlich einschränken, bezeugen selbst scheinbar belanglose Kleinigkeiten. So will zum Beispiel die grün-rote Landesregierung in Baden-Württemberg ein Gesetz über ökologisch-soziales Wohnen beschließen,

Ökodiktatur – eine Utopie?

Grüne Fesseln

111

Neubauten sollen zwangsbegrünt werden, durch Bepflanzung an den Fassaden und auf dem Dach. Hier zeigt sich ein Staat, „der sich in Dinge einmischt, die ihn nichts angehen, der ohne jede Not immer mehr private Freiheiten einschränkt und in seiner Regulierungswut obendrein noch zum Nachbarschaftsrecht widersprüchliche Vorgaben macht." (*FAZ* vom 15.10.2014)

Fazit

Angeregt durch das verschärfte Umweltbewusstsein entstand in den 1970er-Jahren die Vision vom Klimawandel. Ein Teil der Wissenschaftler prognostizierte eine neue Eiszeit, aber schließlich setzte sich die Version der Erderwärmung durch, an die eine Reihe von Schreckensszenarien geknüpft wurde, vor allem die des steigenden Meeresspiegels, der ganze Landstriche in den Fluten versinken lässt. Mit der Errichtung des „Weltklimarates" (IPCC) bei den UN im Jahre 1988 gelang es den Erderwärmungs-Propheten eine Institution zu schaffen, die, gewappnet mit Political Correctness, keinerlei Gegenmeinung aufkommen lässt. Mit ihrer Hilfe konnten überall auf der Welt immense Summen an Steuergeldern locker gemacht werden, mit denen ein Heer von Experten, sowie unzählige wissenschaftliche Institute und Behörden finanziert werden. Vor allem aber wurde das Postulat zur unangreifbaren Wahrheit erhoben, wonach der Klimawandel aufgrund des Treibhauseffektes durch erhöhten CO_2-Ausstoß vom Menschen verursacht wird. Seitdem ist die Verminderung des CO_2-Ausstoßes eine Forderung, die politisch und wirtschaftlich weitreichende Folgen hat und wesentlich zu einer Art Ökodiktatur beiträgt.

Was wurde wahr?

Das Klima ändert sich, in der Tat, wie dies schon immer in mehr oder minder großem Maße der Fall war. Von den beschworenen Schreckensszenarien ist jedoch bisher noch keines eingetreten. Auch die besonders heftig propagierte These der Erderwärmung hat offenbar inzwischen ihre Erfinder im Stich gelassen. Auf einen mäßigen Anstieg der Durchschnittstemperatur folgte seit 16 Jahren ein Rückgang. Die These, dass der Mensch durch erhöhten CO_2-Ausstoß den Klimawandel verursacht, ist nach wie vor so unbewiesen wie unwahrscheinlich. Sie bewirkt aber politisch und wirtschaftlich erhebliche Veränderungen, in Deutschland besonders durch eine panikartig eingeleitete Energiewende. Die Tendenz zu einer Ökodiktatur mit der die Freiheit der Bürger eingeschränkt und Macht ausgeübt wird, verstärkt sich weiterhin. Der Bürger stöhnt unter schikanösen Auflagen, vom Erneuerbare-Energien-Wärmegesetz bis zur Feinstaub-Plakette. Die Bürokratie ersinnt immer neue Auflagen, bleibt aber den Nachweis schuldig, ob diese überhaupt etwas bewirken und die CO_2-Menge verändern. Obwohl sich die Hypothese vom anthropogenen

Klimawandel durch CO2 längst als unhaltbar erwiesen hat, wird die Energiewende weiter forciert. *Statt das Erneuerbare-Energien-Gesetz (EEG) abzuschaffen, hat man es erneuert, mit der Folge weiter steigender Stromkosten, eingeschränkter Freiheit und zunehmender Planwirtschaft. Auch über die Energiewende hinaus hält der Umweltaktionismus unvermindert an.*

Die Vision vom gläsernen Menschen

Kommunikation, die Verbindung von Mensch zu Mensch, hält das Leben in Gang. Über die Jahrtausende hinweg waren Reden und Schreiben die Hauptträger der Kommunikation. Nun sind mit den elektronischen Medien die Möglichkeiten der Kommunikation ins Globale und schier Unermessliche gewachsen. Kommunikation ist zu einer ungeheuren Chance geworden, aber auch zu einer Falle, in der sich Menschen gegen ihren Willen verfangen können. **Kommunikation wird zur Falle**

Das Argument, das man so häufig hört, „Wer nichts zu verbergen hat, hat nichts zu fürchten", führt in die Irre, denn es lässt außer Acht, dass Daten missbraucht werden können. Zur Autonomie der Person gehört, dass der Mensch selbst bestimmen kann, was von ihm bekannt wird, dass er von sich nichts preisgeben muss, was er für sich behalten möchte. Er hat ein Recht auf „Informationelle Selbstbestimmung". Zur Privatsphäre gehört nicht zuletzt auch die finanzielle Situation einer Person, deren Offenlegung sie verletzt und berührt. Dabei geht es nicht so sehr um die Möglichkeit der Steuerhinterziehung, sondern um die Angst, dem Zugriff des Staates auch in anderer Hinsicht preisgegeben zu sein. **Privatsphäre**

Seit es elektronische Medien gibt, bemüht man sich auch darum, die verarbeiteten Daten vor Missbrauch durch Betrüger, Hacker und Ausspäher zu schützen. Fremden Zugriff zu verhindern bedeutet zugleich den Schutz der Privatsphäre. Der Datenschutz ist gesetzlich verankert, aber wie wirksam er ist, bleibt eine offene Frage. Datenschutz kann lästig sein, nicht nur für die Datenjäger, sondern auch für den, der geschützt werden soll. Doch ist das sicher das geringere Übel. Viel bedeutsamer ist, dass der Datenschutz vielfach gesetzlich eingeschränkt und darüber hinaus auch unterwandert und ausgehöhlt wird, ohne dass wir es gewahr werden. **Datenschutz**

Datensamm-ler und Datenjäger Durch die elektronischen Medien haben sich unvorstellbar große Datenspeicher gebildet, die dem Normalbürger noch gar nicht bewusst geworden sind. Jedes Telefongespräch wird registriert, jede E-Mail erfasst, ebenso wie jeder Klick im Internet, angefangen mit dem Zahlungsverkehr über die Banken. Erst wenn die Politik über „Vorratsdatenspeicherung" zur Verbrechensbekämpfung diskutiert, wird ein Teil dieses Problems für die Öffentlichkeit sichtbar. Die großen Datensammler sind die Telekommunikations- und Telefonunternehmen, und die Service-Anbieter im Internet, allen voran die Suchmaschinen, mit Google an der Spitze, aber auch Facebook oder Versender wie Amazon und Kontent-Anbieter, von Sendeanstalten über Verlage bis zu Wikipedia. Datenansammlungen drängen danach, ausgewertet zu werden. Wer sind die Nutznießer, die Datenjäger? Zwei Hauptakteure gibt es unter den Datenjägern: den Staat und die Wirtschaft.

Der gläserne Mensch Der gläserne Mensch ist für den Bürger ein Schreckbild, aber für den Staat ein Wunschbild. Die Auswertung der Datensammlungen erlaubt es, die Menschen durchsichtig zu machen, ihr „Profil" zu erstellen, unter verschiedenen Gesichtspunkten. Die Vision vom gläsernen Menschen, die der Staat vor Augen hat, soll ihn in den Stand setzen, keine Möglichkeit der Steuereintreibung ungenutzt zu lassen. Das scheint das wichtigste Anliegen, vor allem des wuchernden Versorgungsstaates, zu sein, dem inzwischen auch das Bankgeheimnis zum Opfer gefallen ist. Zugleich bemüht sich der Staat, mit Hilfe dieser Transparenz auch die Flut von Reglementierungen, die er ständig ausstößt, zu kontrollieren und durchzusetzen und dadurch immer mehr Macht auszuüben. Der andere wichtige Bereich, für den sich der Staat den Menschen transparent wünscht, ist die Verbrechensbekämpfung. Für die Wirtschaft ist der Mensch vor allem ein Verbraucher, von dem man wissen will, was er sich wünscht und auf was er anspricht als Adressat der Werbung. Konsumverhalten, Verbrauchsgewohnheiten und Kaufmotive sind die Hauptstichworte für die Profile, die der gläserne Mensch der Wirtschaft zu liefern vermag. So sind Daten heute eine wertvolle Handelsware.

Wird Orwell wahr? Was Orwell sich vorstellte, wie der „große Bruder" uns in allen Lebenslagen beobachtet und manipuliert, wird heute durch die elektronischen Medien auf viel perfektere Weise wahr. Das Paradebeispiel liefert der amerikanische Geheimdienst NSA, dessen Praktiken 2013 aufgedeckt wurden und dessen Reichweitee offenbar unbegrenzt ist, bis hin zum Abhören der Bundeskanzlerin. Der Überwachungsstaat, den Orwell schildert, ist noch nicht in diesem Umfang eingetreten. Aber er lauert als Gefahr im Hintergrund und rückt immer näher, man denke nur an die Ökodiktatur.

Die neuen Möglichkeiten der Kommunikation durch elektronische **Fazit**
Medien haben zu ungeheuren Datenansammlungen geführt. Durch den Datenschutz bemüht man sich zwar, die „informationelle Selbstbestimmung" des Bürgers zu gewährleisten und seine Privatsphäre vor fremdem Zugriff zu schützen. Dennoch verführen die angesammelten Daten dazu, das Verhalten der Menschen auszuforschen und durchsichtig zu machen. Am „gläsernen Menschen" sind vor allem der Staat und die Wirtschaft interessiert. Der Staat will seine Reglementierungen durchsetzen, verfolgt aber auch das positive Ziel der Verbrechensbekämpfung. Die Wirtschaft will den Verbraucher und seine Gewohnheiten durchsichtig machen. Der Überwachungsstaat, den Orwell beschrieben hat, rückt durch die elektronischen Medien immer mehr in den Bereich des Möglichen.

„Vergesst Big Brother – Google ist besser!", meint der Springer-Boss, **Was wurde**
Matthias Döpfner (FAZ vom 16.4.2014) In der Tat sind die technischen **wahr?**
Möglichkeiten der Überwachung und der Manipulation heute weit größer und wirksamer, als Orwell es sich seinerzeit vorstellen konnte. Und der Google-Gründer Larry Page träumt von der Realisierung weiterer technischer Möglichkeiten, wenn es nur einen Ort ohne Datenschutzgesetze gäbe.

Deutschland in 100 Jahren

Wie es aussehen wird, wenn die Entwicklung so weiter treibt wie bis- **Miegels**
her, darüber haben sich nur wenige Gedanken gemacht. Einer der ers- **Prognose**
ten war Meinhard Miegel mit seinem Buch „Das Ende des Individualismus – die Kultur des Westens zerstört sich selbst", das 1993 erschien. Miegel befasste sich darin mit den Folgen des Geburtenrückgangs. Er kam zu dem Ergebnis, wenn sich die Einstellungen nicht ändern, und alles so weiter läuft wie bisher, dann ist in 100 Jahren die deutsche Kultur verschwunden. Aufgrund des Geburtenrückgangs und der wachsenden Zuwanderung sind dann die Deutschen durch Menschen anderer Kulturen verdrängt worden. Außerdem werden sich auf dem

Weg dahin unsere Lebensbedingungen zunehmend verschlechtert haben. Das war für die damalige Zeit eine ziemlich gewagte Prognose, sie war so kühn, dass sie auch nicht recht ernst genommen wurde, zumindest kein Aufsehen erregte.

Sarrazins Vision

20 Jahre später befasste sich Thilo Sarrazin ebenfalls mit der Bevölkerungsentwicklung und wagte auch eine Prognose „Deutschland in 100 Jahren". In seinem Buch „Deutschland schafft sich ab" (2010) kam er praktisch zum gleichen Ergebnis wie Miegel: Wenn die Entwicklung so weiter geht wie bisher, spielen in 100 Jahren die Deutschen in Deutschland keine Rolle mehr. Sarrazin, gegenüber Miegel mit der zusätzlichen Erfahrung aus 20 Jahren, konnte die Szene noch etwas genauer beleuchten. Er hatte beobachten können, wie wenig die Politik auf die anstehenden Probleme eingeht und wie sehr sie die Entwicklung eher beschleunigt als bremst. Die wachsende Zuwanderung erfolgt vor allem in die Sozialsysteme und mindert insgesamt die Qualität des Humankapitals. Das Wirtschaftswachstum, meint Sarrazin, wird um das Jahr 2020 auslaufen, das Bruttosozialprodukt wird dann stagnieren oder schrumpfen. Deshalb werden sich künftig Verteilungs- und Finanzprobleme nicht mehr durch Zuwachs lösen lassen, sondern nur noch durch Umverteilung. 2050 wird auf einen Rentner nur noch ein Erwerbstätiger kommen, gegenwärtig sind es noch zwei. So wie Miegel ein Umdenken zu mehr Gemeinsinn gefordert hatte, um den Geburtenrückgang zu stoppen, so entwickelte auch Sarrazin Vorstellungen, wie man den Trend brechen könnte, durch qualifizierte Zuwanderung und bessere Familien- und Bildungspolitik.

Fazit

Bei Miegel wie bei Sarazin steht das Phänomen der demographischen Entwicklung im Vordergrund, das ja ohne Zweifel auch der stärkste Impuls für Veränderungen in der Zukunft ist. Die Vision, die sich den beiden dabei aufdrängt, ist die der Überfremdung.

Was wurde wahr?

Die Auswirkungen des demographischen Wandels, von denen beide ausgehen, schlagen sich zunächst überwiegend in der Statistik nieder. Wie es in 2 bis 3 Generationen in Deutschland aussieht, bleibt abzuwarten. Das Umdenken, in dem beide Autoren die Möglichkeit sehen, den Trend sinkender Geburtenzahlen zu brechen, lässt allerdings noch auf sich warten.

Die Vision vom Paradigmenwechsel

Seit Jahren schlittern wir von Krise zu Krise und ein Ende ist noch nicht abzusehen. Aus den vielen kleinen ist inzwischen eine große Krise geworden, die andauert. Wie konnte es so weit kommen, wo doch Ende des vergangenen Jahrhunderts alles auf gutem Wege schien? Der Sozialwissenschaftler Meinhard Miegel hat darüber nachgedacht und eine Art Anti-Vision entwickelt. Wie die Chinesen sieht auch er in der Krise nicht nur die Gefahr, sondern zugleich eine Chance. `Dauerkrise`

In seinem Buch „Hybris" (2014) stellt Miegel zunächst fest, dass wir überfordert sind. Zu viele „Türme von Babylon" haben wir gebaut, alles auf die Spitze getrieben, Exzesse bei Bauten wie im Verkehr, in Schule und Bildung wie im Sport, bei der Arbeit wie beim Sozialstaat und nicht zuletzt bei den Schulden. Das Streben nach immer mehr hat dazu geführt, dass sich viele überfordert fühlen, Kinder in den Schulen, Eltern bei der Erziehung, Frauen bei der Vereinbarkeit von Familie und Beruf, Arbeitnehmer wie Manager und Politiker, wenn sie es auch nicht zugeben. Materieller Erfolg ist zum einzigen Maßstab geworden, reicht aber nicht aus, um dem Leben Orientierung und Sinn zu geben. `Überforderung`

Die ungünstigen Entwicklungen werden verschärft durch das demographische Problem einer alternden Bevölkerung. Die Geburtenziffer liegt in Deutschland seit langem bei 1,4 Kindern, das sind nur zwei Drittel der Zahl, die erforderlich wäre, damit die Bevölkerung ohne Einwanderung nicht schrumpft. Viele junge Leute wollen keine Kinder, weil sie die damit verbundene Last scheuen, die ihrer Karriere und ihrer Bequemlichkeit hinderlich sein könnten. Die dadurch entstehenden Bevölkerungslücken sollen durch Zuwanderung geschlossen werden, das heißt im Klartext, die mit Kindern verbundene Last sollen gefälligst andere tragen. `Demographische Entwicklung`

Ein anderes für die Entwicklung typisches Problem ist die Staatsverschuldung. Seit Willy Brandt verkündet hat, dass sich die Staatsausgaben nicht nach den Einnahmen sondern nach den Aufgaben richten müssen, klaffen Leistungsvermögen und Ansprüche immer weiter auseinander, wachsen die Staatsschulden ständig an. Das wird umso leichter hingenommen, als es die Politiker geschafft haben das Schuldenmachen immer mit hehren Zielen wie sozialer Gerechtig- `Staatsverschuldung` keit und ähnlichem zu verbrämen und den Verdacht von sich weisen, der Staat könnte einfach schlecht wirtschaften, Steuergelder verschwenden und zu viel ausgeben. Aber nicht nur in Deutschland, noch mehr in anderen Ländern, wurden Schulden zu einer Art Droge, wissenschaftlich verbrämt und willkommen zur Förderung der Wachstumsideologie.

Am Scheideweg

Das alles hat uns an einen Punkt gebracht, an dem wir uns entscheiden müssen, weil die Gegensätze immer größer werden und die Spannungen immer stärker. Der Gegensatz zwischen den frühindustrialisierten Ländern und den Entwicklungsländern wächst. Die kriegerischen Konflikte nehmen kein Ende und die Flüchtlingsströme schwellen weiter an. Europa steht „… vor dem Scherbenhaufen seiner Hast und Maßlosigkeit, und wieder fällt ihm, gefangen in seinen alten Denkmustern, nichts Besseres ein, als die bisherigen Fehler … zu wiederholen", konstatiert Miegel.

Die alte Strategie versagt

Jahrzehntelang haben wir das Heil in der Expansion gesucht. Das war in den Jahren nach dem Zweiten Weltkrieg richtig, stößt aber immer fühlbarer an Grenzen. Miegel geht sogar soweit, von einer ganzen Epoche zu sprechen, in der Expansionsstreben das Denken beherrschte und die jetzt zu Ende geht, weil sich diese Strategie immer öfter als unwirksam, wenn nicht sogar als schädlich, erweist.

Paradigmenwechsel

Mit einem einfachen Politikwechsel ist es nicht mehr getan, meint Miegel. Ein grundlegender Paradigmenwechsel ist erforderlich: Weg vom Wachstumswahn, hin zum Maßhalten. Mut zur Beschränkung ist gefordert. Statt ständig nach mehr zu rufen, sollten wir wieder lernen, das, was wir erreicht haben, besser zu nutzen. Auch die Balance zwischen Individualismus und Gemeinsinn muss wieder besser austariert werden. Wir bräuchten sogar weniger zu arbeiten, wenn wir durchdachter und verantwortungsvoller zu Werke gehen würden, meint Miegel.

Zweifel an einer Wende

Wird Miegels Vision tragen? Wird sein Appell Gehör finden? Umdenken war schon immer schwierig, Zweifel sind angebracht, wie ein Blick zurück zeigt. So hat Helmut Kohl 1982 zu einer „geistig-moralischen Wende" aufgerufen und damit auch die Wahl gewonnen. Zu der geforderten Wende kam es jedoch nicht. Die Ansprüche, und mit ihnen die Schulden, wuchsen munter weiter. Wenn man noch weiter zurückblickt, findet man allerdings auch positive Beispiele. Als in Großbritannien 1979 Margaret Thatcher ein Umdenken forderte und an die Regierung kam, setzte sie auch tatsächlich einen Paradigmenwechsel durch, mit dem der Sozialstaat in die Schranken gewiesen und die Staatsausgaben gekürzt wurden. Vor Thatcher hatte schon Ludwig Erhard ein noch überzeugenderes Beispiel für einen erfolgreichen Paradigmenwechsel gegeben, als er 1948 handstreichartig der Planwirtschaft ein Ende setzte und der Marktwirtschaft zum Durchbruch verhalf. Man könnte bei der Betrachtung dieser Beispiele allerdings auch zu dem Ergebnis kommen, dass sich Einsicht allein nur selten durchgesetzt hat, dass es im Grunde immer nur harte Tatsachen waren, die Richtungsänderungen erzwungen haben. So könnte es uns auch jetzt wieder ergehen, dass es uns erst richtig schlecht gehen muss, ehe es besser werden kann.

Um einen Paradigmenwechsel, eine „neue Erzählung" geht es auch in dem Buch des Philosophen Peter Sloterdijk, „Die schrecklichen Kinder der Neuzeit" (2014). Da es etwas mühsam ist, sich durch Sloterdijks Werk mit seinen mehr oder weniger systematischen historischen Exkursen und seinen philosophisch-komplizierten Explizitheiten hindurchzuwühlen, muss man dem Schweizer Philosophen René Scheu dankbar sein, dass er eine geraffte Darstellung von Sloterdijks Buch und Philosophie zur Verfügung stellt (*Weltwoche* 29/2014)

Vision einer „neuen Erzählung"

„Die schrecklichen Kinder der Neuzeit", damit meint Sloterdjk die Bürger der modernen Wohlstandsgesellschaften, also uns alle. Sie halten sich für die größten Individualisten, nehmen sich jede Freiheit, ohne die Folgen zu bedenken, und rechnen zugleich damit, dass der Staat sie auffängt, wenn ihre Ambitionen misslingen. Diesen Menschen ging es noch nie so gut wie heute, dennoch fühlen sie sich als Unterdrückte. Ständig ist in Europa von Armut die Rede, die mit immer neuen Statistiken unterfüttert wird. Arm ist, wer weniger als 60 % des mittleren Einkommens verdient. Das führt zu dem paradoxen Ergebnis, dass die Armut proportional mit dem Reichtum einer Gesellschaft ansteigt. Der gesellschaftliche Diskurs dreht sich unaufhörlich um Benachteiligungen und Diskriminierungen, Die Umverteilungsströme haben historische Ausmaße angenommen. Trotzdem fühlen sich immer mehr Menschen als Vertreter von Minderheiten, die unter akuter Zurücksetzung leiden.

Wohlstand und Unterdrückung

Sloterdijk nennt das eine „semi-sozialistische" Gesellschaft und begründet das so: Wenn die Zwangsabgabenquote an den Staat 0 % beträgt, wäre das vollendeter Kapitalismus, wenn sie 100 % beträgt, wäre es vollendeter Sozialismus. Derzeit beträgt sie in den Wohlstandgesell-

Semi-Sozialismus

schaften 50 % und mehr, also leben wir in einem „Semi-Sozialismus". In dieser Gesellschaft vergleicht sich jeder mit jedem. Wer im Vergleich schlecht wegkommt, schiebt das Ergebnis den anderen in die Schuhe. Wer besser wegkommt, hat seinen Erfolg einem unverdienten Vorteil zu verdanken. Wer sich um Vortrefflichkeit bemüht und dies offen bekennt, gilt als elitär und ist zum Abschuss freigegeben.

Individualismus wird zum Egalitarismus

Sloterdijks Schlussfolgerung: Genau hier schlägt der Hyperindividualismus in gleichmacherischen Egalitarismus um, der Stolz in Neid, die Orientierung an der eigenen Leistung in die Benachteiligung der anderen. Und so kommt es, dass in den reichsten und egalitärsten Großgesellschaften aller Zeiten die Menschen so reden, als wären sie alle Unterdrückte, wie die Vertreter des Bauernstandes im ancien régime. Von Abstammung und Erbe soll keine Rede mehr sein, stattdessen geht es um „Freisetzung". Bei den Vertretern des herrschenden Sozialdemokratismus erntet Sloterdijk mit seiner Analyse Spott und Häme, weil er sich weigert, den Menschen als hilfsbedürftiges Wesen anzusehen, Verwöhnung in Bedürftigkeit umzudeuten, soziale Unterschiede in Diskriminierungen zu verwandeln und den Staat zum universalen Problemlöser zu verklären. (Scheu).

Die neue Erzählung

Aber Sloterdijk lässt sich dadurch nicht beirren. Er ist überzeugt, der Mensch verfügt über selbstformende Kräfte, deren Bedeutung er laufend unterschätzt. Die Kinder dieser Zeit brauchen eine „neue Erzählung", nach der sie sich richten können. Das Ziel ist, aus verwöhnten Menschen und Leistungsempfängern souveräne Bürger zu machen. Die „neue Erzählung", die Sloterdijk anbietet, klingt plausibel. Der Mensch ist nicht nur einer, der gerne nimmt, was er gerade bekommt, sondern auch und vor allem einer, der gerne gibt, weil er dadurch seine Selbstachtung steigert und sich nicht nur für eigene Misserfolge an anderen rächt. Neid und Missgunst müssen durch Stolz und Selbstachtung ersetzt werden. Denn das ist der eigentliche Sinn der Gleichheit: Jede und Jeder sollen das Recht haben, zu den Besten zu gehören. Die Philosophie kann dabei helfen. Sie muss dem politischen Erniedrigungsegalitarismus entgegen treten, den Menschen als Wesen mit stolzhaften Regungen neu beschreiben und damit die Bürger in den Demokratien zu Selbstverbesserungsspielen anregen.

Drohende Alternativen

Schaffen es die Kinder der Gegenwart nicht, sich in modernen Nationen mit Achtung, Anstand und Stolz zu begegnen, ist alles möglich – bis hin zu chaotischen und bürgerkriegsähnlichen Zuständen, Diese Befürchtungen Sloterdijks können sich auf die Erkenntnisse der Revolutionsforscher stützen, von denen Noelle-Neumann berichtet: Revolutionen brechen nicht, wie vielfach angenommen, nach einer längeren Periode der Instabilität aus, sondern gerade umgekehrt. Zu einer Revolution scheint es zu kommen durch einen unerwarteten Rückschlag, bei dem zwischen den in der Periode der Aufwärtsentwicklung entstandenen Ansprüchen und den plötzlich gekappten Hoffnungen auf eine Erfüllung der Ansprüche eine scharfe Divergenz entsteht. Das könnte eines Tages auch in Europa passieren.

Unsere Zeit leidet an einer Überforderung, an den Exzessen, mit denen wir alles auf die Spitze getrieben haben, meint Meinhard Miegel. Die Krisen, die dadurch ausgelöst wurden, drohen uns über den Kopf zu wachsen, wenn wir uns nicht zu einem grundlegenden Paradigmenwechsel entschließen, weg vom Wachstumswahn, hin zum Maßhalten und zum Mut zur Beschränkung. Die Balance zwischen Individualismus und Gemeinsinn muss neu austariert werden. Einen Paradigmenwechsel hält auch der Philosoph Peter Sloterdijk für notwendig. Der übersteigerte Individualismus hat zu einem gleichmacherischen Egalitarismus geführt. Obwohl es den Menschen so gut geht wie noch nie, fühlen sie sich alle als Unterdrückte. Es geht darum, meint Sloterdijk, aus verwöhnten Menschen und Leistungsempfängern souveräne Bürger zu machen. — *Fazit*

Die Forderung nach einem Paradigmenwechsel ist zweifellos berechtigt, angesichts der anhaltenden Krisensituation im Euroraum und der EU. Es sind auch erste Ansätze zu einem Umdenken erkennbar, zum Beispiel in alternativen Gruppierungen, die sich in einer Reihe von europäischen Ländern gegen den Konsens verkrusteter „Altparteien" formiert haben. Doch das sind zunächst nur Zeichen der Hoffnung, ob sie eines Tages wirklich zu einem allgemeinen Paradigmenwechsel führen, ist noch nicht ausgemacht. — *Was wurde wahr?*

Höllensturz und Hoffnung

Ihre Vision von der Zukunft haben jüngst auch zehn Professoren verschiedener Disziplinen zu Protokoll gegeben in einem Buch mit dem dramatischen Titel „Höllensturz und Hoffnung". Sie sind davon überzeugt, dass unsere westliche Zivilisation zusammenbricht, halten aber eine Erneuerung für möglich.

Sie stützen sich dabei auf Jared Diamonds Vision vom „Kollaps", der seine Analyse an fünf Aspekten festmacht: Umweltschäden, Klimaveränderungen, feindliche Nachbarn und abnehmende Unterstützung durch freundliche Nachbarn und schließlich die Reaktionen unserer Gesellschaft auf diese Herausforderungen. Jared Diamond (*1938), ein US-amerikanischer Evolutionsbiologe, der viele Jahre mit anthropologischer Feldforschung, besonders in Neuguinea, verbrachte, wollte eine Antwort finden auf die Frage, warum einstmals blühende Kulturen untergingen und was wir aus dem Untergang von Gesellschaften lernen können. In seinem Buch „Arm und Reich" (1997), legte er dar, dass nicht konstitutionelle Unterschiede der Menschen, sondern die klimatischen und geographischen Besonderheiten der verschiedenen Erdteile die Ursachen für die Verteilung von Armut und Reichtum sind. In seinem Buch „Kollaps" (2005) geht er der Frage nach, warum Gesellschaften überleben oder untergehen. Er legt dar, warum die westlichen Gesellschaften unausweichlich auf einen Kollaps zusteuern, wenn wir uns nicht stärker bemühen, aus den Fehlern untergegangener Gesellschaften zu lernen.

Unser Hauptproblem sehen die Professoren in der inneren Verfassung unserer Gesellschaft: unsere gesellschaftlichen Werte- und Ordnungssysteme sind degeneriert, während unsere technischen Möglichkeiten weiter gewachsen sind. Das kommt darin zum Ausdruck, dass „das Vertrauen schwindet": 43 % der Deutschen glauben nicht mehr an den Erfolg der sozialen Marktwirtschaft, 45 % glauben nicht an den langfristigen Erfolg des Euro, 53 % haben kein Vertrauen in die Regierung und 65 % glauben nicht, dass die Politik die drängenden Probleme lösen kann. Das Misstrauen in unsere politischen Entscheidungsträger schlägt sich nieder in dem immer stärker werdenden Wunsch nach Bürgerbeteiligung und Volksentscheiden, 73 % beklagen, dass der Einfluss der Bürger auf Entscheidungen der Politik zu gering sei.

Auch das Vertrauen der Menschen untereinander ist geschwunden. 41 % der Deutschen glauben nicht mehr, dass man den meisten Menschen vertrauen kann. „Wir leben in einer Atmosphäre des Misstrauens, mit zunehmender Tendenz." Dabei sehnen wir uns so sehr nach Vertrauen! 65 % der Deutschen finden es außerordentlich wichtig, einen Partner zu haben, dem sie vertrauen können. „Die Menschen fühlen sich verloren. Einst war das Vertrauen der Kitt unserer Gesellschaft." Wenn das Vertrauen in die Gesellschaft schwindet, wird es immer schwieriger, in strittigen Fragen zu einem gesellschaftlichen Konsens zu kommen. Am Ende werden die demokratischen Grundregeln nicht mehr akzeptiert und Mehrheitsbeschlüsse missachtet, wie das Beispiel von *Stuttgart 21* zeigt.

„Dadurch, dass die Menschen ihren Eliten und Institutionen nicht mehr vertrauen, wird jeder Einzelne auf sich selbst zurückgeworfen bei der Entscheidung, was gut oder schlecht, richtig oder falsch ist. Traditionelle Wertangebote werden immer weniger akzeptiert, die Autorität von Eltern, Lehrern, Politikern und Chefs schwindet", konstatieren die Professoren und sie haben auch eine Vorstellung davon, wie das alles angefangen hat. „Seit den 1968er-Jahren wird uns das als Freiheit verkauft, aber in Wahrheit bringt diese vermeintliche Freiheit neue, unbewusste Abhängigkeiten mit sich und zugleich eine maßlose Überforderung." Die meisten Menschen sind völlig überfordert, jede wichtige Lebensfrage immer wieder aufs Neue zu durchdenken, statt dass sie sich auf den festen Boden über Generationen erworbener Orientierungen verlassen können. „Der Einzelne ist mit sich allein gelassen, die Beziehungen zur Gesellschaft werden nur noch akzeptiert, wenn sie für die eigenen Interessen eingesetzt werden können." Hemmungsloser Egoismus ist die Hauptkrankheit unserer Zeit.

Überfordert

„Unsere Wirtschaft hat den Pfad der Nachhaltigkeit und des dauerhaften Wachstums verlassen und bildet stattdessen voneinander abhängige Blasen gigantischen Ausmaßes, die in kurzer Zeit mit gewaltigem Getöse platzen werden", so das Urteil der Professoren. Das Wirtschaftsgeschehen wird immer mehr durch Krisen geprägt. Krisen hat es zwar schon immer gegeben, aber in letzter Zeit häufen sie sich, das Tempo nimmt zu, ebenso wie die Intensität mit der Spekulationsblasen platzen.

Wirtschaftskrisen

Auch die zum Teil hemmungslose Freizügigkeit trägt nach Meinung der Professoren zum Niedergang bei. „Wenn ein Lebensbereich nicht begrenzt und reguliert wird und sich damit innerhalb vernünftiger, maßvoller Grenzen bewegt, entsteht egozentrisches, unzivilisiertes Verhalten.... Kultur und Zivilisation entstehen im Wesentlichen durch Einschränkung und Begrenzung." Sie verweisen auf die Theorie von Sigmund Freud, wonach die ganze menschliche Zivilisation nichts anderes ist als die Kompensation von Triebverzicht und damit das Ergebnis von Sublimierung. Das gilt vor allem auch für das Sexualverhalten. Die Professoren erinnern an die Forschungsergebnisse von Unwin.

Freizügig abwärts

Der britische Anthropologe Joseph Daniel Unwin (1895–1936) untersuchte 100 Völker und Volksgruppen, um herauszufinden, ob es einen Zusammenhang zwischen den kulturellen Errungenschaften und der sexuellen Freizügigkeit gibt. In seinem Buch „Sex and Culture" (1934) kam er zu dem Ergebnis: „Jede menschliche Gesellschaft hat die Freiheit, sich zu entscheiden, ob sie hohe soziale Energie oder sexuelle Freizügigkeit will. Die Fakten zeigen, dass beides gleichzeitig nicht länger als eine Generation möglich ist." In vielen historischen Fällen ging mit der Emanzipation der Frau ein kultureller Abstieg der jeweiligen Gesellschaft einher. Die Ursache für den gesellschaftlichen Rückschritt war nicht die Gleichberechtigung der Frau, sondern waren die erweiterten sexuellen Möglichkeiten. „Der Zusammenhang zwischen Triebregulierung und Kulturniveau bleibt frappierend. Offenbar entstehen Hochkulturen aus der Verpflichtung zu Enthaltsamkeit, Maßhalten und Bescheidenheit", so die Schlussfolgerung der Professoren.

Werteverfall Demgegenüber beobachten wir heute Vertrauensverlust, Verlust von Gemeinschaft, Egoismus und Werteverfall. Unsere westliche Zivilisation fällt zurück in frühere Stadien. Das geschieht zur gleichen Zeit, in der wir seit zwei Generationen Zeugen einer großen sexuellen „Befreiung" in der westlichen Welt sind. Diejenigen Kulturen, die die alten Werte nicht mehr gelebt haben, die die Verhaltensgrenzen gesprengt haben, sind relativ rasch untergegangen. Auch bei uns haben Zustände spätrömischer Dekadenz Einzug gehalten. Und diese Entwicklung nimmt an Geschwindigkeit zu. Hohe Werte haben unsere Zivilisation einstmals zur Blüte gebracht: Einigkeit, Rechtsstaatlichkeit, Freiheit in Verantwortung, Nächstenliebe, Gerechtigkeit, Demokratie, Friedensliebe, Fleiß und Sorgfalt, universelle Menschenrechte. Darauf gründet unser gesamter Wohlstand. Aber nun schwingt das Pendel zurück, meinen die Professoren. „Der Werteverfall ist dramatisch. Erst verlieren wir unsere Werte, dann verlieren wir unseren Wohlstand."

**Egoistische
Denkweise** Immer mehr Menschen versuchen heute, auf Kosten anderer zu leben. Ihr Denken zielt nur auf persönlichen Profit: möglichst schnell zu möglichst viel Geld zu kommen und dafür möglichst wenig zu tun. Die dramatisch anwachsende Zahl von Scheidungen, von unehelichen Kindern und alleinerziehenden Müttern zeigt den Zerfall der Institution Familie an – hier werden verlorene Werte am stärksten deutlich. „Die Denkweise, die Haltung, die Weltsicht unserer westlichen Gesellschaft ist nicht mehr homogen, sie fasert aus, sie ist krank geworden. Das ist der Keim aller unserer Probleme."

Ein deutliches Zeichen des Niedergangs ist die Einschränkung der Meinungsfreiheit durch Political Correctness. Das fängt bei harmlosen Begriffen an, man darf nicht mehr Eskimo, sondern muss Inuit sagen, nicht mehr Neger sondern Afroamerikaner, und das endet bei politischen Totschlagargumenten („Rassismus", „fremdenfeindlich", „homophob", „Rechtspopulismus"), mit denen Meinungsäußerungen niedergeknüppelt werden. „Menschen und Unternehmen lassen sich von einer schäumenden Minderheit einen Maulkorb anlegen ... die Meinung der Wenigen bestimmt den Diskurs, Gegenmeinungen werden sofort aggressiv niedergemacht – und das funktioniert"; stellen die Professoren fest. Es ist vor allem die Achtundsechziger-Generation, die einst Freiheit predigte und gegen Tabus kämpfte, die selbst seit langem neue Tabus erfindet und durchsetzt. „Die ganze politische Korrektheit ist nichts anderes, als der systematische Aufbau von Tabus". Political Correctness

„Die Aushöhlung der Grundrechte, der Verlust der gemeinsamen Werte-Basis, Political Correctness, Gender Mainstreaming, Gesetzesflut, – all diese zunehmenden Trends haben zwei Dinge gemeinsam: Sie schränken die Freiheit ein und sie sind im Kern menschenfeindlich." Diese Denkweise der Gleichheits-Ideologie, die zum gesellschaftlichen Trend geworden ist und immer mehr um sich greift, nennen die Professoren „Ökosozialismus". Hier wird Gleichheit über Gerechtigkeit gestellt, Chaos über Ordnung, Einebnung über Differenzierung. Leistungen dürfen nicht mehr bewertet werden, selbst Männlein und Weiblein darf es nicht mehr geben. Ökosozialismus

„Wir sagen uns freiwillig von allen Traditionen los, Wir lassen den überforderten Staat bei Erziehung und materieller Fürsorge die Aufgaben der Familien übernehmen, lösen die Familienverbände auf ... wir übersexualisieren unsere Kinder und verhindern ihre gesunde Identitätsbildung als Männer und Frauen ... wir zerstören die Institution und den Sinn von Ehe und Familie ... wir untergraben die Identität des Einzelnen und machen uns damit zum Spielball von Politik, Justiz und Medien", diagnostizieren die Professoren. „Ein gigantischer Zusammenbruch droht. Während wir ihn kommen sehen, steigen Egoismus, Geiz, Gier, Verunsicherung und Misstrauen um eine weitere Stufe ... Zugleich dringen andere Kulturen in unsere Gesellschaft ein und bringen völlig fremde Einflüsse mit sich." Zeichen des Niedergangs

„Wir gehen davon aus, dass unsere westliche Zivilisation in Kürze zusammenbrechen wird ... wir wissen nicht, wie lange es noch so weitergeht, bevor die Zusammenbrüche unterschiedlicher Art kumulieren Zusammenbruch und neue Hoffnung und sich zur großen Katastrophe hochschaukeln. ... wir ahnen aber, dass der Zusammenbruch der westlichen Welt total sein wird", so das Fazit der Professoren. Die Entwicklung der letzten Jahrzehnte habe gezeigt, dass wir offenbar unfähig sind, unsere Gesellschaft grundlegend zu verändern. Doch deshalb wird die Welt und wird die Menschheit nicht untergehen. „Es wäre möglich, dass die neue Zivilisation, die wir nach dem Kollaps der alten errichten werden, schöner, lebenswerter erhabener und würdevoller sein wird als die westliche Welt des 20. Jahrhunderts. Eine neue Kultur der Selbstverantwortung und Wertschätzung ist in Zukunft gefragt. Wir werden die menschenverachtende Idee der radikalen Gleichheit aufgeben und die Gesellschaft stattdessen als einen Organismus aus verschiedenartigen aber gleichwertigen Individuen verstehen. Auch wenn heute noch nicht abzusehen ist, wie genau der Zusammenbruch ablaufen wird ... aber wir werden ihn überstehen und aus den Fehlern lernen, darauf beruht unsere Hoffnung."

Fazit

Eine ziemlich pessimistische Vision von der Zukunft haben die „Höllensturz"-Professoren. Für sie sind es vor allem kulturelle Faktoren, die einen Zusammenbruch der westlichen Gesellschaft unvermeidlich erscheinen lassen. Der Verlust an Traditionsbewusstsein, der krasse Egoismus, der immer deutlicher in Erscheinung tritt, und politische Ideologien wie Ökosozialismus, Gender Mainstreaming, und die Einschränkung der Meinungsfreiheit durch Political Correctness sind für die Professoren sichere Anzeichen dafür, dass die deutsche Gesellschaft auf einen Kollaps zusteuert, und in absehbarer Zukunft von fremden Kulturen überwuchert wird. Da sich die Welt auch danach weiterdrehen wird, schöpfen die Professoren daraus die Hoffnung, dass es gelingen wird, nach dem Zusammenbruch eine neue Gesellschaft aufzubauen, mit einer besseren Balance zwischen Individualität und Gemeinwohl, und einer Zukunftsperspektive, die aus der Vergangenheit ihre Lehren zieht.

Was wurde wahr?

Unleugbar sind die Symptome für den Niedergang, die die „Höllensturz"-Professoren beschreiben: Die Einschränlung der Meinungsfreiheit durch Political Correctness, die Sexualisierung bis in die Schulen und die Kindergärten im Zuge des Gender Mainstreaming, die zunehmende Zerstörung der bewährten, die Gesellschaft stützenden Institution von Ehe und Familie, und der fordernde Auftritt wachsender Parallelgesellschaften. Ob es dadurch zu dem gefürchteten totalen Zusammenbruch kommen wird, bleibt ungewiss, umso mehr, als sich nicht nur in Deutschland, sondern auch in anderen westlichen Gesellschaften Gegenkräfte formieren, die sich dem Niedergang entgegenstellen.

Welterklärer

Die Utopisten und Visionäre wollten die Welt bewegen, andere wollten sie nur erklären, wie zum Beispiel die Historiker oder die Naturwissenschaftler. Der Boden auf dem die Utopien und Visionen wuchsen, ist die Geschichte. Aus dem Bild der Vergangenheit entwickelt sich das Bild der Zukunft. Zukunft braucht Herkunft, wie es Odo Marquard ausgedrückt hat. Die Vergangenheit besteht aus Fakten und sie sind eindeutig, möchte man meinen. Aber das sind sie offenbar nicht, denn man kann die Fakten verschieden interpretieren und so die Welt und ihre Herkunft auf verschiedene Weise erklären. Von den Welterklärern soll nun die Rede sein.

Zeit des Erwachens

Die dokumentierte Menschheitsgeschichte reicht Jahrtausende zurück. In den frühen Kulturen waren die Menschen im Kampf mit der Natur ihren Instinkten und ihren Ängsten gefolgt. Die Naturgewalten, denen sie unterworfen waren und denen sie ihren Lebensraum abringen mussten, waren für sie unheimliche Kräfte, um deren Gunst man flehen, die man anbeten musste. Die Naturkräfte wurden zu Gottheiten.

Doch dann kam eine Zeit, in der die Menschen sich offenbar ihres Denkvermögens und ihrer Vernunft bewusst wurden und zu zweifeln begannen. Zum ersten Mal begannen einzelne Menschen, sich ihr eigenes Bild von der Welt zu formen. Dieses geistige Erwachen fand gleichzeitig und unabhängig in verschiedenen Weltregionen statt, ohne dass sie voneinander wussten. In jener Epoche, etwa um 600 v. Chr., die Karl Jaspers die „Achsenzeit" nannte, fand ein geistiger Prozess statt, der alte Mythen zerstörte und umformte. In Palästina traten die Propheten auf, in Persien entwarf Zarathustra das Weltbild des Kampfes zwischen Gut und Böse, in China dachten Laotse und Konfuzius und in Indien Buddha über den rechten Weg der Menschen nach und in Griechenland begann die Philosophie des Abendlandes ihren langen Weg. Neben den Religionsstiftern, die zum Glauben aufforderten, traten die Philosophen auf den Plan, die ihre zweifelnden Fragen stellten und das Denken und die naturgegebene Vernunft herausforderten. Der Prozess des Bewusstwerdens und der geistigen Neuorientierung, der damals begann, folgte verschiedenen Zielen und fand mit unterschiedlichen Schwerpunkten statt.

Unterschiedliche Weltbetrachtung

Platon und Aristoteles

In der westlichen Philosophie, wie sie sich seither entwickelt hat, sind zwei Denkrichtungen erkennbar geworden, die sich deutlich unterscheiden und die sich bis in die unmittelbare Gegenwart auswirken. Von den Philosophen der Antike haben bis in die Neuzeit hinein Platon und Aristoteles den größten Einfluss ausgeübt. An diesen beiden, die einander so nahe standen und doch so unterschiedlich waren in ihrer Weltbetrachtung, lässt sich der Ursprung der verschiedenen Denkweisen festmachen.

Idealismus

Platon, das ist der Idealist und Utopist, eine Künstlernatur, mehr Dichter als Philosoph, ausdrucksstark, voll mitreißender Phantasie und bezwingender Beredsamkeit, sein kühner Gedankenflug paart sich mit Tiefsinn und mystischer Phantasie. Seine „erhabene Einbildungskraft" geht einher mit „der Fähigkeit zu edler Selbsttäuschung" (Durant).

Realismus

Sein Schüler Aristoteles dagegen war ein Realist und Rationalist, als Naturforscher ein nüchterner und strenger Wissenschaftler, im Ausdruck betont logisch und damit eher langweilig und „trocken", gelassen, dem „gesunden Menschenverstand" verpflichtet, der „erste Professor". Er besaß ein umfangreiches Tatsachenwissen wie kein zweiter im Altertum, war scharfsinnig und stets systematisch. Seine Philosophie erweckte nicht solche Begeisterung wie der Neuerungseifer Platons, dazu fehlte es ihr an Pathos. Und die Menschen brauchen mitunter Pathos, um schwierige Situationen zu bewältigen, denn die unerfüllbaren Forderungen haben sie seit jeher viel mehr zum Handeln getrieben als die erfüllbaren. Und doch galt Aristoteles bis weit in das Mittelalter hinein als „der" Philosoph, Dante nannte ihn den „Meister aller Wissenden". In der Renaissance folgte man dann wieder eher dem Aufruf Petrarcas, dem poetischen, eher am Jenseits orientierten Platon die geistige Führerschaft zuzuerkennen.

Die Unterschiede dieser beiden Denkweisen sind bis in unsere Tage erkennbar geblieben. Für die eine, ausgehend von den utopischen Ideen Platons, ist Gleichheit der höchste Wert, sie findet sich wieder im Sozialismus und Marxismus und hat auch bei den Ideologien des 20. Jahrhunderts Pate gestanden. Für die andere Denkrichtung, die ihren Ursprung im Realismus des Aristoteles hat, ist Freiheit der höchste Wert, sie hat ihren Niederschlag gefunden in Individualismus, Liberalismus und Selbstverantwortung. Auch das grobe Raster der politischen Koordinaten, die wir in der Alltagssprache mit links oder rechts bezeichnen, entspricht der Antinomie dieser Denkrichtungen.

Politik und Staatsverständnis

Im Grunde begann es schon bei den Kirchenvätern und in der Scholastik, mit Augustinus als Anhänger Platons und Thomas von Aquin als ausgesprochenem Aristoteliker. Vor allem aber im Zeitalter der Aufklärung zeigt sich, dass die deutsche und europäische Philosophie dem Idealismus Platons den Vorzug gibt, während in der angelsächsischen Welt die Vorliebe für Aristoteles größer ist. Jahrhunderte lang wurde an den führenden englischen Universitäten Ethik und Politik des Aristoteles über alles gestellt. Und es ist schwer zu sagen, wieweit die nüchterne, skeptische, realistische Art des Aristoteles dem englischen Charakter besonders entgegenkam oder wieweit umgekehrt die Eigenart des englischen Geistes auch durch Aristoteles mit geformt sein mag. 300 Jahre hindurch hat die „Nikomachische Ethik", von der, wie es heißt, die Studenten jedes Wort lesen mussten, und die „Politik" des Aristoteles den Geist der herrschenden Klasse in England gestaltet.

Platoniker oder Aristoteliker

An zwei der einflussreichsten Philosophen der Aufklärung wurde die unterschiedliche Denkweise besonders deutlich. Für den Engländer John Locke und andere liberale Denker ist die Freiheit des Individuums der höchste Wert, Privateigentum und ein durch Gewaltenteilung kontrollierter Staat sollen sie garantieren. Diese Vorstellungen haben durch Thomas Jefferson in der amerikanischen Verfassung ihren Niederschlag gefunden und wurden die Grundlage des freiheitlichen, demokratischen Staatswesens der USA. In Europa hingegen setzte sich vor allem die idealistische Denkweise Rousseaus durch, der von Platon schwärmte und die Freiheit des Individuums einem „Gemeinwillen" unterordnete. Das Ergebnis war zunächst Robespierres blutige Schreckensherrschaft in der Französischen Revolution.

Locke und Rousseau

Antinomie des Denkens Natürlich lassen sich Unterschiede in der Weltbetrachtung auch noch in vieler anderer Hinsicht feststellen. Aber die Hypothese von zwei wesentlichen unterschiedlichen Betrachtungsweisen ist doch der Schlüssel zu mancherlei Erklärungen und zum Politikverständnis. Zu einer ähnlichen Betrachtungsweise, allerdings von einer mehr unpolitischen Basis aus, kam nach dem Zweiten Weltkrieg ein Engländer.

Die zwei Kulturen 1959 hielt C. P. Snow, ein englischer Romanschriftsteller und Naturwissenschaftler, eine Vorlesung, die auch als Essay veröffentlicht wurde und die den Titel trug „Die zwei Kulturen". Snows These von den zwei Kulturen wurde viel diskutiert und wird auch heute noch gelegentlich zitiert. Auch Snow macht im Wesentlichen zwei Denkrichtungen aus. Die beiden „Kulturen", wie er sie nennt, sind die Betrachtungsweise der Literatur- und Geisteswissenschaftler auf der einen Seite und der Naturwissenschaftler und Techniker auf der anderen Seite. Snow meint, dass sich zwischen beiden eine Kluft des Nichtverstehens aufgetan hat, und er hält diese Situation für gefährlich, schon allein deshalb, weil Geisteswissenschaftler und Politiker offenbar nicht mehr mit Sicherheit einschätzen können, ob Ratschläge der Naturwissenschaftler richtig oder falsch sind. Mehr noch: Wenn man sich über die wichtigsten geistigen Anliegen nicht mehr verständigen kann, dann bringt es uns dazu, „die Vergangenheit falsch auszulegen, die Gegenwart falsch zu beurteilen und unserer Hoffnung auf die Zukunft zu entsagen". Snow macht beiden Kulturen ihre Einseitigkeit zum Vorwurf, macht aber im Grunde doch die literarische Intelligenz, die er für fortschrittsfeindlich hält, für die gegenseitige Entfremdung verantwortlich. Als die „moralisch gesündere Gruppe von Intellektuellen" bezeichnet er die Naturwissenschaftler, weil sie sich sozial stärker engagieren und auf die Zukunft hin denken. Die Antinomien in der Denkweise hält er für ein spezielles Problem des Westens, das auf dem Wege einer Bildungsreform gelöst werden sollte.

Glaube und Vernunft

Eine weitere, noch tiefer greifende Gegensätzlichkeit der Weltbetrachtung lässt sich mit den Stichworten Glaube und Vernunft beschreiben. Jahrhundertelang haben die Religionen mit ihren strengen Dogmen den Blick der Menschen auf die Welt beherrscht, bis in einem langen Prozess des Denkens und des Zweifelns der Mensch sich der Gabe seiner Vernunft bewusst wurde und sich schließlich im Zeitalter der Aufklärung von den Dogmen emanzipierte.

Der Apostel Paulus (05–67), der das Fundament für die christliche Kirche legte, hatte dem Glauben, neben der Liebe und der Hoffnung, die Schlüsselrolle in der Lebensführung zugewiesen. Darauf errichtete Augustinus (354–430) ein strenges Dogmengebäude. Augustinus war in die Zeit hineingeboren worden, in der das Christentum noch mit dem Heidentum um die Vorherrschaft rang. Sein religiöses Weltbild entstand aus seinen persönlichen seelischen Erlebnissen, bei denen er die Schwäche des Verstandes erfahren hatte. „Suche nicht zu verstehen um zu glauben, sondern glaube, um zu verstehen" war eine seiner Maximen. Die Autorität der Bibel sei größer als alle Anstrengungen des menschlichen Geistes. Gefühl galt Augustinus mehr als Verstand, das klassische Vertrauen in die Vernunft hatte für ihn ausgedient.

Glaube statt Vernunft

Erst Jahrhunderte später brachen sich Erfahrung, Erkenntnis und Vernunft wieder stärker Bahn. Einer ihrer Wegbereiter war Nikolaus von Kues (1401–1464). Nikolaus hat vieles, was die Naturwissenschaft später entdeckte, vorausgedacht. Er war Rechtsgelehrter, Geistlicher, päpstlicher Legat, Mathematiker und Astronom. Lange vor Kopernikus und Kepler kam er zu der Annahme, dass die Erde nicht der Mittelpunkt des Weltalls ist, sondern ein Stern wie jeder andere und dass sie sich bewegt. Als erster hat er den Gedanken ausgesprochen, dass das Universum unendlich ist. In Nikolaus Denkgebäude schließen sich Vielheit der Erkenntnisse und Einheit nicht aus, sondern gehören zusammen. Doch erst im Unendlichen heben sich die Grenzen auf, fallen alle Gegensätze zusammen (coincidentia oppositorum). Mit diesem Gedanken der Einheit der Gegensätze, konnte Nikolaus Glauben und Wissenschaft in einem einzigen Denksystem zusammenbringen.

Glaube und Wissenschaft als Einheit

Eine Generation später brachte Kopernikus (1473–1543) das ptolemäische Weltbild, wonach die Erde der unbewegliche Mittelpunkt des Weltalls sei, zu Fall und erklärte, dass die Sonne im Mittelpunkt der Welt steht und die Erde sich, so wie andere Planeten, um die Sonne und um ihre eigene Achse dreht. Der Astronom Johannes Kepler (1571–1630) hat das kopernikanische Weltbild später bestätigt und ergänzt. Ein leidenschaftlicher Naturwissenschaftler, der italienische Dominikanermönch Giordano Bruno (1548–1600) ging dann noch einen Schritt weiter und behauptete, dass es nicht nur unsere Sonne mit ihren umlaufenden Planeten gibt, sondern zahllose Sonnensyste-

Wissenschaft als Weltsicht

me im Weltall in beständiger Bewegung sind. Das Universum ist von unermesslicher Unendlichkeit. Solche Erkenntnisse waren mit den Dogmen der Kirche, an denen Bruno schon länger zweifelte, nicht zu vereinbaren. Die Kirche schlug zurück und bezichtigte Giordano Bruno der Ketzerei. Bruno weigerte sich, zu widerrufen, er wurde gefoltert und auf das Rad geflochten und starb in den Flammen des Scheiterhaufens. Dennoch war er zum Bahnbrecher einer neuen, wissenschaftlichen Weltsicht geworden.

Wissen ist Macht 33 Jahre nach Brunos Tod geriet ein anderer Italiener wegen seines naturwissenschaftlichen Weltbildes mit der Inquisition in Konflikt. Galileo Galilei (1564–1642) war Professor der Mathematik und Astronom. Er konstruierte sich ein Fernrohr und konnte damit viele bedeutende astronomische Entdeckungen machen. So wurde er zum überzeugten Verfechter der heliozentrischen Lehre des Kopernikus, weshalb ihn die Jesuiten vor Gericht brachten und die Inquisition von ihm den Widerruf seiner These verlangte, dass sich die Erde um die Sonne und ihre eigene Achse bewegt. Das Schicksal Brunos stand Galilei wohl noch deutlich vor Augen, sodass er sich dem Urteil des Inquisitionsgerichts unterwarf und widerrief. Aber er soll dabei in seinen Bart gemurmelt haben: „Und sie bewegt sich doch!" Auch in England zeigte sich, dass die Wissenschaft auf der Suche nach Erkenntnis neue Wege einschlug, weg von überkommenen Dogmen hin zur Beobachtung und zum Experiment. Protagonist dieser Entwicklung war Francis Bacon (1561–1626), der das Streben seiner Zeitgenossen nach Wissen und Macht in der zündenden Devise zusammenfasste: „Wissen ist Macht!"

Moderne Philosophie Unter dem Einfluss naturwissenschaftlichen Denkens nahm auch die Philosophie eine neue Richtung auf. Man begann an allem zu zweifeln und suchte nach einem sicheren Ausgangspunkt. Den fand der französische Philosoph René Descartes (1596–1650) in der Überlegung: wenn ich auch an allem zweifle, so kann ich doch nicht daran zweifeln, dass ich zweifle, und das heißt zugleich, dass ich denke. Und daraus folgerte er, wer denken kann, muss sein: „je pense, donc je suis" („cogito, ergo sum" – „ich denke, also bin ich.") Descartes arbeitete als Philosoph wie ein Forscher und Entdecker und gilt deshalb als Begründer der modernen Philosophie. Nicht lange nach Descartes Tod begann ein junger holländischer Philosoph von sich reden zu machen: Baruch de Spinoza (1612–1677). Aufsehen erregte vor allem seine Bibelkritik, mit der er auf viele Widersprüche des herrschenden Dogmas hinwies. Seine große Wirkung als Philosoph des Pantheismus entfaltete sich allerdings erst nach seinem Tod, nicht zuletzt in der deutschen Romantik.

Die entscheidende Klarstellung über das Verhältnis von Vernunft und Glaube vollzog schließlich Immanuel Kant (1724–1804) indem er mit seiner „Kritik der reinen Vernunft" die Grenzen der Erkenntnis auslotete und mit seiner „Kritik der praktischen Vernunft" zugleich das Tor für den Glauben wieder öffnete. Mit Kant erreichte die Aufklärung ihren Höhepunkt und mündete in der Devise: „Sapere aude! Habe Mut, dich deines eigenen Verstandes zu bedienen!"

Sollte nun die Vernunft allein die Welt regieren? Gegen diese Überbetonung wandte sich der französische Philosoph Henri Bergson (1859–1941). Er fand, dass gefühlsmäßiges Erfassen, Erleben und Verstehen mindestens ebenso wichtig sei und dass die Welt nicht nur naturwissenschaftlich gedeutet werden könne. Der Schlüsselbegriff seiner Philosophie war der „Èlan vital", eine Art „Lebensschwungkraft". Für Bergson ist alles Leben „schöpferische Entwicklung". Bergson hatte sich eingehend mit Spencer und Darwin befasst und war dabei auf eine andere Art der Welterklärung gestoßen.

Evolution

Herbert Spencer (1820–1903) war Ingenieur bei der britischen Eisenbahn und ein ideenreicher Erfinder. Als er 39 war, entschloss er sich, Privatgelehrter zu werden und sich ganz der Ausarbeitung seines „Systems der synthetischen Philosophie" zu widmen. Er war der Ansicht, die Philosophie hat die Aufgabe, die gegebenen Erscheinungen zu ordnen und sie bedarf dazu eines einheitlichen Prinzips. Für Spencer ist dies das Gesetz der Entwicklung. Entwicklung und Auslese sah Spencer nicht nur in der Biologie, sondern auch in der Geschichte, der Soziologie, Psychologie und Ethik. In seinem Essay „Die Entwicklungshypothese" beschrieb Spencer seine „Entwicklungsphilosophie" und prägte dabei die Begriffe vom „Kampf ums Dasein" („Struggle for life") und vom „Überleben der Tüchtigsten" („The Survival of the fittest"), die später durch den „Darwinismus" bekannt wurden.

Den Begriff der Evolution berühmt gemacht hat Spencers englischer Landsmann Charles Darwin (1809–1882). Darwin studierte Medizin und nahm als 22-Jähriger an einer Weltumseglung mit dem englischen Vermessungsschiff „Beagle" teil, die 5 Jahre dauerte. Neben reichem Material an Fossilien, Tieren und Pflanzen brachte er auch eine Evolutionstheorie nachhause. Der Gedanke der Entwicklung lag zu jener Zeit gleichsam in der Luft. Aber zur Bedeutung im wissenschaftlichen Denken gelangte er erst durch Charles Darwin. Seine Hauptwerke „On the Origin of Species" („Über den Ursprung der Arten durch natürliche Auslese", 1859) und „The Descent of Men" („Die Abstammung des Menschen und die geschlechtliche Zuchtwahl", 1871) beeinflussten nicht nur die Biologie, sondern auch die Geisteswissenschaften nachhaltig. Darwin geht von einer gemeinsamen Abstammung und allmählichen Entwicklung aller Arten aus. Die Lebewesen, die sich den Umweltbedingungen am besten anpassen, haben die größten Überlebenschancen (Selektionstheorie). Damit war die christliche Schöpfungslehre erschüttert, was erbitterte Reaktionen dogmentreuer Christen hervorrief. Dennoch war der „Darwinismus" bald in aller Munde, wurde lebhaft diskutiert und fand seinen Niederschlag in der volkstümlich verkürzten Aussage „Der Mensch stammt vom Affen ab" (was in dieser Form natürlich nicht stimmt).

Evolutionäre Ethik Nach dem Zweiten Weltkrieg war es unter anderen der Philosoph Ernst R. Sandvoss (*1929) der sich mit der Evolutionsphilosophie beschäftigte, auch unter dem besonderen Aspekt der Ethik. („Ethik im globalen Zeitalter", 1999) Sandvoss ist ein überzeugter Verfechter moderner Technologien wie Kernenergie, Biotechnologie und besonders der Raumfahrt, in der er für die Menschheit die einzige weiterführende Sinnperspektive sieht. Sein Ethik-Konzept orientiert sich vor allem an den Naturwissenschaften und der Evolution, am Werdegang des Menschen und glaubt dementsprechend an die Weiterentwicklung der Menschheit.

Fortschritt des Menschengeschlechts Unter diesem Aspekt evolutionärer Weiterentwicklung gewinnt die Zukunftsbetrachtung neue Konturen. Schon Kant stellte sich die Frage, ob das menschliche Geschlecht im beständigen Fortschreiten zum Besseren sei und er beantwortete sie positiv. Er meinte, es habe immer einen Fortschritt zum Besseren gegeben und es werde auch fernerhin so fortgehen. Goethe, Schiller, Lessing und Beethoven stimmten ihm zu, bestärkt durch ihr Natur- und Geschichtsverständnis. Unserer Generation mag es schwerer fallen, an einen Fortschritt der Menschheit in moralischer Hinsicht zu glauben, angesichts des Holocaust und der Kriegsverbrechen im vergangenen Jahrhundert und mit Blick auf das organisierte Verbrechen, terroristische Gewalttaten, und die kriegerischen Konflikte in unseren Tagen. Dennoch kann man auch voller Hoffnung feststellen, dass Freiheitswille, Verständigungs- und Friedensbereitschaft zugenommen haben, dass Menschenrechte und Menschenwürde von mehr Menschen geachtet werden als früher. Aber das alles ist im Hinblick auf die fortschreitende Globalisierung eher ein Anfang als ein ausreichendes Niveau.

Auch Sandvoss sieht in seiner evolutionären Ethik den Menschen auf einem Weg nach oben: Sein Weg führt ihn vom Aberglauben zum Glauben, vom Glauben zum Wissen, vom Wissen zur Weisheit, von der Weisheit zur Voraussicht, von der Voraussicht zur Steuerung (Kybernetik). Wenn der Mensch sein Erbe (seine Talente) nicht verspielt, wird ihn dieser Weg von einer Stufe der Kreativität zur nächsten führen. Und mit dem Weltverständnis wächst die Selbsterkenntnis, mit dem Weltbewusstsein das Selbstbewusstsein und mit diesem das Wertbewusstsein. Im Zentrum der Ethik stand bei den frühen griechischen Philosophen der Kosmos, bei Sokrates der Mensch, bei den monotheistischen Religionen Gott, in der Renaissance dann wieder der Mensch und im Zeitalter der Raumfahrt wieder der Kosmos. Man könnte in dieser Entwicklung einen Kreislauf sehen, aber vielleicht ist es eher eine Spirale, die auf eine höhere Ebene und zu einem neuen Anfang führt. *Ein Weg nach oben*

Wenn sich Moral und ethische Grundsätze fortentwickeln und wir dabei als autonome Individuen zu einem guten Teil selbst bestimmen, in welche Richtung die Entwicklung gehen soll, so müssen wir uns darüber klar werden, was wir in der individuellen Lebensführung und im gesellschaftlichen Bereich verändern können und verändern wollen. Gibt es für unsere Kultur ein unverzichtbares Grundgerüst an Werten und Grundsätzen und welche Anpassung erfordert andererseits die durch Technik und Wissenschaft veränderte Welt? *Entscheidung über den Weg*

Die Evolution erklärt, wie wir geworden sind, aber sie lässt die Frage offen, wie es weiter geht, wohin wir uns weiter entwickeln. Betrachtet man diese Frage unter dem Blickwinkel der Anthropologen und Paläontologen, so eröffnet sich eine noch unvergleichbar größere Dimension. Dann muss uns klar sein, dass unsere Spezies des Homo Sapiens nur eine unter vielen Arten ist. Arten entstehen und Arten sterben aus, die Lebensdauer von Wirbeltier-Arten wird heute auf zwei Millionen Jahre geschätzt. Es kann also durchaus sein, dass der Homo sapiens ausstirbt und die Welt wird dann ohne uns weitergehen, so viel ist sicher. Sicher ist auch, dass das nicht in begreifbarer Zukunft vor *Eine größere Dimension* sich gehen wird. Wir können also weiterhin von der Vorstellung ausgehen, dass wir zu einem bestimmten Zweck existieren, wir also kein reines Zufallsprodukt, keine Laune der Natur sind. Und wir können uns vorstellen, dass „die Merkmale des Menschlichen - Bewusstsein, Mitgefühl, Moral und Sprache – in unserer Geschichte nach und nach als Ergebnisse des Evolutionsprozesses entstanden", wie es der Anthropologe Richard Lekey ausdrückt. Unter diesem Aspekt macht es durchaus Sinn, wenn wir uns auch weiterhin Gedanken über die Zukunft der Menschheit machen.

Historiker und Kulturphilosophen

Lehren der Vergangenheit

Den Historikern geht es darum, die Ereignisse der Vergangenheit festzuhalten und der Nachwelt zu überliefern. Historiker sind aber nicht nur Chronisten, sie sind auch Interpreten. Die Auswahl der Ereignisse, die Art wie sie sie darstellen, die Zusammenhänge, die sie aufzeigen, ergeben ein bestimmtes Bild der Vergangenheit das durchaus unterschiedlich sein kann und auf das Verständnis der Gegenwart einwirkt, ebenso wie auf die Erwartungen, die der Zukunft entgegengebracht werden. So haben bedeutende Historiker auch immer direkt oder indirekt zu der Frage Stellung genommen, was kann uns die Vergangenheit für die Zukunft lehren? Folgt die Geschichte einer bestimmten Entwicklung, einem erkennbaren Muster, das sich aus der Vergangenheit ergibt?

Hegels Weltgeist

Noch einen Schritt weiter waren einige Philosophen gegangen, die davon überzeugt waren, dass der Lauf der Geschichte vorgezeichnet ist. Es war vor allem Hegel, wie wir gesehen haben, der verkündete, dass es der „Weltgeist" ist, der sich der Geschichte bedient mit dem Ziel, sich mehr und mehr selbst zu entfalten und zu verwirklichen. Wir Menschen, die Kleinen wie die Mächtigen, sind dabei nur Werkzeuge in der Hand des Weltgeistes, mit denen er sich seinen Weg in die Zukunft bahnt.

Marx' Revolution

Ein Schüler Hegels, Karl Marx, folgte dessen Spur, auch er meinte, dass die Geschichte Sinn und Ziel hat. Auch davon war schon die Rede. Für Marx war es allerdings nicht der Weltgeist, der den Verlauf der Geschichte bestimmte, sondern der arbeitende Mensch. Die Zukunft war für ihn nicht in einer Weise vorbestimmt, die wir nicht wissen können, sondern für Marx war die Zukunft wissenschaftlich erfassbar und berechenbar. Damit hatte er, wie er meinte, Hegel vom Kopf auf die Füße gestellt. Und die Zukunft, die Marx berechnet hatte, sah so aus, dass sich die Proletarier aller Länder zur Revolution vereinigen und die bestehenden Herrschaftsstrukturen, einschließlich des Staates, hinwegfegen. Jeder bekommt dann das, was er braucht und jeder braucht nur das zu tun, wozu er Lust hat.

Ganz anders dachten die berühmten Historiker der Neuzeit, die sich im 19. Jahrhundert bemühten, Geschichtsschreibung mit wissenschaftlicher Exaktheit zu betreiben. Als Begründer des „Historismus", der modernen Geschichtswissenschaft, gilt Leopold von Ranke (1795–1886). Sein Ziel war absolute Objektivität, dementsprechend hatte er mit Zukunftsvisionen auch nichts im Sinn. Auch der berühmte Schweizer Kulturhistoriker Jacob Burckhardt (1818–1897) wandte sich in seinen „weltgeschichtlichen Betrachtungen" gegen die „kecke" Auffassung Hegels von einem „Weltplan". Für Burckhardt war es ausschließlich die Natur des Menschen, die auf den Geschichtsprozess einwirkt und ein Ziel des Daseins und der Geschichte blieb für ihn rätselhaft. Ebenso folgte Theodor Mommsen (1817–1903) der modernen Richtung, er hatte sich ohnehin auf die Antike spezialisiert und mit seiner „römischen Geschichte" den Nobelpreis für Literatur gewonnen.

Objektive Geschichtsschreibung (Ranke, Mommsen)

Große Wirkung erlangte auch Leopold von Rankes Nachfolger auf dessen Lehrstuhl an der Berliner Universität, Heinrich von Treitschke (1834–1896), der allerdings der Auffassung war, bei aller Objektivität habe der Historiker doch auch eine tagespolitische Aufgabe zu erfüllen. Sein Bild von der deutschen Geschichte, das er in fünf voluminösen Bänden aufzeichnete und mit dem er die herausragende Stellung Preußens rechtfertigte, wirkte auf den Zeitgeist und damit auch auf die Zukunft ein. Treitschke lieferte auch ein Beispiel dafür, wie Missverständnisse große Wirkungen ausüben können. Er gilt als der Urheber des Schlagwortes „Die Juden sind unser Unglück!", das später unter der Naziherrschaft so viel schreckliches Unheil anrichtete. Dabei war Treitschke gar kein Antisemit in dem Sinne, wie man es heute versteht. Er war nicht gegen die jüdische „Rasse", sondern gegen eine Parallelgesellschaft mit jüdischer Kultur. Juden, die sich taufen ließen, die, wie wir heute sagen würden, sich integrierten und assimilierten, waren für Treitschke ebenso gute Deutsche, wie jeder andere. Für Treitschke war das Ziel der Geschichte der moderne Nationalstaat mit christlicher Tradition.

Politische Geschichtsschreibung (Treitschke)

Die letzten Tage der Menschheit
(Karl Kraus)

Dann kam der Erste Weltkrieg und anschließend war man damit beschäftigt, die Schrecken aufzuarbeiten, die er hinterlassen hatte. Einer der Fackelträger dieser Aufarbeitung war der Wiener Essayist Karl Kraus (1874–1936). Er hatte eine eigene Zeitschrift, „Die Fackel", gegründet, schrieb Artikel und Bühnenstücke und war als scharfzüngiger Zeitkritiker berühmt. Für die Aufarbeitung des Ersten Weltkrieges, seine Ursachen, seine Schrecknisse und seine Folgen, wählte er die Form der „Realsatire". Er fügte Tausende von Zitaten in einer Szenenfolge zusammen. So entstand eine Tragödie, die 5 Akte und 200 Szenen umfasste und als Bühnenstück immer nur auszugsweise und nie im Ganzen aufgeführt werden konnte. Er nannte sein Werk „Die letzten Tage der Menschheit", denn das war es, was die Ereignisse, die er schilderte, für ihn bedeuteten. In seinem Pessimismus fühlte er sich vollends bestätigt, als in Deutschland die Nationalsozialisten an die Macht kamen. Kraus, ein Jude, konnte sich auch in Österreich nicht mehr sicher fühlen. Doch das Ende der österreichischen Republik erlebte er nicht mehr. 1936 erlag er im Alter von 62 Jahren einem Schlaganfall.

Die Krisis der europäischen Seele
(Egon Friedell)

In ähnlicher Weise wie Kraus sah sein Freund Egon Friedell (1878–1938), ebenfalls ein Wiener Jude, in die Zukunft. Friedell war berühmt, ob seiner Talente und seiner Vielseitigkeit. Er war Schriftsteller, Kulturphilosoph, Schauspieler und Dramatiker. Sein vielseitiges Wirken brachte ihm den Ruf eines „genialen Dilettanten" ein. Friedell flüchtete sich schließlich in die Vergangenheit .und die Werke, die er dabei schuf, machten ihn zu Recht berühmt. 1931 erschien seine „Kulturgeschichte der Neuzeit", in der er in scharfsinniger, essayistischer Weise „die Krisis der europäischen Seele von der schwarzen Pest bis zum Ersten Weltkrieg" schilderte. 1936 folgte seine „Kulturgeschichte des Altertums". Als 1938 dann der Anschluss Österreichs an das Deutsche Reich erfolgte, holte ihn die Gegenwart ein. Friedell, der das Hitlerregime „Das Reich des Antichrist" genannt hatte, musste mit dem Schlimmsten rechnen. Als im März 1938 zwei SA-Männer vor seiner Tür standen und er seine Verhaftung erwartete, stürzte er sich aus dem Fenster seiner im dritten Stock gelegenen Wohnung. Vorher soll er noch den Passanten zugerufen haben: „Treten Sie zur Seite!" Dann schlug er auf und starb. Er war 60 Jahre alt geworden.

Zukunftsbewusstsein
(Karl Jaspers)

Mit „Ursprung und Ziel der Geschichte" befasste sich nach dem Zweiten Weltkrieg ein anderer Gelehrter, der Philosoph Karl Jaspers (1883–1969). Er stellte in seinem 1955 mit diesem Titel erschienen Buch unser Geschichtswissen erst einmal in einen größeren Rahmen

138

und rückte die Relationen zurecht: „Angesichts der Erdgeschichte (etwa in der Größenordnung von 2 Milliarden Jahren), angesichts der viel kürzeren Geschichte des Lebens auf der Erde (etwa in der Größenordnung von einer halben Milliarde Jahren)" bilden „die fünftausend Jahre der uns sichtbaren Geschichte nur eine winzige Teilstrecke innerhalb des unabsehbar währenden menschlichen Daseins" und schon gar angesichts der „Unermesslichkeit der Zukunft." Im Laufe der erkennbaren Menschheitsgeschichte hat Karl Jaspers dann den Punkt ausgemacht, den er die Achsenzeit nannte, eine „Zeit des Erwachens", von der bereits die Rede war. Jaspers glaubt, dass die Menschheit einen einzigen Ursprung und ein Ziel hat, die wir beide nicht kennen. Auf dem Geschichtsbewusstsein baut sich ein Zukunftsbewusstsein auf, meint Jaspers. „Aber die Zukunft kann nicht erforscht werden. Erforschbar ist nur, was Realität hat, was also schon geschehen ist. Doch die Zukunft liegt in Vergangenheit und Gegenwart verborgen, wir sehen und erdenken sie in realen Möglichkeiten. In der Tat trägt uns jederzeit ein Zukunftsbewusstsein". Jaspers hat auch ein Ziel dieses Zukunftsbewusstseins ausgemacht: es ist die Freiheit, dieses „einzige, gemeinsame Gut, … ohne das der Mensch aufhören würde, Mensch zu sein."

Bei der Frage, wie die Zukunft aussehen sollte, kam Jaspers zu der Lösung, es müsste eine gerechte Weltordnung gefunden werden, die sich in einem Weltstaat manifestiert, in dem zugleich das Ziel der Freiheit erreicht wird. Der Sozialismus will dies mit einer auf Gleichheit beruhenden Massenorganisation der Lebens- und Arbeitswelt erreichen. Entscheidend ist, ob er sich im Besitz des Totalwissens vom Lauf der Geschichte dünkt, sodass seine Totalplanung in Diktatur umschlagen wird, oder ob er seine Idee schrittweise im Miteinander einer freien Demokratie umsetzen will, meint Jaspers. Im 20. Jahrhundert ist erstmals die Einheit der Welt faktisch möglich, doch auch hier ist entscheidend, ob sie als Weltimperium mit Gewalt erzwungen werden soll, oder als Weltordnung aufgrund gemeinsamer freier Beschlüsse. Mit der Idee vom Weltstaat war Jaspers nicht der Erste. H. G. Wells hatte in seiner „kurzen Geschichte der Welt" schon dafür geworben, ebenso wie Arnold Toynbee und Will Durant und später auch Küng und Höffe, die von einem Weltethos sprachen.

Die Lösung: Ein Weltstaat

Ob es je dahin kommen wird, können wir nur hoffen, aber wir können es nicht wissen. Im Gegensatz zu Hegel und Marx waren die meisten Historiker und Philosophen davon überzeugt, dass wir nicht wissen können, was die Zukunft bringt, so wie Karl Popper oder Ludwig von

Die Zukunft ist offen

Mises (1881–1973), der es so ausgedrückt hat: Was die Zukunft birgt, wird uns immer unbekannt bleiben, es kann gar nicht anders sein. Wüssten wir im Voraus, was die Zukunft bringt, könnten wir nicht mehr handeln. In diesem Sinne, dass er zu handeln und zu wählen hat, ist der Mensch frei. Unfrei ist er insofern, als sein Handeln einer unentrinnbaren Verknüpfung von Mittel und Zweck unterliegt.

Zukunft braucht Herkunft

Die Zukunft ist offen, aber wie wir ihr begegnen, liegt in unserer Hand. Lassen wir uns fortreißen vom Strudel immer rascher auf uns einstürmender Veränderungen oder gehen wir dem Neuen entgegen gestützt auf das bewährte Alte? Der Philosoph Odo Marquard (1928–2015) hat darüber nachgedacht und sich die Frage gestellt: „wie ist Neues überhaupt möglich?" und kommt zu dem Schluss: nicht ohne das Alte. Dass sich die moderne Welt so rasch verändert, erzeugt Unbehagen, denn für zu viel Veränderung ist das Menschenleben zu kurz. Die knappste unter allen knappen Ressourcen ist unsere Lebenszeit. Wir haben einfach nicht die Zeit, die meisten Dinge unseres Lebens neu zu regeln. Darum müssen wir herkömmlich leben, müssen überwiegend das bleiben, was wir schon waren: Zukunft braucht Herkunft. Die moderne Welt ist schnell, aber die Menschen sind langsam. Um diese Spannung auszuhalten, müssen wir uns die Möglichkeit bewahren, langsam zu leben. Dabei hilft uns unser historischer Sinn für Kontinuitäten, für Kunst, Kultur und Traditionen, für Institutionen wie die Familie. Gerade der langsame Mensch ist so der schnellen Welt gewachsen. Die neue Welt braucht die alten Fertigkeiten. Menschlichkeit ohne Modernität ist lahm; Modernität ohne Menschlichkeit ist kalt.

Zukunftsforscher

Die Historiker wollten die Welt aus der Vergangenheit heraus erklären. Die Visionäre hielten sich nicht mit der Vergangenheit auf, sondern entwickelten ideale Vorstellungen für die Zukunft, meist ohne Rücksicht auf die Realisierbarkeit. Es gab aber auch Leute, die sich der Zukunft mit wissenschaftlicher Attitude näherten, Trends erforschten und daraus Erkenntnisse für die Zukunft ableiteten.

Die Schwerpunkte der Zukunftsforschung und mit ihnen die Vorhersagen der Forscher wechselten, weil sich die Vielfalt des Lebens offenbar nicht von den Forschungsergebnissen beeindrucken ließ, sondern immer wieder für Überraschungen und Trendwenden sorgte. Angefangen hatte es schon im 19. Jahrhundert mit dem Problem des Bevölkerungswachstums. Nach dem Zweiten Weltkrieg ging es dann um wechselnde Probleme der Arbeitszeit, der Energieversorgung und der Rohstoffversorgung, des technischen Fortschritts, vor allem repräsentiert durch die Informationstechnologie, und mündete schließlich in dem umfassenden Problem des Klimawandels.

Zukunfts-
probleme

Demographische Entwicklung

Der Erste, der sich mit – zeitgemäßen – wissenschaftlichen Methoden der Zukunftsbetrachtung zuwandte, war der Engländer Thomas Robert Malthus (1766–1834). Er verdiente seinen Lebensunterhalt zunächst als anglikanischer Pfarrer, später als Professor für Geschichte und Nationalökonomie. Mit dem führenden Nationalökonomen seiner Zeit, David Ricardo, verbanden ihn freundschaftliche Beziehungen. Bei der stürmischen Entwicklung, die die Industrie und das Bevölkerungswachstum damals nahmen, fragte sich Malthus, wie das weitergehen sollte. Würde die Nahrungs- und Rohstoffbasis künftig noch ausreichen, um die rasch wachsende Bevölkerung zu ernähren? Malthus war sich sicher, dass ein schwerwiegendes Missverhältnis

Malthus
(1766–1834)

zwischen Bevölkerungswachstum und Nahrungsmittelproduktion bestand, und er glaubte, dieses Verhältnis sogar mit mathematischer Genauigkeit umreißen zu können.

Eine düstere Prognose Seine These lautete: Die Menschen vermehren sich in geometrischer Progression, die Lebensmittel nehmen aber nur in arithmetischer Progression zu. So musste ein Zeitpunkt kommen, an dem nicht mehr genug Nahrungsmittel zur Verfügung stehen, um die Bevölkerung zu ernähren, es sei denn die Zahl der Menschen würde durch Kriege und Katastrophen reduziert, oder durch Geburtenkontrolle. Die Theorie von Malthus wurde viel diskutiert, sie schwebte lange Zeit wie ein Damoklesschwert über der Geschichtsbetrachtung. Die Weltbevölkerung wuchs weiterhin explosionsartig an, darin hatte Malthus Recht behalten. Was er unterschätzt hatte, war der Fortschritt in Technik und Wissenschaft, durch den auch die Nahrungsmittelproduktion stärker anwuchs. Die von Malthus befürchtete Katastrophe ist bis heute nicht eingetreten, die Bedrohung bleibt uns aber, wenn auch teils in anderer Form, erhalten.

Futurologie als Wissenschaft

Futurologie Der Begriff „Futurologie" , Wissenschaft von der Zukunft, kam erst später auf und ist wahrscheinlich auf den Politologen Ossip K. Flechtheim (1909–1998) zurückzuführen, der ihn als erster verwendet haben soll. In der Zeit nach dem 2. Weltkrieg war die Futurologie eine aufblühende Wissenschaft und wurde viel diskutiert. Inzwischen ist es aber wieder stiller um sie geworden. Offenbar werden festgestellte Trends doch immer wieder zu sehr durch unvorhergesehene Innovationen gestört, man denke nur an die Informationstechnik. Gleichwohl lohnt es sich, einen Blick auf die Pioniere der Futurologie zu werfen.

Fourastié (1907–1990) Einer der ersten Wissenschaftler, die sich nach dem Zweiten Weltkrieg mit der Frage beschäftigten, wie wohl die Zukunft aussehen würde, war der Franzose Jean Fourastié (1907–1990). Fourastié, der Jura und Staatswissenschaften studiert hatte, übernahm 1959 den Lehrstuhl für industrielle Statistik an der wirtschaftswissenschaftlichen Fakultät des Conservatoire National des Arts et Métiers in Paris. Er war besonders fasziniert von der sich ständig steigernden Produktivität der industriellen Produktion und folgerte daraus, die Menschen werden in Zukunft immer weniger arbeiten müssen, um ihren Lebensunterhalt zu bestreiten, und damit zugleich immer mehr Freizeit zur Verfügung haben. Er fing an zu rechnen und kam zu dem Ergebnis, dass 30 Stunden pro Woche und 40 Wochen im Jahr Arbeitszeit pro Erwerbstätigen im Durchschnitt ausreichen müssten.

Darüber schrieb er ein Buch, das 1966 erschien und ein Bestseller wurde. Er gab ihm den Titel „Die 40.000 Stunden" und meinte damit, mehr als 40.000 Stunden werde der Mensch künftig während seines ganzen Lebens nicht zu arbeiten brauchen. Welche Auswirkung würde diese Arbeitszeitverkürzung für unsere Gesellschaft haben? Fourastié malte sich den künftigen Lebensstandard und die mögliche Lebensweise aus. 1985 würde das größte Problem der Menschen vor allem die Freizeitgestaltung sein. Fourastié war Sozialist, das Ziel des wahren Sozialismus bedeutete für ihn das Glück des Durchschnittsmenschen in einer klassenlosen Gesellschaft. In dieser Zukunftsgesellschaft wird dem Menschen ein biologisch vollständiges Leben zuteil werden, eine Ehe wird durchschnittlich 45 Jahre dauern und das Leben wird nach 30 Jahren Ausbildung und 30 Jahren Arbeit um weitere 30 Jahre Ruhestand erweitert. Der Mensch von morgen, der weitgehend ohne Lebenskampf leben kann, ist allerdings gezwungen, für sich selbst individuelle Lebensmotive zu finden, meinte Fourastié. Bei gehobenem Lebensstandard hat er vor allem das Problem, seine Freizeit zu bewältigen. In noch fernerer Zukunft, im 21. Jahrhundert, werde sich die Menschheit noch stärker wandeln. Besonders die Familie und die Rolle der Frau werden sich verändern, prognostizierte Fourastié. Die Familie werde in Zukunft höchstens 2–3 Kinder umfassen, die Frauen werden vermehrt berufstätig sein und damit zugleich stärker belastet werden. Das Ehepaar von morgen hat zwei wichtige Funktionen: Die Erziehung der Kinder und die Lebensgestaltung des alten Menschen. Die Welt der 40.000 Stunden wird allerdings auch noch mehr als unsere heutige Schönheit, Liebe und Träume brauchen und dazu meint Fourastié: „Wenn die Frau dem Mann auf diesen Gebieten nicht überlegen ist, was bleibt dann noch von der Weiblichkeit?"

40.000 Stunden

Wirtschaftsprognosen

Neben den eher visionär anmutenden Voraussagen der Futurologen hatten sich inzwischen auch wissenschaftlich fundierte Institute etabliert, die sich mit Prognosen zur wirtschaftlichen Entwicklung von

Wirtschaftliche Entwicklung

Unternehmen, Branchen und Volkswirtschaften befassten. Herausragendes Beispiel dafür ist die Prognos AG in Basel, die 1959 durch die Universität Basel ins Leben gerufen wurde, später mehrfach den Besitzer wechselte und inzwischen mehrere Büros in Deutschland und in Brüssel unterhält. Ihre Reporte fanden immer große Beachtung, besonders in Krisenzeiten.

Tendenz-
wende

Nach 25 Jahren „Wirtschaftswunder" geriet die Bundesrepublik Deutschland 1974/75 zum ersten Mal in eine Krise. Der damalige Vorstandsvorsitzende der Prognos AG in Basel, Dr. Peter G. Rogge, untersuchte die Ursachen der Rezession in seinem Buch „Tendenzwende – Wirtschaft nach Wachstum und Wunder" (1975) und mahnte Strukturveränderungen an, die von Unternehmensmanagern wie vom Staat zu fordern waren. Er verwies auf die Kluft, die zwischen Ansprüchen und Möglichkeiten, besonders durch überhöhte Lohnforderungen, entstanden waren und die sich weiter zu öffnen drohte, wenn nicht gegengesteuert würde.

Arbeitszeit-
verkürzung

Mit dem Stichwort „Arbeitszeitverkürzung", von dem schon Fourastié gesprochen hatte, war eine Debatte in Gang gekommen, die sich in den folgenden Jahren verstärkt fortsetzte. Besonders die Gewerkschaften griffen das Thema auf mit dem Ziel, die Arbeitszeit immer weiter zu verkürzen. Sie meinten, damit auch ein Allheilmittel gegen die inzwischen aufgekommene Arbeitslosigkeit gefunden zu haben, mit der Begründung, wenn nicht alle Arbeitswilligen Arbeit finden, gibt es offenbar zu wenig Arbeit und man muss das vorhandene Quantum besser verteilen.

Geht uns
die Arbeit
aus?

Gegen diesen Irrglauben wurden natürlich auch Einwände erhoben. So zum Beispiel von Walter Rogge und Heik Afheldt, die 1983 in einem Buch fragten „Geht uns die Arbeit aus?". Die Frage war natürlich nur rhetorisch gemeint, denn ihre Antwort lautete: Arbeit gibt es genug, solange Menschen Wünsche haben. Das Problem liegt im Preis, der für die Arbeit gefordert wird. Ist er zu hoch, und kann von den Nachfragern nach Arbeit nicht verkraftet werden, bleibt ein Teil der angebotenen Arbeit ohne Nachfrage, es entsteht Arbeitslosigkeit.

Wandel der
Arbeitswelt

Abgesehen von der mengenmäßigen Betrachtung, gab es auch noch Spekulationen über die qualitativen Veränderungen in der Arbeitswelt. Der traditionelle Idealtyp des Arbeitnehmers, der 45 Jahre lang bei der gleichen Firma arbeitet, und die Struktur der Erwerbstätigkeit, die vor allem auf festen Arbeitsverhältnissen beruht, werden sich ändern. In der Zukunft werden Arbeitnehmer häufiger wechseln, vielleicht mehr als einen Job gleichzeitig auf sich nehmen müssen, dafür auch eine größere Freizügigkeit in Anspruch nehmen können.

Anlässlich ihres 25-jährigen Bestehens, gab die Prognos AG einen Überblick über ihre bisherige Arbeit und wagte Ausblicke in die Zukunft. „Bilder einer Welt von morgen" nannte sie ihren 1985 erschienen Bericht. Viele Entwicklungen für den Beginn des neuen Jahrtausends scheinen ihr bereits vorgezeichnet: Ein Rückgang der Einwohnerzahl, eine steigende Alterslast-Quote, die schrumpfende Zahl an Erwerbspersonen, die Veränderung der Arbeitswelt, neue Technologien und Umwelt-Engpässe. In den sogenannten „reifen Industrieländern" dominieren die negativen Perspektiven, weil gegenwärtige Problemfelder einfach als künftige Engpässe fortgeschrieben werden, wie zum Beispiel im Bericht des „Club of Rome" und in „Global 2000". Demgegenüber fordert die Prognos AG „reale Utopien", Modelle, die die neuen technischen und ökonomischen Möglichkeiten, Innovationen und Imaginationen, nutzen. **Zukunfts-bilder**

Gesellschaftliche Entwicklung

In den 1960er-Jahren waren die Zukunftsforscher besonders aktiv, sie waren gesuchte Vortragsredner, veranstalteten Kongresse und bildeten Arbeitsgruppen, so die „Kommission für das Jahr 2000". Einer der Initiatoren der Futurologen-Zunft war Robert Jungk (1913–1994) Jungk wurde 1913 als Robert Baum in Berlin geboren. Er entstammte einer jüdischen Künstlerfamilie, studierte Philosophie und war in der sozialistischen Jugendbewegung aktiv. 1933, nach der Machtübernahme durch die Nationalsozialisten, ging er in die Emigration nach Paris und später nach Prag. Während der Kriegsjahre war er in Zürich als Journalist tätig. 1948 ging er als Korrespondent nach den USA und fand dort mit der Zukunftsforschung das Thema seines Lebens. 1952 erschien dazu sein erstes Buch: „Die Zukunft hat schon begonnen. Entmenschlichung – Gefahr unserer Zivilisation." Jungk war auch in der Friedensbewegung und als Atomkraftgegner aktiv. „Heller als tausend Sonnen – Das Schicksal der Atomforscher" schrieb er 1956. **Robert Jungk (1913–1994**

Die Zukunftsforscher hatten damals zwei Zeitpunkte im Blickfeld: 1985 und 2000, die Jahrtausendwende. Den Stand der Zukunftsforschung dokumentierte 1966 ein Sammelband mit dem Titel „Unsere **Kommission der Zukunfts-forscher**

Welt 1985", zu dem Robert Jungk den einleitenden Essay schrieb. Inzwischen hatte sich eine „Kommission für das Jahr 2000" gebildet, die sich in Arbeitsgruppen mit den Zukunftsproblemen in den verschiedenen Lebensbereichen befasste. Die Kommission legte 1967 unter dem Titel „Der Weg ins Jahr 2000" einen Bericht vor, den Robert Jungk als Herausgeber zusammengestellt hatte. Darin wird auch das weite Feld des Fortschritts in Technik und Wissenschaft abgesteckt und es ist erstaunlich mit welcher Treffsicherheit die Schwerpunkte der Entwicklung angesprochen wurden, zum Beispiel hinsichtlich der Datenverarbeitung oder der Humanmedizin. 1973 lieferte Jungk dann mit seinem „Bericht aus den Werkstätten der neuen Gesellschaft" unter dem Titel „Der Jahrtausendmensch" erneut ein Bild der Zukunft, wie er es sah.

Der Zukunftsschock

Ein weiterer Zukunftsforscher, der sich damals zu Wort meldete und Aufsehen erregte, war der Amerikaner Alvin Toffler (*1928 in New York), ein Journalist, der sich besonders mit der „digitalen Revolution" und der „Informationsüberflutung" beschäftigt hatte. Sein Buch „Der Zukunftsschock" (1970) erregte Aufsehen und das war seine These: Es ist nicht so sehr der Umfang und die Richtung der Veränderungen, die uns zu schaffen machen, sondern es ist das zunehmende Tempo, mit der sie sich vollziehen und das einen „Zukunftsschock" auslöst. Der Beschleunigungsschub der Veränderungen ist so stark, dass unsere Phantasie nicht mehr mit ihnen Schritt halten kann. „Um überleben zu können, … muss der Mensch anpassungsfähiger und beweglicher werden als je zuvor", meint Toffler. Das Verhältnis zu den Dingen verändert sich, in der Wegwerf-Gesellschaft mit ihren rasch wechselnden Moden, ihren schrumpfenden Entfernungen und ihrer wachsenden Mobilität verändert sich auch das Verhältnis der Menschen zueinander, ihre Beziehungen werden unverbindlicher und wechseln rascher. Besonders gravierende Veränderungen sieht Toffler für das Arbeitsleben und die Familie vorher. Feste Arbeitsverhältnisse werden zunehmend in den Hintergrund treten, dominieren wird die „Heimarbeit", bei der die Menschen ihre Erwerbstätigkeit von zuhause aus erledigen. Die klassische Familienform mit erwerbstätigem Vater,.Hausfrau und Kindern, wird kaum mehr eine Rolle spielen, sondern wird ersetzt durch vielfältige neue Formen, vom Single über Alleinerziehende bis zur zeitlich gestaffelten Ehe, zur „Aggregatsfamilie" (was wir heute Patchwork-Familie nennen) und zur Homoehe.

Die Zukunftschance

Zehn Jahre später baute Toffler sein Bild von der Zukunft weiter aus, diesmal etwas optimistischer. Sein neues Buch nannte er „Die Zukunftschance"(1980). Unsere Zivilisation, meinte Toffler, hat sich in

146

„Wellen" entwickelt. Die erste Welle vor rund 10 000 Jahren begründete die Agrargesellschaft mit Selbstversorgung und genau definierter Arbeitsteilung. Mit der zweiten Welle im 17. Jahrhundert begann eine revolutionäre Veränderung, hin zur Industriegesellschaft, die sich immer stärker spezialisierte. Nun, am Ende des 2. Jahrtausends, hat die dritte Welle begonnen, die uns die Möglichkeiten zu einer humaneren Gesellschaft mit neuen Wertvorstellungen und neuen Formen des Zusammenlebens bietet. Darin liegt unsere Zukunftschance. „Der entscheidende politische Konflikt unserer Tage spielt sich nicht zwischen reich und arm, zwischen herrschender und beherrschter ethnischer Gruppe, oder gar zwischen Kapitalisten und Kommunisten ab, sondern zwischen denen, die die Industriegesellschaft stützen und erhalten wollen, und denen, die bereit sind, sie hinter sich zu lassen", meint Toffler. Das eine Lager, angeführt von unseren strukturell und ideologisch veralteten politischen Parteien, gehört der zweiten Welle an. Die Vorkämpfer der dritten Welle hingegen setzen sich für eine Demokratie der Minderheiten ein, für mehr direkte Demokratie, für Transnationalismus und eine Entzerrung der Macht, für sie hat die Ökologie Priorität und sie wollen die Weltwirtschaft gerechter machen, meint Toffler.

Der „Kommission für das Jahr 2000"gehörte auch der Amerikaner **Kahn** Herman Kahn an. Er wuchs als Kind einer jüdischen Familie im Stadt-**(1922–1983)** teil Bronx von New York City auf, studierte an der Universität von Kalifornien in Los Angeles Physik und nahm als Soldat der US-Army am zweiten Weltkrieg teil. Nach dem Krieg war er Mitarbeiter eines „Think tanks" und wirkte an der Entwicklung der Wasserstoffbombe unter Edward Teller mit. Kahn entwickelte Theorien und Strategien zum Kalten Krieg, der damals das beherrschende Thema war. Kahn, der durch seinen analytischen Scharfblick und nicht zuletzt auch durch seine Leibesfülle imponierte, gründete 1961 zusammen mit Max Singer eine eigene Forschungsstätte, das Hudson Institut, das sich besonders der Politikforschung widmete und sich gegen den Pessimismus linksorientierter Zukunftsforscher wandte. Seine optimistische Sicht der Zukunft legte er 1971 in seinem Buch „Ihr werdet es erleben" dar. Kahn verweist bereits damals auf die Möglichkeiten von Suchmaschinen , um die erfassten Daten aufzubereiten und auch auf die Möglichkeiten, Gespräche abzuhören, aufzuzeichnen und auszuwerten. „Man wird eigene Gesetze aufstellen müssen, um diese neuen Möglichkeiten … zu regeln", meint Kahn.

1982 befasste sich Kahn speziell mit Deutschland in seinem Buch „Die **Die Zukunft** Zukunft Deutschlands – Niedergang oder neuer Aufstieg der Bundes-**Deutschlands** republik". Deutschland war damals ein geteiltes Land, durchschnitten von der Grenze zwischen den beiden großen Machtblöcken, Ost und West. Kahn's Buch bezog sich auf Westdeutschland. Es war die Zeit, in der die sozialliberale Koalition zu Ende ging und düstere Prognosen das Bild beherrschten. Die Bundesrepublik steckte in der Krise, die Arbeitslosenzahlen wuchsen, unmäßige Lohnforderungen bedrängten die Wirtschaft, die trotz verpuffender „Kaufkraftspritzen" stagnierte, und ein überzogener Sozialstaat bewirkte wachsende Staatsschulden. Statt die düsteren Aussichten in die Zukunft zu verlängern, setzte Kahn ihnen ein optimistisches Bild entgegen. Für ihn war die Bundesrepublik nicht länger ein unbeweglicher Wirtschaftsriese und unbedeutender Politzwerg, sondern er fand, Deutschland, in dem die Stärken die Schwächen überwiegen, hat alle Voraussetzungen, um sich zu einer bedeutenden Wirtschaftsmacht zu entwickeln, und zwar Kopf an Kopf mit Frankreich, das damals in Europa wirtschaftlich an der Spitze lag. So urteilte Kahn 1982.

Falsch programmiert? In Deutschland war es damals vor allem Karl Steinbuch (1917–2005), der sich für die Zukunftsforschung einsetzte. Steinbuch, geboren in Stuttgart-Bad Cannstatt, hatte an der Technischen Hochschule Stuttgart Physik studiert, war als Entwicklungsingenieur und Leiter einer Industrie-Forschungsabteilung tätig, und wurde schließlich Ordinarius an der Technischen Hochschule Karlsruhe und Direktor des Instituts für Nachrichtenverarbeitung. Die Schwerpunkte seiner Forschungstätigkeit waren Kybernetik und künstliche Intelligenz und auch der Begriff „Informatik" wurde von Steinbuch geprägt. „Information" hatte für ihn den gleichen Rang wie die Begriffe „Materie" oder „Energie". 1961 erschien sein Buch „Automat und Mensch – Über menschliche und maschinelle Intelligenz". Aber Aufsehen erregte er vor allem 1968 mit seinem Buch „Falsch programmiert". Darin sprach er von einem „Bildungsnotstand", die in Deutschland vorherrschende Denkweise müsse sich ändern, wie es in anderen westlichen Ländern längst geschehen sei, „Unsere Gesellschaft beruht auf eingeschränkter geistiger Freiheit" und dass „staatliche Funktionen von Menschen wahrgenommen werden, deren moralische und intellektuelle Unzulänglichkeit offensichtlich ist", fand Steinbuch. Deutschland sei vor allem in den „Zukunftstechniken" erheblich im Rückstand. Steinbuch war überzeugt, dass man die Zukunft planen müsse. Sein Zukunftsbild, wie er es 1969 auch in seinem Buch „Programm 2000" aufzeichnete, war allerdings nicht ganz frei von Widersprüchen. Einesteils wollte er der Denkfreiheit und individuellen Kreativität zum Durchbruch verhelfen, andererseits setzte er auf sozialistische Reglementierung aller

Wissensbereiche. Seine Schriften waren stark polemisch geprägt, aber obwohl er in technischer Hinsicht zu den Pionieren gehörte, blieben damals seine teilweise etwas wirren politischen Vorstellungen ohne großes Echo. Steinbuch plädierte für eine humane Gesellschaft und warb für „ideologische Übereinstimmung". Zugleich wandte er sich gegen die Systemzerstörer, die unter der Devise der Emanzipation Traditionszerstörung betreiben, die das Leistungsprinzip verteufeln und die Autonomie der Universitäten als Freiraum für revolutionäre Ideologien missbrauchen.

1973 forderte Steinbuch noch einmal zur „Kurskorrektur" auf. Er fand, **Kurskorrektur** „dass der Zusammenbruch der tradierten Moral auf der untauglichen Art ihrer Begründung beruht" und dass künftig „nur noch eine solche Moral annehmbar ist, die durch Einsicht in die Folgen von Normverstößen begründet werden kann". Er beklagte die wachsende Macht der Publizistik und dass bei vielen Publikationsorganen im Missverhältnis dazu die Moral eher schwindet. Steinbuch wünschte sich „eine humane Gesellschaft jenseits von Kapitalismus und Kommunismus". 10 Jahre später berichtet er über seine persönliche Kurskorrektur („Unsere manipulierte Demokratie – müssen wir mit der linken Lüge leben?", 1985) und beschreibt, wie er zum Neo-Konservativen wurde, der Kurs der SPD unter Bundeskanzler Willy Brandt hatte ihn dazu gebracht. Auch der zeitgenössischen Futurologie steht er nun kritisch gegenüber: „Die fehlende sachliche Kompetenz wird ersetzt durch Sendungsbewusstsein und Demagogie" und „die meisten Prognosen sind falsch!" Das trifft sowohl für die „Grenzen des Wachstums" zu (die Steinbuch anfangs auch beeindruckt hatten), wie für den Bericht „Global 2000", einen Bericht an den amerikanischen Präsidenten, der wohl mehr den messianischen Ambitionen des US-Präsidenten Jimmy Carter dienen sollte (H. Kahn).

Abschied von der Wachstumsideologie

Das Buch „Die Grenzen des Wachstums" („The Limits to Growth"), **Grenzen** das die Zukunftserwartungen nachhaltig beeinflusste, war 1972 er- **des Wachstums** schienen und geschrieben hatte es Dennis L. Meadows (*1942), der sich als Professor an verschiedenen amerikanischen Universitäten und Forschungseinrichtungen mit Ingenieur – Management- und Sozialwissenschaften befasste. Seine Studie, die auf rechnergestützten Simulationen basierte, hatte er im Auftrag des „Club of Rome" verfasst, einer internationalen Gruppe von Wissenschaftlern. Meadows und seine Mitarbeiter hatten ein „Weltmodell" entworfen, das die Bereiche Industrialisierung, Bevölkerungswachstum, Welternährung, Rohstoffreserven und Umwelt erfasste. Durch Simulation mit dem Computer versuchten sie, die Entwicklung dieser Bereiche und die Wechselwirkungen zwischen ihnen für die nächsten hundert Jahre zu erfassen. Meadows kam zu dem Ergebnis: Wenn die Zunahme der Weltbevölkerung und der anderen Faktoren sich im gleichen Maße wie bisher fortsetzt, werden die Wachstumsgrenzen der Erde im Laufe der nächsten hundert Jahre erreicht. Damit hatte man sozusagen Malthus neu entdeckt, aber in einem viel umfassenderen Rahmen.

Gleichgewicht statt Wachstum Meadows zog den Schluss, es sei dringend erforderlich, dieses Wachstums zu bremsen und zu einem Gleichgewicht zwischen Ökologie und Wirtschaft zu kommen. Die Wirtschaft muss sich umstellen, von der Wachstumsideologie ablassen, und stattdessen zu einem Gleichgewichtsdenken finden, wenn eine Katastrophe verhindert werden soll. Was Meadows allerdings nicht berücksichtigte, war die Innovationsfähigkeit der Menschen und die Erfahrung, dass es Wissenschaft und Technik bisher meistens gelungen war, drohende Katastrophen abzuwenden. Ein typisches Beispiel ist die jahrelange Diskussion über zu Ende gehende Erdölvorräte, der zufolge heute längst kein Brennstoffmotor mehr laufen dürfte. So kam es, dass ein Futurologe wie Steinbuch schon zehn Jahre später folgerte, Meadows' Bericht werde nicht mehr ernst genommen (siehe oben).

Future Work Neue Visionen und Lösungsstrategien, die nicht nur auf Wirtschaftswachstum beruhen, fordern auch zwei Autoren , die die „Trends für das Leben von morgen" in ihrem Buch „Future work" (1990) beschreiben. John Hormann, ein deutscher Manager, in den USA ausgebildet und in internationalen Unternehmen tätig, hatte sich mit Willis Harmann, Professor für technisch-ökonomische Systeme an der Stanford-University , zusammengetan, und dieses Buch verfasst. Die beiden Autoren sind von den Vorstellungen der „New Age"-Bewegung in Kalifornien beeindruckt und schwärmen von einer Neubestimmung der Arbeit, von neuen Lebensformen, einer Entmachtung des Patriarchats, neuen Unternehmensformen und einer „postindustriellen Lerngesellschaft". Das große Stichwort ist für sie „Transformation", sie wird kommen, es ist nur noch eine Frage der Zeit.

150

Ein neues Weltbild?

Was damals anfangs der 1980er Jahre so lebhaft diskutiert wurde, Wendezeit schien in der Tat eine Zeitenwende anzukündigen. Toffler hatte eine andere Denkweise gefordert, und ebenso war Naisbitt überzeugt, dass neue Trends unser Leben entscheidend verändern würden. Ökologie, Feminismus, partizipatorische Demokratie und Vernetzung waren für beide wichtige Stichworte. In diese Richtung dachte auch ein weiterer Autor, dessen Bücher damals viel diskutiert wurden. Sein Denkansatz kam allerdings über die Physik mehr von der Philosophie her. Er galt als einer der Hauptvertreter der esoterischen „New Age"-Bewegung, eine Zuordnung, die er selbst gar nicht besonders schätzte.

Der Österreicher Fritjof Capra (* 1939 in Wien) schloss sein Studium Capra (* 1939) der theoretischen Physik an der Universität Wien 1966 mit der Promotion ab. Anschließend lehrte er auf dem Gebiet der Teilchenphysik an Universitäten in Paris, London und Kalifornien. Er lebt und arbeitet in Berkeley/Kalifornien. Capras philosophischer Denkansatz begann mit der Feststellung, dass das Weltbild der neuen Physik viel mit den Vorstellungen der östlichen Mystik gemein hat und das streng rational ausgerichtete Denken, wie es für Descartes und Newton typisch war, nicht mehr ausreicht. Wie in der Mystik des Tao zeigt sich auch in der Quantenphysik die Einheit aller Dinge und Vorgänge, wie Capra in seinem ersten Buch „Das Tao der Physik" (1977) darlegte. Capra ist, im Gegensatz zur herkömmlichen Meinung, der Ansicht, dass Wertvorstellungen auch in den Naturwissenschaften eine entscheidende Rolle spielen. Menschliche Rationalität kann nie von Intuition und Emotion getrennt werden , menschliche Urteile sind immer auch von Gefühlen gefärbt. Am Beispiel der Informationstechnologie werde das besonders deutlich, denn wir bestimmen selbst, „ob sie zur totalen Staatskontrolle à la Orwell führen oder neue Formen der Demokratie möglich machen, ob sie die bestehende Zentralisierung unseres Wirtschaftssystems verstärken oder die Dezentralisierung fördern, ob sie Klassenunterschiede vertiefen oder verringern, ob sie erhöhte Arbeitslosigkeit oder mehr Freizeit bringen …" wird.

Wir stehen am Beginn eines tiefgreifenden Wandels unserer Wertvor- Ein neues Weltbild stellungen, meint Capra. Zu unserem überkommenen Weltbild gehören die Vorstellungen, dass das Universum ein mechanisches System sei, dass der menschliche Körper wie eine Maschine funktioniert, dass der Konkurrenzkampf um die Existenz das gesellschaftliche Leben beherrscht, dass unbegrenzter Fortschritt durch wirtschaftliches und technisches Wachstum möglich ist und schließlich, dass naturgesetzlich das Weibliche dem Männlichen untergeordnet ist. Demgegenüber müsse das neue Weltbild von ökologischen und feministischen Werten getragen werden, die Menschen seien vernetzt und wechselseitig voneinander abhängig und in die zyklischen Vorgänge der Natur eingebunden. Sein Plädoyer für ein ganzheitlich-organisches Denken im Gegensatz zu dem mechanistisch-cartesianischen Denkansatz zeichnete er in seinem Buch „Wendezeit" („The Turning Point") auf, das 1982 erschien. Capra hat die Weisheit des Laotse für sich entdeckt und findet, dass von den beiden gegensätzlichen Grundkräften, die die Welt gestalten, Yin und Yang, das männliche Yang inzwischen die Oberhand gewonnen hat und dass das korrigiert werden muss. Probleme können nicht einzeln gelöst werden, sondern müssen im System-Zusammenhang gesehen werden. Ein Paradigmen-Wechsel ist erforderlich, meint Capra. Mit dem „Aufbruch zum neuen Bewusstsein" und der „Entstehung eines ganzheitlichen Weltbildes im Spannungsfeld zwischen Naturwissenschaft und Mystik" befasst er sich dann noch einmal eingehender in seinem 1987 erschienen Buch „Das neue Denken".

Trendforschung

Megatrends Gute zehn Jahre nach Tofflers „Zukunftsschock" erregte ein anderes Zukunfts-Buch Aufsehen und stand monatelang an der Spitze der Bestsellerlisten. Sein Autor, John Naisbitt (*1929 in Salt Lake City) hatte Politikwissenschaften studiert, war erfolgreich in der Wirtschaft und als Unternehmer tätig und brachte es bis zum stellvertretenden Erziehungsminister unter Präsident John F. Kennedy. Naisbitt nannte sein 1982 erschienenes Buch „Megatrends" und beschrieb darin „10 Perspektiven, die unser Leben verändern werden". Seine Hauptthese: Die Industriegesellschaft wandelt sich zur Informationsgesellschaft. Je mehr Hochtechnologie den Menschen zur Verfügung steht, desto stärker wird aber auch das Bedürfnis nach persönlichen Kontakten und menschlicher Nähe wachsen. Die Globalisierung der Wirtschaft fördert Sprachkenntnisse und kulturelles Verständnis, bei der gegenseitigen wirtschaftlichen Abhängigkeit werden kriegerische Auseinandersetzungen unwahrscheinlicher. Die kurzfristige Denkweise im Geschäftsleben muss durch langfristige Perspektiven abgelöst werden.

Die überhand nehmende Zentralisation muss, wo immer möglich durch dezentrale Organisationsformen ersetzt werden. Selbsthilfe ist wichtiger als institutionalisierte Amtshilfe. Auch die Demokratie wird sich verändern, von der repräsentativen mehr zur partizipatorischen und direkten. Hierarchien werden flacher und zunehmend durch Netzwerke ersetzt. Vom Entweder-Oder geht der Trend zu multiplen Optionen, und das betrifft vor allem die Frauen, die Familien und die Arbeitswelt, meint Naisbitt, und er findet, dass diese Zeit des Übergangs eine phantastische Zeit ist!

Die Futurologen scheinen neuerdings etwas bescheidener geworden **Neue Trends** zu sein, sie nennen sich jetzt „Trendforscher". Der derzeit Bekannteste dieser Zunft, Matthias Horx (* 1955 in Düsseldorf), beschrieb 2005 in seinem Buch „Wie wir leben werden", wie sich seiner Ansicht nach Werte und Lebensformen künftig wandeln werden. Eine wichtige Ursache ist der demographische Wandel, aber auch in Bildungs-, Konsum- und Freizeitverhalten vollzieht sich ein Wertewandel. Es bleibt die Aufgabe, künftige Trends möglichst genau zu erfassen, wenn man nicht unvorbereitet in die Zukunft gehen und Fehlinvestitionen riskieren will. Horx hat 2011 in seinem Buch „Megatrends" darüber geschrieben, aber im Grunde ist es die Aufgabe jedes Unternehmers, künftige Entwicklungen, die sich im Markt niederschlagen werden, abzuschätzen und von seinem Gespür für die zukünftigen Trends hängt sein wirtschaftlicher Erfolg ab. Die großen Konzerne betreiben diese Trendforschung sehr sorgfältig, begleitet von der Diskussion in der Öffentlichkeit, die nicht zuletzt durch politische Entscheidungen ausgelöst wird. So hat in Deutschland die von der Politik beschlossene Energiewende einen wesentlichen Trend zu erneuerbaren Energien ausgelöst, ebenso wie die von der Politik geforderte CO_2-Reduzierung zur Bekämpfung des Klimawandels künftige Entwicklungstrends bestimmt, bis hin zum Elektroauto. Ein Schwerpunkt künftiger Entwicklung bleibt die Informationstechnologie, die durch die größte Beschleunigung, zunehmende Komplexität und umfassende Wirksamkeit gekennzeichnet ist. Unvorstellbare Datenmengen haben sich angesammelt, die nun mit immer präziseren Methoden ausgewertet werden. Dabei wird der Umfang der fortschreitenden Vernetzung immer deutlicher sichtbar. Die kybernetischen Möglichkeiten der Datenverarbeitung führen zum Ausbau der Robotik bis hin zum automatisierten Autofahren, zum „intelligenten" Haus und zur vernetzten Stadt.

Der Trendforscher Horx blickt trotz aller Veränderungen, die auf uns **Keine Angst vor** einstürmen, mit Optimismus in die Zukunft und ermuntert mit sei- **der Zukunft** nem neuesten Buch zum „Zukunft wagen" (2013). Aber trotz aller sorgfältigen und notwendigen Vorausschau auf die künftige Entwicklung bleibt uns ein Blick in die fernere Zukunft doch verwehrt. So ist es zum Beispiel der Hirnforscher Wolf Singer (* 1943), der auf unsere Grenzen hinweist, wenn er mahnt: „Wir müssen uns von der Utopie der Planbarkeit der Zukunft verabschieden" (*Spiegel* 21/2014). Dennoch sollte uns ein Blick in die Vergangenheit dazu ermutigen, mit Optimismus und Selbstvertrauen in die Zukunft zu schauen.

Die großen Irrtümer

Wenn man eine Zwischenbilanz zieht und sich fragt, was denn nun von allen diesen an die Zukunft verschwendeten Gedanken wahr geworden ist, so fallen einem zunächst einige große Irrtümer ins Auge. Viele Utopien und Visionen, die die Welt bewegten, nicht selten in die falsche Richtung, beruhten auf fundamentalen Irrtümern. Selbst wenn die Utopien scheiterten, waren deshalb jedoch noch nicht die betreffenden Irrtümer erledigt, sondern wirkten fort, trotz des Unheils, das sie angerichtet hatten.

Alle Menschen sind gleich

Der Begriff der Gleichheit war bereits den alten Griechen geläufig. Solon (640–560), der eine Verfassung für Athen ausarbeitete, gab dem Volk „gleiche Gesetze für die Vornehmen und die Niedrigen", ein Zustand , den man später „Isonomia" nannte, „Gleichheit vor dem Gesetz", wie wir es heute nennen.

Gleichheit vor dem Gesetz

Platon ging später einen Schritt weiter und stellte sich vor, dass zumindest die ausgewählte Führungs-Elite eines Staates unter den gleichen Bedingungen leben müsse und einen Kommunismus praktizieren sollte, in dem alle an allem in gleicher Weise teilhaben sollten. Thomas Morus hat dann diesen Gedanken im Entwurf seines Idealstaates „Utopia" wieder aufgegriffen und erweitert. Bei ihm sollten alle Bewohner gleich viel arbeiten und gleich viel erhalten. Das Eigentum sollte abgeschafft werden und konsequenterweise am besten auch das Geld, damit es keinen Streit mehr unter den Menschen gibt.

Gleichheit in Utopia

Schließlich war es Jean-Jacques Rousseau, durch den die Gleichheits- Utopie zur Ideologie und politischen Parole wurde. Auf die Preisausschreiben – Frage der Lyoner Akademie, welche Ursache die Ungleichheit der Menschen habe und ob sie in der Natur begründet

Eigentum als Feind der Gleichheit

sei, antwortete er mit der These, die Geschichte sei ein ständiger Verfallsprozess, der vom menschenwürdigen Naturzustand aus immer tiefer ins Elend führt. Mit seiner Vorstellung vom „edlen Wilden", der erst durch die Gesellschaft verdorben wird, wandte er sich vor allem auch gegen die Ungleichheit, die das Eigentum bewirkt. Für Rousseau war die Ungleichheit der eigentliche Sündenfall und folglich sollte die Menschheit durch Gleichheit erlöst werden. Rousseaus Vorstellungen fanden einen mächtigen Widerhall in der Französischen Revolution mit ihrer Parole „Freiheit, Gleichheit, Brüderlichkeit", wurden aufgegriffen von den Frühsozialisten (Proudhon: „Eigentum ist Diebstahl!") und beflügelten schließlich Karl Marx, der sie zusammen mit Hegels Philosophie zu einem gefährlichen Gebräu vermengte.

Ungleichheit von Natur aus

Dieser überzogene Gleichheitsbegriff erwies sich später als einer der folgenschwersten Irrtümer der Geschichte. Es war ja auch offensichtlich, dass die Menschen von Natur aus verschieden veranlagt sind, ausgestattet mit unterschiedlichen Fähigkeiten und Talenten und dass es gerade diese Ungleichheit ist, die sie unterscheidet. Zwar ist ihnen einiges gemeinsam, aber von umfassender Gleichheit kann keine Rede sein.

Eigentum ein Menschenrecht

Thomas Jefferson, der die Philosophen der Aufklärung, darunter auch Rousseau, sorgsam studiert hatte, brachte das in seiner Formulierung der amerikanischen Unabhängigkeitserklärung von 1776 treffend zum Ausdruck: „Folgende Wahrheiten halten wir für selbstverständlich: dass alle Menschen gleich geschaffen sind; dass sie von ihrem Schöpfer mit gewissen unveräußerlichen Rechten ausgestattet sind; dass dazu Leben, Freiheit und das Streben nach Glück gehören ..." In der gleichen Weise war es in der Erklärung der Menschenrechte der Französischen Revolution von 1789, an der Jefferson ebenfalls mitgewirkt hatte, zum Ausdruck gebracht worden: „Die Menschen sind und bleiben von Geburt frei und gleich an Rechten ... Das Ziel jeder politischen Vereinigung ist die Erhaltung der natürlichen und unveräußerlichen Menschenrechte. Diese Rechte sind Freiheit, Eigentum, Sicherheit und Widerstand gegen Unterdrückung ... Die Freiheit besteht darin, alles tun zu können, was einem anderen nicht schadet ..." In beiden Fällen folgte man dem Gedankengang Lockes, der das Eigentum ausdrücklich zum Menschenrecht erklärt hatte, und nicht den Vorstellungen Rousseaus, der das Eigentum als das Grundübel verdammt hatte. Und für Locke war klar, dass Eigentum die unabdingbare Voraussetzung für persönliche Freiheit ist.

An dieser Stelle wird auch der Widerspruch deutlich, den die Parole der Französischen Revolution enthielt, die Freiheit und Gleichheit zugleich forderte, obwohl beide ein Gegensatzpaar sind. Die Parole enthielt damit gewissermaßen einen Sprengsatz. Das hat schon Goethe, ein Zeitgenosse der französischen Revolution, so gesehen: „Gesetzgeber oder Revolutionäre, die Gleichheit und Freiheit zugleich versprechen, sind entweder Phantasten oder Scharlatane". Und Horkheimer, Philosoph und Neomarxist, hat das Verhältnis der beiden Begriffe 150 Jahre später präzisiert: „Je mehr Freiheit, desto weniger Gleichheit; je mehr Gleichheit, desto weniger Freiheit." **Freiheit und Gleichheit**

Mit dem Spannungsverhältnis zwischen Freiheit und Gleichheit befasste sich auch Tocqueville in seinem Bericht über die Demokratie in Amerika. Er befürchtete, dass die mit der Demokratie verbundene Gleichheit die Freiheit zurückdrängen würde, und eine neue Art von Unfreiheit dadurch entsteht, dass sich die Bürger freiwillig einer Entmündigung durch den Staat und der damit verbundenen „Verwaltungsdespotie" unterwerfen. Aber er stellte fest, dass es in Amerika gelungen war, neben der Gleichheit vor dem Gesetz auch die „Gleichheit der Bedingungen" im politischen Leben zu erreichen, er meinte damit die Abschaffung der Standes-Ungleichheiten und die Chancengleichheit. Den Amerikanern war es gelungen, das Spannungsverhältnis zwischen dem höchsten Gut, der individuellen Freiheit, und der Gleichheit der gesellschaftlichen Bedingungen aufzulösen. **Chancengleichheit**

Die Gleichheit vor dem Gesetz ist die einzige Art von Gleichheit, die die Freiheit fördert. Der Sozialismus jedoch fordert über die Gleichheit vor dem Gesetz und die Chancengleichheit hinaus eine Gleichheit der Ergebnisse, eine weitgehende Gleichheit der Einkommen ohne Rücksicht auf die Folgen. Die Gleichheit der Menschen als Glieder eines Kollektivs ist das Ziel der von Marx angestrebten „klassenlosen Gesellschaft", in der alle am gemeinsamen Arbeitsertrag teilhaben, nicht wie es ihrer Leistung, sondern wie es ihren Bedürfnissen entspricht. Der Sozialismus will die Produktion und die Verteilung von Gütern und Leistungen „sozialisieren", also gemeinschaftlich, genauer gesagt staatlich, lenken. Sein Ziel ist materielle Gleichheit im Ergebnis. Um das zu erreichen soll das Privateigentum an den Produktionsmitteln, am besten aber das Eigentum überhaupt, abgeschafft werden. **Sozialistische Gleichheit**

Deshalb gibt es zwischen der Freiheit und der Gleichheit, die die Sozialisten meinen, einen gravierenden Widerspruch, wie auch der britisch-russische Philosoph Isaiah Berlin (1909–1997) aus Oxford **Existentielle Entscheidung** feststellte. Er unterschied zwischen dem sozialistischen Weg, für den die Gleichheit wichtig ist, und dem liberalen Weg, auf dem die Freiheit den Vorrang hat: Wer glaube, er könne zwischen beiden Harmonie ohne Widerspruch herstellen, der irre. Entweder man zahle mit Freiheit oder mit Gleichheit. Berlin war überzeugt, es handle sich bei der Wahl zwischen diesen beiden Werten um eine existentielle Entscheidung.

Gleichheit macht nicht glücklich

Das gilt nicht nur für die Politik, sondern auch für den persönlichen Bereich. Die empirische Sozialforschung stellt fest, dass linke Werte, die der Devise der Gleichheit folgen, die Passivität der Menschen begünstigen, und zugleich Sicherheit und Geborgenheit betonen. Rechte Werte unter der Prämisse der Freiheit fördern hingegen die Aktivität und zielen ab auf Wagnis und Entscheidungsfreiheit des Einzelnen. Menschen in freiheitlich geprägten Gesellschaften sind besser gerüstet für den unvermeidlichen Daseinskampf, sind selbständiger und verantwortungsbewusster, und sie sind glücklicher. Eine Gleichheitsgesellschaft produziert zwar nicht mehr Glück, paradoxerweise aber mit Sicherheit mehr Neid. Der Versorgungsstaat als Ausdruck einer kollektivistischen Gesellschaft, hat den Menschen die Selbständigkeit abgewöhnt und sie unter Betreuungszwang gestellt.

Soziale Gerechtigkeit

Bei alledem bedienen sich die Gleichheitsideologen schmückender Metaphern, wie der von der „sozialen Gerechtigkeit", ein „Wieselwort", wie Hayek meint, unter dem sich jeder etwas anderes vorstellt. Man wird dabei auch daran erinnert, wie Winston Churchill den Gegensatz zwischen Kapitalismus und Sozialismus beschrieb: „Dem Kapitalismus wohnt ein Laster inne: Die ungleiche Verteilung der Güter. Dem Sozialismus hingegen wohnt eine Tugend inne: die gleichmäßige Verteilung des Elends." Auch Ludwig von Mises, der als erster Ökonom dem Sozialismus mit wissenschaftlichen Argumenten entgegengetreten war, hatte immer wieder betont: Die Ungleichheit der Einkommen und Vermögen ist Bedingung für den Wohlstand aller, nur durch die Ungleichheit des Eigentums entsteht der Ansporn, soviel als möglich mit dem geringsten Aufwand zu erzeugen. Jeder Schritt, der vom Privateigentum an den Produktionsmitteln wegführt, setzt die Produktivität herab und bringt somit Elend und Not. Privates Eigentum ist zugleich die Voraussetzung für die Demokratie. Und es ist nicht so, dass die einen arm sind, weil die anderen reich sind. Wollte man die Gleichheit der Einkommen durchsetzen, würden alle ärmer werden. So paradox es klingen mag, auch die Armen haben das, was ihnen zufließt, nur weil es Reiche gibt.

158

Obwohl der Marxismus im Totalitarismus endete und sozialistische Planwirtschaften Bankrott gingen, lebt die Gleichheitsideologie in den Vorstellungen sozialistischer Politiker auch heute noch fröhlich weiter. Dabei braucht man nicht erst auf Willy Brandts Parole aus dem Jahr 1969 zurückzugreifen, wonach sich die Staatsausgaben nicht nach den Einnahmen sondern nach den Aufgaben richten müssen. Man spürt die Gleichheitsideologie genau so heute, vor allem in der Europäischen Union, wo Vereinheitlichung und Gleichmacherei auf der Tagesordnung stehen, bis hin zur Vergemeinschaftung der Schulden. So soll auch der Euro eine Gleichheit erzwingen, die naturgemäß nicht gegeben ist. Die Gleichheitsideologie beschränkt die Freiheit, behindert Kreativität und führt letztendlich zum Desaster, wie in der jüngeren Geschichte die Beispiele sozialistischer Staaten immer wieder gezeigt haben. **Gleichheits-ideologie**

Dass der Egalitarismus heute aber noch weit über das Ökonomische hinausreicht, legt Thilo Sarrazin in seinem Buch „Der Tugendterror" (2014) dar. Wer die Grenzen der willkürlich verfügten „Political Correctnes" oder auch nur der herrschenden veröffentlichten Meinung überschreitet, wird von den Medien abgestraft und an den Pranger gestellt. Ungleichheit ist Sünde, nur Gleichheit bringt Erlösung. Und er zitiert Tocqueville: „Demokratie und Sozialismus haben nur ein einziges Wort miteinander gemeinsam: die Gleichheit. Aber man beachte den Unterschied: Während die Demokratie die Gleichheit in der Freiheit sucht, sucht der Sozialismus sie im Zwang und in der Knechtung." **Gleichheit und Tugendterror**

Inzwischen ist eine weitere Ideologie aufgekommen, die Gleichheit erzwingen will, wo naturgemäß Ungleichheit besteht. Es geht um die „Kultur der Inklusion", wie sie zum Beispiel Andreas Rödder beschrieben hat (*FAZ* vom 7.7.2014). Bei dem Stichwort Inklusion denkt man zunächst nur an die Frage gemeinsamen Schulunterrichts von Kindern mit und ohne Behinderung, wie sie derzeit lebhaft diskutiert wird. Aber der Begriff der Inklusion reicht inzwischen viel weiter und ist zu einer aggressiven Ideologie ausgebaut worden. „Inklusion ist, wenn Anderssein normal ist" heißt die zunächst harmlos klingende Erklärung. Ungleichheiten sollen beseitigt, Ausnahmen sollen zur Regel werden. Deshalb werden von der ganzen Gesellschaft weitgehende Verhaltens – und Strukturänderungen gefordert. Dahinter verbirgt sich das Bestreben, die Ordnungs- und Wertvorstellungen der bürgerlich-liberalen Gesellschaft zu diffamieren und auszuhebeln. Diese „unglaubliche Gleichmacherei" bezweckt nichts anderes als „je- **Inklusions-Ideologie** den Unterschied als Ungleichheit zu deuten und jede Ungleichheit als Ungerechtigkeit", und das auf dem Rücken der Betroffenen, die damit auch um wirksame Fördermöglichkeiten gebracht werden. (Christian Geyer, *FAZ* vom 22.7.2014)

Dekonstruk- Traditionen und Einrichtungen, die über Jahrtausende hin sich ent-
tivismus wickelt haben und gewachsen sind, wie Familie oder Eigentum, hält der „postmoderne Dekonstruktivismus" für willkürlich und aufgezwungen. Das gilt auch für natürliche Gegebenheiten, wie die Zweigeschlechtlichkeit oder die Nation, die nichts anderes sei als eine „erfundene" Gemeinschaft. Damit werden zugleich die bürgerlichen Denkkategorien wie Freiheit, Individualismus und Menschenrechte in Frage gestellt. Das alles, so meinen die Dekonstruktivisten (einer ihrer Wortführer war der französische Philosoph Michel Foucault), sind nichts anderes als Machtinstrumente, um Andere (seien es Rassen, Frauen, Homosexuelle oder sonstige Minderheiten), zu unterdrücken. Den überkommenen Vorstellungen von Normalität sollen andere Normen entgegen gesetzt werden wie Gender Mainstreaming, Antidiskriminierung oder Inklusion.

Es geht um Wenn es in der bürgerlichen Gesellschaft um Leistung und Selbst-
Macht verantwortung geht, so geht es in der „Kultur der Inklusion" um „Nachteilsausgleich, Gleichstellung und moderierte Vielfalt". Die Gesellschaft soll .im Sinne der Gleichstellung bestimmter Gruppen neu gestaltet werden. Aber jede „Inklusion" zieht zwangsläufig eine andere „Exklusion" nach sich. Was verbindlich sein soll, muss ausgehandelt werden oder wird durchgesetzt. Die Toleranz, die dabei von anderen gefordert wird und die im Übrigen weitgehend vorhanden war, ist bei den Anhängern der Inklusion selbst längst in Intoleranz umgeschlagen. Umfassende Inklusion ist zur Ideologie geworden und damit nichts anderes als eine Machtfrage. Und in der Tat läuft die Inklusions-Ideologie darauf hinaus, nicht etwas Neues, Besseres aufzubauen, sondern Macht auszuüben, in der gleichen Weise wie etwa die Verfechter der Ökodiktatur. Doch auch diese neue Gleichheitsideologie wird sich als Irrtum erweisen. Wer natürliche Ungleichheiten durch Gleichmacherei beseitigen will, schafft neue Ungleichheiten. Und so setzt sich die Auseinandersetzung fort.

Die Geschichte hat ein Ziel

Für Hegel war das Ziel der Geschichte die Entfaltung des Weltgeistes, die sich vor allem im Staat ausprägte. Und wenn er es auch nicht ausspricht, so merkt man doch, dass nach Hegels Empfinden der Weltgeist das Ziel der Geschichte offenbar schon erreicht hat, in dem von Hegel hochgepriesenen, unübertreffbaren preußischen Staat. Auch für Hegels Schüler Marx hatte die Geschichte ein Ziel. Für ihn war es allerdings nicht der Weltgeist, der den Verlauf der Geschichte bestimmt, sondern die Situation des arbeitenden Menschen. Und das notwendige, vorherbestimmte Ziel der Geschichte war die klassenlose, kommunistische Gesellschaft. Der Kommunismus werde genau so unabänderlich kommen, wie die nächste Mondfinsternis, pflichtete ihm sein Freund Engels bei. Solche Vorstellungen von einem voraussehbaren, gesetzmäßigen Verlauf und einem Ziel der Geschichte hielt Popper für reinen Aberglauben, den er „Historizismus" nannte und für schädlich hielt. Für Popper war klar: „Es kann keine Geschichte ‚der Vergangenheit' geben, wie sie sich tatsächlich ereignet hat; es kann nur historische Interpretationen geben … und jede Generation hat das Recht, sich ihre eigene Interpretation zu bilden … Die Weltgeschichte hat keinen Sinn."

Kontroverse

Die Vorstellung, dass die Geschichte einem Ziel zustrebt, mag zunächst als philosophische Spekulation ohne tiefere Bedeutung erscheinen. In der Wirklichkeit aber kann sie von außerordentlicher prägender Kraft sein. Das zeigt das Beispiel der christlichen Religion, die das Ziel des Gottesreiches, des Jüngsten Tages und der Auferstehung vor sich sieht. Bei Karl Marx ist das Ziel der Geschichte die klassenlose Gesellschaft und die Auflösung des Staates und der Glaube, dass das so sein wird, ist für die Marxisten eine Art Ersatzreligion. Sie führt dazu, dass man sich als privilegierter Vollstrecker eines geschichtlichen Prozesses fühlen kann, dem im Zuge seiner Mission alles erlaubt ist, auch die schrecklichsten Gräueltaten. Was dieser Fanatismus in der Wirklichkeit anrichten kann, dafür hat der Marxismus seit der Oktoberrevolution 1917 und der daraus entsprungene Totalitarismus schreckliche Beispiele geliefert.

Historizismus und Fanatismus

Vom Ursprung und Ziel der Geschichte hatte auch Jaspers gesprochen und er war zu dem Ergebnis gekommen, dass die Menschheit einen einzigen Ursprung und ein Ziel hat, die wir aber beide nicht kennen, dass wir uns zwar unserer Vergangenheit bewusst sind und auf diesem

Unbekanntes Ziel

Geschichtsbewusstsein auch ein Zukunftsbewusstsein aufbauen, dass wir aber die Zukunft nicht erforschen können. Erforschbar ist nur, was schon geschehen ist. Ein Ziel der Geschichte können wir nicht kennen, aber unser Zukunftsbewusstsein ist zielgerichtet, es zielt auf Freiheit, ohne die der Mensch aufhören würde, Mensch zu sein.

Schöpferische Leistung

Nicht zielgerichtet, aber in Ihrem Verlauf absehbar, erschien Oswald Spengler der Weg der Geschichte, der sich für ihn in Form aufblühender und wieder absterbender Kulturen vollzieht. Aber der Untergang des Abendlandes, den er prophezeite, ist bis jetzt ausgeblieben. Da erscheint Toynbees Geschichtsbetrachtung realistischer, für den der Geschichtsverlauf aus „challenge and respons" besteht und der Mensch durch schöpferische Leistung immer wieder von neuem eine Antwort finden muss.

Fortschritt und Evolution

Wenn schon kein Ziel erkennbar ist, bleibt schließlich die Frage: „Gibt es einen wirklichen Fortschritt?", die sich Durant stellte. Seine Antwort fiel skeptisch aus. Er fürchtete, dass wir über der ständigen Verbesserung unserer Mittel die Veredelung unserer Zwecke vergessen. Kant war da optimistischer gewesen, er hatte die Frage, ob das menschliche Geschlecht im beständigen Fortschreiten zum Besseren sei, positiv beantwortet. Diesen Optimismus teilt auch Ernst R. Sandvoss, wie wir gesehen haben, dessen Geschichtsbetrachtung dem Muster der Evolution folgt und der meint, dass der Mensch kein Zufallsprodukt ist, dass die Merkmale des Menschlichen das Ergebnis eines Evolutionsprozesses sind und wir deshalb auch zu einem bestimmten Zweck existieren. Den wir allerdings nicht kennen, wie man wohl hinzufügen muss.

Die Zukunft ist offen

Marxens „historischer Materialismus", wie er seine Geschichtsauffassung nannte, behauptete, dass die Geschichte ein bestimmtes Ziel verfolgt und schloss auch die Überzeugung ein, dass die Zukunft wissenschaftlich exakt erfassbar ist. Doch auch das erwies sich als Irrtum und es kann auch gar nicht anders sein. Wenn wir die Zukunft wissenschaftlich erfassen könnten, bliebe für alles, was daneben liegt, unsere Kreativität auf der Strecke. Aber eben weil wir nicht wissen, was genau die Zukunft bringt, sind wir gezwungen, die Wissenschaft zu vertiefen, weiter zu entwickeln unsere Kreativität zu üben und unser Gespür für künftige Entwicklungen zu schärfen.

Der Sozialismus ist die Lösung

Wie soll sich eine Gesellschaft, ein Staat, organisieren, damit die Menschen auf möglichst gute Art zusammenleben können? Für diese, an die Politik gestellte Frage, haben sich in der Vergangenheit drei wesentliche, unterschiedliche Denkansätze herausgebildet. Im Zuge der Aufklärung hat sich der Liberalismus ausgeformt. Sein oberster Wert ist die Freiheit. Er vertraut darauf, dass die Menschen durch eigene Initiative ihr Schicksal gestalten. Der Staat muss die dafür notwendigen Bedingungen gewährleisten, wie Eigentum und Rechtssicherheit, und nur subsidiär eingreifen, bei Aufgaben, die der Einzelne nicht allein schaffen kann. Der Konservatismus hat die Grundzüge, vor allem die Freiheit als obersten Wert, mit dem Liberalismus gemeinsam. Für ihn spielt die Tradition und das Bewährte eine wichtige Rolle, doch ist er auch dem Fortschritt gegenüber aufgeschlossen.

Drei Denkrichtungen

Der Sozialismus hat einen ganz anderen Lösungsansatz. Er hat seine deutlichste Ausprägung als Marxismus in den Zeiten der stürmischen industriellen Entwicklung, mit ihren Verwerfungen, gefunden und war eine Reaktion gegen den „Kapitalismus". Für den Sozialismus ist der oberste Wert Gleichheit statt Freiheit und er sieht den Mensch als unmündiges Glied eines Kollektivs, das der Staat ständig betreut, um es beherrschbar zu halten. Der Sozialismus, in seiner marxistischen Ausprägung mit Planwirtschaft und Diktatur, hat statt zu der gepriesenen Freiheit zu Massenelend und Zusammenbruch geführt.

Marxismus

Überlebt hat statt der revolutionären die reformerische Variante, der „demokratische Sozialismus", der auch heute noch in vielen Staaten das Leitbild der Politik darstellt. Auch für ihn bleibt die angestrebte Gleichheit der oberste Wert, die vor allem im Versorgungsstaat realisiert werden soll. Auch für den demokratischen Sozialismus gilt, was F. A. von Hayek 1996 in seinem Buch „Die verhängnisvolle Anmaßung: Die Irrtümer des Sozialismus" schlüssig dargelegt hat. „Der Sozialismus setzt sich kein geringeres Ziel als eine vollständige Umgestaltung unserer überlieferten Moral, unseres Rechts und unserer Sprache und in deren Folge eine Zerschlagung der alten Ordnung und der angeblich so unerträglichen ...Bedingungen, die die Einführung von Vernunft, Selbstverwirklichung, wahrer Freiheit und Gerechtigkeit verhindern." Angesichts der offensichtlichen Effizienz der Marktwirtschaft ist man zwar von reiner Planwirtschaft abgerückt, versucht aber weiterhin unverdrossen durch möglichst viele Staatseingriffe die

Sozialdemokratie

Wirtschaft und das gesellschaftliche Leben zu lenken. Auf welche Irrtümer und Irreführungen im Einzelnen sich die sozialistische Politik dabei stützt, wird unten noch ausführlicher dargestellt.

Markteingriffe

Obwohl die Klassiker der Nationalökonomie den Markt entdeckt und seine unübertroffenen Möglichkeiten zur Koordinierung der wirtschaftlichen Ressourcen beschrieben haben, sind die „Etatisten", die „Staatsgläubigen", keineswegs ausgestorben. Für sie gibt es immer wieder Verhältnisse und Vorgänge, die „zu wichtig" sind, als daß man sie dem Markt und der Wirtschaft allein überlassen könnte. Deshalb haben sie ein umfangreiches Instrumentarium entwickelt, mit dem der Staat in den Wirtschaftsablauf eingreifen kann. Es reicht vom Arbeitsrecht über das Steuerrecht bis zum Mietrecht, von der Sozialgesetzgebung bis zu Subventionen, Investitionen, Zöllen und Protektionismus im Außenhandel. „Der Staat will durch seine Einmischung die Geschäftsleute zwingen, sich anders zu verhalten, als sie es tun würden, wenn sie nur dem Verbraucher gehorchten" und „immer wenn die Regierung in das Marktgeschehen eingreift, führt dies schrittweise in den Sozialismus", konstatiert Ludwig von Mises. Und wenn die erwartete Wirkung ausbleibt, folgen zwangsläufig neue Eingriffe. Statt Probleme zu lösen, schaffen sie meist neue.

Problem statt Lösung

Der „Erfolg" dieses Staatsinterventionismus sozialistischer Politik wurde in der seit 2008 andauernden Krisensituation sichtbar und führt dazu, dass unser erreichter Wohlstand schleichend aber nachhaltig ausgehöhlt wird. Es heißt, Banken und Spekulanten seien für die krisenhafte Entwicklung verantwortlich, aber das ist eine oberflächliche Vertuschung der wahren Ursachen. Man muss sich nur die einzelnen betroffenen Staaten ansehen, um klar zu erkennen, dass es sozialistische Politik war, die mit ihrem Wunschdenken und ihrer Maßlosigkeit zu vernachlässigten Strukturen und übermäßiger Verschuldung geführt und die Staaten in Schwierigkeiten gebracht hat. Griechenland ist dafür das augenfälligste Beispiel. Aber auch die Europäische Union selbst, deren Politik stark von sozialistischen Vorstellungen geprägt ist, wie ihr Zentralismus, ihre Bürokratie, die Politisierung der Zentralbank, und die Einheitswährung Euro zeigen. Stimmt es also, dass der Sozialismus die Lösung ist? Auch dieser Glaubenssatz hat sich als fundamentaler Irrtum erwiesen. Der Sozialismus ist nicht die Lösung, sondern er ist das Problem.

Der Staat muss die Wirtschaft steuern

Was hat der Staat mit der Wirtschaft zu tun? Der Staat soll die Wirtschaft nicht lenken oder durch Eingriffe steuern, sondern er soll lediglich den Ordnungsrahmen stellen, in dem sich die Marktwirtschaft frei entfalten und höchste Effizienz entwickeln kann. Bestandteile dieser Ordnungspolitik sind vor allem Rechtsordnung, Vertragsfreiheit und Wettbewerb, der nicht durch Machtzusammenballungen behindert wird. Das sind die Vorstellungen der „Ordoliberalen", wie sie besonders Walter Eucken in der „Freiburger Schule" ausformuliert hat und die in der praktischen Wirtschaftspolitik zu beispiellosen Erfolgen führten, inzwischen aber mehr und mehr aus der Mode kommen weil es den Sozialisten gelingt, sie mit dem Etikett „Neoliberalismus" zu diffamieren. **Ordoliberalismus**

Der Glaubenssatz, dass Staatswirtschaft besser ist als Marktwirtschaft hat sich zwar längst als Irrtum erwiesen. Reine Planwirtschaft zu betreiben, wagen selbst Sozialisten nicht, dazu war ihr Versagen in der Vergangenheit zu offensichtlich. Aber sozialistische Wirtschaftspolitiker hängen immer noch dem Glauben an, man könne die Marktwirtschaft nicht sich selbst überlassen, sondern der Staat müsse immer wieder lenkend und „steuernd" eingreifen. Die Gegner einer wettbewerbsorientierten Marktwirtschaft finden auch deshalb immer wieder Anhänger, weil es so bequem ist, ihren Irrtümern oder irreführenden Behauptungen zu folgen. Die Rechnung für solche Missverständnisse wird ja immer erst in der Zukunft präsentiert. **Bequeme Irrtümer**

Dass man Wirtschaftskrisen, die durch Schulden entstanden sind, bewältigen kann, in dem man immer mehr Schulden macht, ist einer der verhängnisvollsten Irrtümer der nicht nur unsere Gegenwart, sondern auch unsere Zukunft belastet. Der Vater dieses Gedankens war John Maynard Keynes mit seiner Theorie vom „deficit spending". Bei schlechter Konjunktur müsse der Staat Schulden machen und mehr ausgeben, um die Wirtschaft anzukurbeln, und bei guter Konjunktur müsse man dann die Schulden wieder abbauen. Leider wurde von diesem häufig angewandten Rezept immer nur der erste Teil befolgt und der zweite vergessen, sodass der Schuldenberg immer höher wurde und zur Krise führte. **Durch Schulden aus der Krise**

Die schuldenfinanzierten Staatsausgaben, die die Wirtschaft ankurbeln sollten, hätten tatsächlich etwas bewirken können, wenn sie für **Kaufkraftspritzen** echte Investitionen, zum Beispiel in die Infrastruktur, verwendet worden wären. Tatsächlich flossen sie aber überwiegend in den Konsum (über Renten, Lohnerhöhungen usw.) und entfachten auf diese Weise bestenfalls ein Strohfeuer, das rasch wieder erlosch, ohne nachhaltige Wirkung zu hinterlassen. Kaum war eine solche „Kaufkraftspritze", wie man das beschönigend nannte, verpufft, musste man eiligst eine neue ansetzen.

Kaufkraft-theorie

Um dieses schöne Spiel zu rechtfertigen, entwickelte man eine ganze „Kaufkrafttheorie". Dieser Konsumlehre lag die These zugrunde, wenn man die Nachfrage steigert, wird auch mehr produziert, gibt es mehr Beschäftigung. Das klingt so schön plausibel, ist deshalb auch zur Lieblingstheorie der Gewerkschaften geworden, um überzogene Lohnforderungen zu rechtfertigen, stimmt aber leider nicht. Wenn es so einfach wäre, bräuchte man nur Hunderteuroscheine zu verteilen, damit die Leute mehr kaufen können. Aber jeder weiß inzwischen, dass die Vermehrung der Geldmenge ohne entsprechende Vergrößerung der Gütermenge Inflation bedeutet und Inflation vernichtet Arbeitsplätze. (Das hat in den 1970er Jahren auch ein bedeutender Ökonom namens Helmut Schmidt lernen müssen, der meinte, 5 % Inflation seien ihm lieber als 5 % Arbeitslosigkeit und am Schluss beides bekam.) Warum das nicht funktioniert? Weil es ein Irrtum ist, dass man nur die Nachfrage steigern muss, damit mehr produziert wird. (Was für den einzelnen Betrieb gilt, stimmt noch lange nicht für die Volkswirtschaft als Ganzes, ein ebenfalls weit verbreiteter Irrtum.) Der Weg ist gerade umgekehrt, und man kann leicht selbst darauf kommen, wenn man etwas nachdenkt, bevor man urteilt (was allerdings vielen Leuten zu unbequem ist). Man muss sich nur fragen, wie denn die Leute überhaupt zu dem Geld kommen, mit dem sie als Käufer am Markt nachfragen. Wer Geld ausgeben will, muss es zuerst verdienen (wenn man nicht ausschließlich auf Pump lebt, was allerdings nur begrenzte Zeit möglich sein soll). Zu seinem Arbeitsverdienst kommt man, indem man arbeitet und dabei etwas produziert, seien es Güter oder Dienste.

Produktion schafft Nachfrage

Im Wirtschaftskreislauf von Angebot und Nachfrage bildet also die Produktion den Anfang und nicht das Ende: Erst muss man die Produktion steigern, dann entstehen mehr Einkommen, und erst dieses Mehr an Löhnen kann als erhöhte Nachfrage am Markt auftreten. Dass erst mehr produziert werden muss, damit mehr Nachfrage entsteht, (und nicht umgekehrt) mag manchem als Wortklauberei oder müßiger Streit erscheinen (was war zuerst da, die Henne oder das Ei). Es ist aber eine fundamentale Tatsache, die nicht ungestraft vernachlässigt

166

werden darf, wie die gegenwärtige Wirtschaftskrise und die Schuldnerstaaten zeigen. Die Einkommen, mit denen die erzeugten Güter gekauft werden, stammen aus der Produktion dieser Güter selbst. Wenn also mehr Kaufkraft geschaffen und die Nachfrage gesteigert werden soll, muss zuerst mehr produziert werden.

Aber wie soll man die Produktion steigern, wenn es unausgelastete Kapazitäten gibt? (Bei dieser Frage muss man sich wieder davor hüten, einzelwirtschaftliche und volkswirtschaftliche Betrachtung unzulässig zu vermengen). Einzelne Branchen mögen unterbeschäftigt sein, weil sie nicht mehr wettbewerbsfähig sind (zum Beispiel aufgrund mangelnder Innovation oder zu hoher Kosten, was man heute etwas beschönigend „strukturelle Defizite" nennt). Deshalb kann die Volkswirtschaft dennoch wachsen, ihre Produktion steigern, durch Investitionen in neue Kapazitäten für neue Produkte, die neue Einkommen schaffen und damit auch neue Nachfrage für die unausgelasteten Betriebe. Es kann sogar möglich sein, dass man sich zunächst mit niedrigeren Löhnen zufrieden geben muss, um wettbewerbsfähiger zu werden. Entscheidend sind nicht die einzelnen Lohnsätze, sondern es ist die durch Produktion entstandene Gesamtlohnsumme einer Volkswirtschaft, die zu Wachstum führt.

Strukturelle Defizite

Dass der Staat Arbeitsplätze schaffen kann, wird besonders von sozialistischen Politikern immer wieder versprochen. Doch das ist ein weiterer gern geglaubter Irrtum. Der Staat kann noch nicht einmal bestehende Arbeitsplätze garantieren, geschweige denn Vollbeschäftigung. Allerdings kann er umgekehrt erheblich dazu beitragen, Arbeitsplätze zu vernichten, wenn er die falschen Rahmenbedingungen setzt. Produktive Arbeitsplätze (und um die allein geht es, um solche, in denen mehr erzeugt als verbraucht wird), kann allein die Wirtschaft schaffen. Der Staat soll ihr dabei helfen, am besten indem er sie nicht behindert oder unnötig belastet, etwa gar ihre „Belastbarkeit ausprobiert" (auch ein Lieblingsgedanke sozialistischer Politiker).

Der Staat schafft Arbeitsplätze

Und die vielen Arbeitsplätze im öffentlichen Dienst? Um es einmal verkürzt, aber drastisch zu sagen: Sie sind nicht produktiv (obwohl sie Millionen Tonnen beschriebenes Papier produzieren). Sie sind bestenfalls die notwendige Hilfe, um die Rahmenbedingungen (Rechtsordnung, Infrastruktur usw.) zu gewährleisten, damit die Wirtschaft produzieren kann. Ins Groteske steigert sich der Irrtum, wenn man glaubt, Arbeitslosigkeit beseitigen zu können, indem der Staat noch mehr Leute beschäftigt. Wenn die Volkswirtschaft insgesamt wachsen

Ein „schlanker Staat"?

soll, muss der Staat seine Ausgaben kürzen und zwar nicht nur Sachausgaben, sondern vor allem auch Personalausgaben. Damit werden zwar Beschäftigungsplätze gestrichen und es gibt vorübergehend mehr Arbeitslose. Aber wenn dadurch die Steuerlast für die Wirtschaft sinkt, entstehen dort umso rascher neue Arbeitsplätze (diesmal produktive).

Es wird zu viel gespart

Die Behauptung, dass die Menschen zu viel sparen und mehr konsumieren sollten, muss dem „gesunden Menschenverstand" als widersinnig erscheinen. Es ist ein Hauptargument der Kaufkraft-Theoretiker, die dem Irrtum anhängen, wenn nur der Konsum erhöht wird, und sei es durch Schulden, dann wächst die Wirtschaft und alles wird gut (siehe oben). Die Forderung, weniger zu sparen, die in der Vergangenheit immer wieder in die Irre geführt hat, wird jedoch auch heute noch verschiedentlich mit Nachdruck erhoben. So hat kürzlich der „Wirtschaftsweise" (Mitglied des Sachverständigenrates) Professor Peter Bofinger gefordert, weniger zu sparen und mehr Schulden zu machen.(*Spiegel* 33/2014) Das klingt verwunderlich, wenn man bedenkt, dass nur aus dem ersparten Kapitalstock inflationsfrei Investitionen getätigt werden können, und wenn man sich daran erinnert, dass die seit langem anhaltende Wirtschaftskrise vor allem dadurch entstanden ist, dass viele Staaten zu hohe Schulden angehäuft haben. Aber das ficht Wissenschaftler wie Professor Bofinger nicht an, sie sind nach wie vor der Überzeugung, dass man fleißig weiter Schulden anhäufen soll, damit es besser wird, auch wenn sich das bisher immer als Irrweg erwiesen hat.

Vergessene Klassiker

Solche Rezepte, die heute vielfach zur Belebung der Konjunktur in den Krisenländern und zur Absicherung unseres guten Beschäftigungsstandes in Deutschland empfohlen werden, muten reichlich hilflos an und zeugen von Ratlosigkeit, wenn man sich daran erinnert, dass die Klassiker das alles schon einmal besser wussten, und dass viele Irrtümer hätten vermieden werden können, wenn man ihnen gefolgt wäre. „Für die klassischen Nationalökonomen stand es außer Frage, dass jede Krise genau dort geheilt werden muss, wo sie ihren Ursprung hat …", schreibt Kurt Richebächer in seinem Buch „Im Teufelskreis der Wirtschaftspolitik – Fiskalsozialismus verdrängt die Marktwirtschaft", das er 1980 als Analyse der ersten Wirtschaftskrise verfasste, die die junge Bundesrepublik Deutschland zu überstehen hatte. Er begründet darin auch seine Empfehlung: „Um die Nachfrage auf Dauer zum Laufen zu bringen, muss man die Produktion zum Laufen bringen." Richebächer zeigte dabei auch die Ursachen der großen Weltwirtschaftskrise Ende der 1930er Jahre auf und wenn er von den Fehlern spricht, die damals die Regierungen und vor allem die Notenbanken in ihrer Geldpolitik gemacht haben, wird man lebhaft an die EZB erinnert.

Überhaupt nimmt die Szene mit den praktizierten Fehlleistungen immer mehr geradezu groteske Züge an. Wenn die Jünger der Konsumtheorie Recht hätten bräuchte man doch nur Hunderteuroscheine zu verteilen, schrieb ich oben, und das sollte ein Witz sein, dessen Formulierung schon aus den 1980er-Jahren stammt. Aber offenbar ist nichts so verrückt, als dass es nicht wahr werden könnte. Wie der *Spiegel* (2/2015) unter der Überschrift „Operation Hubschrauber" berichtet, empfiehlt eine Gruppe von Ökonomen ernsthaft, die EZB möge Geld an die Leute verteilen, (vielleicht aus dem Hubschrauber abwerfen), um den Konsum anzukurbeln. Das würde allerdings nicht schlecht zu der epochalen Erfindung des Negativzinses passen, wie man einräumen muss. Auch wenn im Vorfeld zu den griechischen Wahlen berichtet wird, die Bundesregierung halte ein Ausscheiden Griechenlands aus der Euro-Zone nunmehr für verkraftbar, nachdem sie es vor vier Jahren, als es viel leichter gewesen wäre und weniger gekostet hätte, für ausgeschlossen hielt, wundert einen das nicht mehr.

Operation Hubschrauber

Der Staat ist für alles zuständig

Dass der Staat Rechtsordnung und Sicherheit gewährleisten muss, damit ein Gemeinwesen gedeihen kann, leuchtet jedem ein. Aber dass der Staat schlechthin für alles zuständig sein soll, erweist sich immer wieder als Irrweg mit üblen Folgen. Wie sehr Staatseingriffe in die Wirtschaft schädlich sein können, wurde bereits beschrieben. Aber das ist längst nicht der einzige Lebensbereich, in den die „Etatisten" immer stärker eingreifen und die individuelle Freiheit des mündigen Bürgers beschränken. Nach sozialistischer Denkweise ist der mündige Bürger ohnehin suspekt, der in allen Lebenslagen betreute und damit beherrschbare Mensch ist ihr viel lieber. Die Vorstellung von der Omnipotenz des Staates hat einen historischen Hintergrund. Ludwig von Mises hat ihn in seinem Buch „Im Namen des Staates oder die Gefahr des Kollektivismus" (1978) eindrucksvoll beschrieben.

Der omnipotente Staat

Seit Hegel, für den der Staat eine Art Gottersatz war, hat besonders in Deutschland die Staatsgläubigkeit immer großen Einfluss gehabt. Die Deutschen haben erst nach Revolutionen und Kriegen zur Demokra-

Staatsgläubigkeit

tie gefunden. In ihrer Denkweise sind sie in der Staatsgläubigkeit des Obrigkeitsstaates hängen geblieben. Das macht sie für den Sozialismus so empfänglich und macht ihnen den Umgang mit der Freiheit so schwer.

Versorgungsstaat

Die deutlichste Ausprägung der Allzuständigkeit des Staates war der von den Sozialpolitikern aller Couleur angestrebte Versorgungsstaat, vor dem Ludwig Erhard immer wieder warnte, der sich aber trotzdem immer stärker entwickelte. Seine nachteiligen Folgen zeigen sich nicht nur in wachsenden Staatsschulden, sondern hinterlassen ihre Spuren vor allem in der Einstellung der Menschen, die sich immer mehr der Eigenverantwortung entziehen, weil es so bequem ist, sich auf den Staat zu verlassen.

Betreuungsstaat

Helmut Schelsky hat in den 1970er-Jahren den Gegensatz zwischen dem selbstständigen und dem betreutem Mensch auf den Punkt gebracht und treffend geschildert. „Betreute" sind jene, die Eigenverantwortung scheuen und sich der Herrschaft der Betreuer unterwerfen oder nach ihren Lebensumständen unterwerfen müssen. Schelsky fand, dass eine neue „Sozialreligion" entstanden ist und beschreibt diesen Zustand in seinem Buch: „Die Arbeit tun die anderen – Klassenkampf und Priesterherrschaft der Intellektuellen" (1975). Ein ganzes Heer von Betreuern ist inzwischen entstanden und muss offenbar ständig erweitert werden. Flankierend zu solchen Maßnahmen wirkte das Idealbild der „antiautoritären Erziehung", sodass am Ende wahrscheinlich eine Schulklasse mit einem Lehrer nicht mehr auskommt, sondern auch gleichzeitig ein Psychologe mit dabei sein muss.

Der Staat ersetzt die Familie

Wie Sozialisten über die Familie denken, konnte man im 11. Familienbericht der damaligen Bundesregierung unter Helmut Schmidt nachlesen. Dort wurde die Familie als Zwangsinstitution bezeichnet, die bürgerliche Familie sei ein Herrschaftsgebilde zur Aufrechterhaltung kapitalistischer Zustände und dabei werde die Frau unterdrückt. Deshalb greift der Staat immer stärker in die Familie ein, und fördert den familienfeindlichen Trend, der sich seit der 68er Kulturrevolution herausgebildet hat. Das sozialistische Idealbild ist der lückenlos betreute Mensch, der als Baby schon der mütterlichen Betreuung weitgehend entzogen wird und stattdessen in der Kita bei überforderten Erzieherinnen aufbewahrt wird.

Verbotskultur

Darüber hinaus hat sich eine richtige Verbotskultur entwickelt, der besonders die Grünen anhängen. Es gibt nichts, was nicht erst einmal

170

durch Verbote geregelt werden könnte. Auch im Alltag wird das für jedermann immer stärker spürbar. Der Bürger ärgert sich über viele überflüssige Reglementierungen, aber er ist ihnen hilflos ausgesetzt.

Dabei sind viele Reglementierungen nicht nur überflüssig, sondern sogar schädlich, wie beispielsweise Alexander Neubauer mit Bezug auf den „Ökofimmel" darlegt: Die Energiesparbirne gehört in den gefährlichen Sondermüll, die ausgespülten Joghurtbecher werden nicht recycelt, sondern verfeuert, und für das Biobenzin im Autotank wird der Regenwald gerodet, ein Liter Maisbenzin liefert weniger Energie als bei seiner Herstellung verbraucht wurde, wer sich eine neue, sparsamere Heizung anschafft, wird statt belobigt, dafür bestraft, weil er künftig das teurere Bioheizöl verwenden muss. **Ökofimmel**

Um alle diese Fortschritte richtig zu würdigen, sollte man sich vielleicht einmal die altmodische Denkweise von früher vor Augen halten, wie sie zum Beispiel in dem Zitat von Abraham Lincoln zum Ausdruck kommt, das Margret Thatcher immer in ihrer Handtasche bei sich trug: „Man kann keinen Wohlstand schaffen, wenn man die Sparsamen entmutigt. Man kann die Schwachen nicht stärken, wenn man die Starken schwächt. Man kann dem Arbeitnehmer nicht helfen, indem man den Arbeitgeber schröpft. Man kann nicht Brüderlichkeit fördern, wenn man Klassenhass schürt. Man kann auf geborgtes Geld keine soziale Sicherheit gründen. Wenn man mehr ausgibt, als man verdient, werden Schwierigkeiten nicht ausbleiben. Man kann nicht Mut und Charakterstärke erwarten, wenn man Eigeninitiative und Unabhängigkeit unterdrückt. Man kann den Menschen nicht auf Dauer helfen, wenn man für sie tut, was sie besser selbst tun könnten und sollten." **Lincoln**

Der Mensch steuert das Klima

Die Vision vom Klimawandel, den der Mensch verursacht, wurde bereits beschrieben. Dass sich das Klima immer wieder ändert ist eine uralte Erfahrung und kann nicht angezweifelt werden. Strittig sind die Ursachen des Klimawandels. Als herrschende Meinung gilt derzeit die CO_2-Theorie mit dem Treibhauseffekt. Sie ist sehr wertvoll und sehr wirkungsvoll. Wertvoll, weil sie für Tausende von Forschern, Instituten und Helfern die Erwerbsgrundlage bildet. Wirkungsvoll, **Das verflixte CO_2**

weil sie, hauptsächlich über die Forderung zur CO2-Reduzierung, die Entwicklung ganzer Wirtschaftszweige von der Auto-Industrie bis zur Energiewirtschaft entscheidend beeinflusst. Der Mensch, so meint man, kann auf diese Weise den Klimawandel steuern oder verhindern.

Ein grandioser Irrtum

Wenn jedoch der Einfluss des CO2 auf das Klima praktisch vernachlässigbar ist und sich die ganze Klimapolitik, die auf der CO2-These aufbaut, als gigantischer Irrtum erweisen sollte, dann hat dieser grandiose Irrtum grandiose Fehlinvestitionen bewirkt, die zu einer ebenso schweren wie unnötigen Last werden. Erste Anzeichen machen sich bereits bemerkbar, indem die Stromverbraucher zur Kasse gebeten werden, um die überzogenen Subventionen für erneuerbare Energien zu bezahlen.

Ökodiktatur

Aber am Ende geht es nicht nur ums Geld. So wie sich diese Art von Ökodiktatur, die auf unbewiesenen Hypothesen beruht, ständig ausbreitet, muss noch einmal an Václav Klaus erinnert werden, der in seinem Buch „Blauer Planet in grünen Fesseln" (2007) konstatiert: Nicht das Klima ist bedroht, sondern unsere Freiheit und unser Wohlstand!

Die großen Veränderungen

Von der bürgerlichen zur Massengesellschaft

Wir leben in einer Massengesellschaft. Was das bedeutet, darüber hat bereits Sören Kierkegaard (1813–1855), der als Begründer der Existenzphilosophie gilt, nachgedacht. Kierkegaard sah, wie sehr die Presse die Menschen beeinflusst und ihnen fertige Meinungen liefert, die sie mangels eigener Meinung bereitwillig übernehmen. Der Einzelne verschwindet auf diese Weise in der Masse, nicht anders als das Vieh in der Herde. Das Individuum geht im nivellierenden Kollektiv verloren. Diese Gefahr sah Kierkegaard vor allem auch im Sozialismus, für den das Kollektiv bestimmend ist.

Wie sich der Einzelne als Teil einer Masse verändert, hat Gustave Le Bon (1841–1931) in seiner „Psychologie der Massen" beschrieben. Als Glied einer Masse steigt der Mensch auf der Leiter der Kultur mehrere Stufen hinab. Als Einzelner war er vielleicht ein gebildetes Individuum, in der Masse ist er ein Triebwesen. In der Herde fühlt man sich am wohlsten, sei es im Fußballstadion, beim Public Viewing oder in der Open Air Show. Warum sonst ganz vernünftige Menschen sich bei bestimmten Gelegenheiten wie Herdenvieh verhalten, fragt niemand. Es ist ein Umstand, der offenbar in der menschlichen Natur liegt und hingenommen wird.

Ein eindrucksvolles Beispiel dafür bietet die Love Parade, die 2010 in Duisburg veranstaltet wurde. Es war ein tragisches Ereignis, bei dem durch eine Panik 21 Menschen starben und 541 verletzt wurden. Die *Bild*-Zeitung hatte das „Event" als „geilste Party der Welt" begeistert angekündigt. Nach dem Unglück herrschte tiefe Betroffenheit und eine Art Staatstrauer. Der damalige Bundespräsident Christian Wulff sprach von einer furchtbaren Katastrophe „während eines friedlichen Festes fröhlicher junger Menschen". In einem jahrelangen Prozess wurde anschließend nach Schuldigen gesucht. Wer Kritik übte, wurde von den Medien, die das Ereignis vorher hochgejubelt hatten, niedergemacht. So geschah es der Publizistin Eva Herman, deren realistische Schilderung des Ereignisses nicht ins Bild der Medien passte. Sie hatte davon gesprochen, dass die Love Parade „in Wahrheit eine riesige Drogen- Alkohol- und Sexorgie" war. „Betrunken oder vollgekifft wiegen sich die dünn bekleideten Körper in rhytmischem Zucken wie in Trance". Ihre Schlussfolgerung: „Wer sich betrunken und mit Drogen vollgedröhnt die Kleider vom Leib reißt, wer die letzten Anstandsnormen feiernd und tanzend einstürzen lässt, und wer dafür auch noch von den Trägern der Gesellschaft unterstützt wird, der ist nicht weit vom Abgrund entfernt. Die Achtundsechziger haben ganze Arbeit geleistet!" Der *Spiegel* berichtete, wie Polizisten, die für Ordnung sorgen wollten, beschimpft und bedroht wurden und zitiert einen Polizisten: „Die waren nicht in Panik, die waren nur völlig genervt und wollten einfach raus."

Aufstand der Massen Wie sehr die Masse in der modernen Gesellschaft den Ton angibt, hat Ortega Y Gasset (1883–1955) bereits 1930 dargestellt. Er sprach von einem „Aufstand der Massen". Der Durchschnittsmensch kennzeichnet die Masse, Masse ist jeder, der sich nicht selbst einen besonderen Wert beimisst, der sich selbst für Durchschnitt hält und „sich in seiner Haut wohlfühlt, wenn er merkt, dass er ist wie alle", meint Ortega. Er fand, Europa befinde sich in einer Krise durch das Aufkommen unqualifizierter Massen, die über sich selbst nicht entscheiden können. Egoismus und Trägheit drohen alle Lebensbereiche zu nivellieren. Der Massenmensch möchte die Stelle der Eliten besetzen, ohne dass er die Einstellung der Elite hat.

Massengesellschaft heute Inzwischen hat die Massengesellschaft durch die Entwicklung der Technik noch eine viel deutlichere Ausprägung gefunden. Mit Fernsehen und Internet sind neue Massenmedien entstanden. Auch die Kommunikation der Menschen untereinander hat bisher ungeahnte Dimensionen erreicht. Theoretisch ist heute jeder mit jedem verbunden. Praktisch haben sich durch die sozialen Netzwerke im Internet (Facebook usw.) über Ländergrenzen hinweg weltweit neue Schwerpunkte persönlicher Kommunikation gebildet. Dazu kommt die Steigerung der Mobilität, die vom Massentourismus bis zur Raumfahrt reicht. Aber auch unter den neuen Möglichkeiten hat sich nicht der Individualismus wieder stärker ausgeprägt, sondern die Züge der Massengesellschaft haben sich verstärkt. Die Masse ist das Leitbild der Gesellschaft.

174

Alles, was den Charakter der Masse ausmacht, ist zum Leitbild geworden. Das beginnt mit Äußerlichkeiten, und endet mit der Manipulierung der öffentlichen Meinung in der Politik. Die Medien richten sich nach dem Massengeschmack, vielleicht muss man treffender sagen, sie kreieren den Massengeschmack.

Masse als Leitbild

Die äußeren Kennzeichen der Massengesellschaft kommen im Schlagwort der Proletarisierung zum Ausdruck. Die Soziologen verstehen darunter vor allem die Angleichung der Mittelschicht an die Unterschicht. Die verstärkte Gleichmacherei, die besonders seit der 68er Kulturrevolution einsetzte, hat auch eine verstärkte Proletarisierung bewirkt. Die Mittelmäßigkeit ist zum Leitbild geworden. Und der wachsende Wohlstand zog keineswegs auch eine geistige Anpassung nach sich. „Im materiellen Bereich verbürgerlichen die Arbeiter; im geistigen Bereich vollzieht sich umgekehrt eine Anpassung an Unterschichtsmentalität, den bürgerlichen Werten entgegensetzte Haltungen." (Noelle-Neumann 1978) In seinem Buch „Das unaufhebbare Nichtbescheidwissen der Mehrheit" spricht Jan Philipp Reemtsma von dem Kulturverfall, der in der Massenkultur, im Fernsehen und in der „Spaßgesellschaft" zum Ausdruck kommt. Er verachtet „den Mob, der sich in den Fernsehstudios ankeift, den Mob vor den Bildschirmen, der sich was Besseres dünkt."

Proletarisierung

Das beginnt mit dem Erscheinungsbild der Leute, in dem der „Schlamperlook" vorherrscht. Lässigkeit, oder genauer gesagt, Nachlässigkeit, beherrscht das Bild und das Positive ist sicher ein Zugewinn an Bequemlichkeit. Aber das wird bezahlt mit einem Verlust an Ästhetik und Eleganz. Die Mode hat sich überwiegend auf billigen Massengeschmack eingestellt. Alles ist verknautscht und verkrumpelt. Man lässt sich gehen. Mit dem permanenten Freizeitdress schwindet auch ein Stück innerer Haltung.

Schlamperlook

Ein besonderes Merkmal der heutigen Massengesellschaft sind die Massenmedien und ihr maßgebender Einfluss. Typisch für die Kommunikationskultur ist die *Bild*-Zeitung. Die Boulevard-Presse wirkt stilbildend. Auch das neue Massenmedium Fernsehen ist von seichter Unterhaltung und billigem Entertainment geprägt. Früher wurde noch gesungen, aber heute wird nur noch gebrüllt und das auf englisch und elektronisch verstärkt. Was in „Comedies" an „Humor" verkauft wird, ist blanker Blödsinn im wahrsten Sinne des Wortes. Gehaltvolle Produktionen bilden die Ausnahme. Immerhin, es gibt sie, und dafür muss man dankbar sein.

Massen-Unterhaltung

Die Macht der Medien

Kommunikation in der Massengesellschaft

Kommunizieren, sich mitteilen, mit anderen reden, dafür gibt es für jeden ausreichend Gelegenheit, in der Familie, im Beruf, unter Freunden. Man hört, was andere meinen und man sagt, was man selbst denkt. Dieser Austausch ist eigentlich das Natürliche, aber für die meisten ist er nur ein geringer Teil der Kommunikation. Weitaus größer ist meist der Teil der Kommunikation, der nicht aus Austausch besteht, sondern nur aus Rezeption, aus Entgegennahme von Informationen und Meinungen, als Endstation einer Einbahnstraße, die von den Medien zum Einzelnen führt. Da werden einem nicht nur Informationen dargeboten, sondern es wird auch Meinung und Gegenmeinung mitgeteilt, man erfährt was „man" von einer Sache hält, ohne dass man genau gewahr wird, wer dieser „man" denn eigentlich ist. Aber es scheint da eine mehrheitliche Übereinstimmung zu geben, mit der eine bestimmte Ansicht vertreten wird und die darüber entscheidet, was richtig ist. Dieses geheimnisvolle Etwas, das einem mitteilt, was man von einer Sache zu halten hat, wird öffentliche Meinung genannt.

Massenmedien

Der Überbringer von Nachrichten und Meinungen ist die Presse, von der schon Kierkegaard gesprochen hat (siehe oben). Insofern hat sich seit Kierkegaards Zeiten nichts Grundlegendes verändert. Doch die Dimension, die Reichweite, und die Durchschlagskraft haben sich erheblich verstärkt. Deshalb sprechen wir heute zu Recht von Massenmedien. Bei den Printmedien hat die Boulevard-Presse die größte Reichweite, gefolgt von regionalen und überregionalen Tageszeitungen. An der Spitze der Kommunikationsindustrie aber stehen die elektronischen Medien, angeführt vom Fernsehen und immer stärker flankiert vom Internet. Sie sorgen für eine Dichte und Durchschlagskraft der Übermittlung von Information und Meinung, wie es zu Kierkegaards Zeiten niemand erahnen konnte. Durch die technische Entwicklung in den letzten 60 Jahren haben die Medien, wie wir sie heute nennen, eine bisher nie gekannte Wirkungsmöglichkeit erlangt, durch die nicht nur Information und Wissen verbreitet, sondern auch Meinungen aufgedrängt werden und damit Macht ausgeübt werden kann.

Öffentliche und veröffentlichte Meinung

Dass es in manchen Fällen beträchtliche Unterschiede gibt zwischen dem, was die Medien propagieren und dem, was die meisten Menschen wirklich denken, das hat die Demoskopie ans Licht gebracht und sie ist auf diese Weise der Gegenspieler der Massenmedien. Eli sabeth Noelle beschreibt das so: „Die Macht der Medien besteht darin, zu veröffentlichen oder nicht zu veröffentlichen bis hin zum ‚blow up' und zum Totschweigen. Die Macht der Demoskopie besteht darin, etwas zu fragen oder nicht zu fragen und mit dieser ‚agenda setting function' wird sie zum Störenfried, zur Konkurrenz für die Medien, wenn sie dem Medientenor widersprechende Ergebnisse zutage fördert." Die Demoskopie kann den Unterschied zwischen öffentlicher und veröffentlichter Meinung offenlegen.

Die Menschen, die die Medieninhalte produzieren, werden im Ideal- **Die Journa-** fall als der Objektivität verpflichtete Berichterstatter gesehen. Das sind **listen** sie aber vielfach nicht. Zwar wird sich eine gewisse Subjektivität nie ganz vermeiden lassen. Wenn aber die Subjektivität im Vordergrund steht und der Journalist nur die eigene Weltsicht verbreiten will, und das mit missionarischem Eifer, dann sieht es schon anders aus. Die Parteilichkeit vieler Journalisten hat dazu geführt, dass Erscheinungen wie die Quasi-Zensur durch Political Correctness oder Skandalierungen in dieser Breite erst möglich wurden und die Kluft zwischen öffentlicher und veröffentlichter Meinung vertieft haben. Parteilichkeit ist im übrigen durchaus wörtlich zu nehmen: nach einer demoskopischen Untersuchung aus dem Jahr 2012 liegt die parteipolitische Präferenz deutscher Journalisten bei den Grünen zu 33,8 %, es folgt die SPD mit 20,8 % und weit abgeschlagen CDU und CSU mit 7,6 % und schließlich die FDP mit 6,9 %. Darüber hinaus gibt es offenbar die Sicht begrenzende Vorurteile, mit denen eine ganze Generation von Journalisten aufgewachsen ist. Dazu gehören Kampfbegriffe wie der „Kampf gegen Rechts" ebenso wie Öko- und Klimawandel- oder Zuwanderer-Besessenheit. Dass auf diese Weise viele Journalisten immer stärker gegen die Interessen ihrer Leser anschreiben, wird nicht gerade dazu beitragen, den Auflagenschwund der Printmedien zu stoppen.

Die Journalisten haben die Möglichkeit, die Themen auszuwählen, **Das Kartell der** über die sie berichten. Sie haben es in der Hand, den Zugang zur Öf- **Meinungs-** fentlichkeit zu gewähren oder zu verweigern. Ein Ereignis, über das **macher** die Medien nicht berichten, hat gewissermaßen gar nicht stattgefunden, Die Wirkung der Selektion kann erheblich dadurch verstärkt werden, dass sie durch Übereinkunft gebündelt wird. Alle wählen die gleichen Themen aus. Journalisten sind ohnehin stark an den Kollegen orientiert. Jeder schaut, was die anderen schreiben und hängt sich schleunigst an, er könnte ja sonst als rückständig gelten. Es sind einige wenige Leitmedien, die sozusagen bestimmen, was auf die Tagesordnung kommt. Meist funktioniert dieses Kartell der Meinungsmacher so, dass der *Spiegel* am Wochenende das Schwerpunktthema vorgibt, das dann von den anderen aufgegriffen und „thematisiert" wird. Themenselektion in weitgehender Übereinkunft, Isolationsdrohung und Ausgrenzung von Nonkonformisten, unter Umständen auch gezielte Skandalierung, das sind die Mittel, mit denen die Massenmedien die öffentliche Meinung massiv beeinflussen.

Political Correctness

Wer den Meinungsmarkt beherrscht, kann Macht ausüben. Deshalb wird immer wieder versucht, in einer Form von moralischer Nötigung bestimmte Sprachregelungen durchzusetzen. Hinter solchen „Political Correctness"-Forderungen steht immer auch der Versuch einer moralischen Differenzierung nach dem Motto: „Wir sind die Guten, die anderen sind die Bösen". Adornos geistige Nachfahren, die „68er", Faschismus-Warner und Antisemitismus-Beschwörer, übten besonders in den 1960er- und 1970er-Jahren eine Art „geistig-kultureller Hegemonie" aus. Die Medien wurden von Linksintellektuellen beherrscht, die eine entsprechende Meinungsmacht ausübten. Sie verbreiteten unablässig die These, dass in der Bundesrepublik die Freiheit durch Rechtsextremismus, Faschismus und Antisemitismus bedroht sei. Es ist ihnen gelungen, eine politische Sprachregelung durchzusetzen, die bis heute anhält, obwohl solche „Political Correctness" mit der Meinungsfreiheit, die zu den Grundbedingungen einer liberalen Demokratie gehört, unvereinbar ist. Alle, die nicht „politisch korrekt" in ihrem Sinne denken, werden von ihnen durch Diffamierungskampagnen ausgegrenzt, gegen die man sich praktisch nicht wehren kann. „Correctness-Diktatur" nennt das Martin Walser.

Correctness Diktatur

In den USA, dem Ursprungsland des Begriffs, befand Präsident George H. W. Bush am 4.5.1991 in einer Rede an der Universität Michigan: „Die Idee der politischen Korrektheit hat im ganzen Land eine Kontroverse entfacht. Und obwohl die Bewegung aus dem lobenswerten Bedürfnis entstanden ist, Überreste von Rassismus und Sexismus und Hass wegzufegen, ersetzt sie nur alte Vorurteile durch neue. Sie erklärt bestimmte Themen zum Tabu, bestimmte Ausdrücke zum Tabu und sogar bestimmte Gesten zum Tabu. Was als Kreuzzug für Anstand begann, ist umgeschlagen in einen Konfliktherd und sogar in Zensur." Matthias Matussek bezeichnete 1993 im *Spiegel* die politisch Korrekten als eine Sprach-und Denkpolizei radikaler Minderheiten. Bundespräsident Joachim Gauck äußerte 2010 im Zusammenhang mit der Sarrazin-Debatte, die politische Klasse könne daraus lernen, „dass ihre Sprache der politischen Korrektheit bei den Menschen das Gefühl weckt, dass die wirklichen Probleme verschleiert werden sollen."

Eine erste gesetzliche Fixierung hat die Political Correctness 2006 im Allgemeinen Gleichbehandlungsgesetz gefunden, in dem Klaus Adomeit ein neues „Gesinnungszivilrecht" sieht, durch das das Denunziantentum gefördert wird und in dem die neu eigerichtete Antidiskriminierungsstelle als Gesinnungspolizei fungiert. Dieses Antidiskriminierungsgesetz kam vor allem auf Initiative der Grünen zustande, unterstützt von Behinderten-, Frauen-, Lesben- und Schwulenverbänden. Es soll bestimmte Minderheiten schützen, führt aber praktisch zu ihrer Bevorzugung und diskriminiert dafür Mehrheiten wie Familien, Kinder und normale Bürger. Mehrheitliche Zustimmung in der Bevölkerung fand dieser „Meilenstein rot-grüner Gesellschaftspolitik" nicht, wie die Demoskopen ermittelten. Trotzdem wurde das Gesetz durchgedrückt, ohne Rücksicht darauf, dass es die Vertragsfreiheit erheblich einschränkt und im Streitfall die Beweislast umkehrt und dem Beschuldigten zuschiebt. **Antidiskriminierungsgesetz**

Die Hüter der politischen Korrektheit operieren besonders gern mit „Totschlagargumenten". Das sind Scheinargumente, die Gegenargumente verhindern und eine Diskussion totschlagen sollen. Seit Adornos Zeiten hat sich da ein beträchtliches Arsenal angehäuft: Rassismus, Sexismus, Antisemitismus, Neoliberalismus, Europafeindlichkeit, Fremdenfeindlichkeit, und wie sie alle heißen. Besonders beliebt ist in letzter Zeit „Rechtspopulismus", wobei noch nie jemand von Linkspopulismus gesprochen hat, was den Schluss zulässt, dass nur Linke die Populismus-Keule schwingen. Journalisten, die solche Totschlagargumente verwenden, ordnen sich selbst auf einem Qualitätsniveau ein, auf dem eine ernsthafte Diskussion ohnehin nicht möglich ist. **Totschlagargumente**

Ein weiteres Machtmittel der Meinungsmacher ist die Erzeugung von öffentlichen Skandalen. Matthias Kepplinger hat dieses Instrument 2005 in seinem Buch „Die Mechanismen der Skandalierung" eingehend beschrieben. Die Opfer solcher Skandalierungen sind im Grunde machtlos, wer sich wehrt, weil er sich ungerecht behandelt fühlt, wird mit Hohn und Spott übergossen und verliert dann erst recht. Um eine gezielte Skandalierung zu überstehen, muss man selbst als mächtiger Mann ein ungewöhnliches Standvermögen haben. Immerhin gelingt das mitunter, wie das Beispiel Ronald Reagans zeigt, der wegen seines Besuchs des Soldatenfriedhofs Bitburg in die Kritik geriet. Meist aber endet die Kampagne mit einem Rücktritt oder einer Art Existenzvernichtung. Die Liste solcher Opfer ist lang, sie reicht von Jenninger über Heitmann, und Hohmann bis zu Wulff. Auch unlieb- **Skandalierung** same Publizisten gehören dazu, wie Eva Herman oder Thilo Sarrazin. Wenn im Mittelalter jemand zur Strafe an den Pranger gestellt wurde, geschah das nach Abschluss eines geregelten Verfahrens. Beim Pranger des Medienskandals ist das anders. „Der moderne Medienpranger geht einem geregelten Verfahren voraus, ersetzt es zuweilen und lässt keine Revision zu. Wer angeprangert wird, bleibt auch dann stigmatisiert, wenn er später freigesprochen wird." (Kepplinger)

Meinungs-
freiheit und
Schweige-
spirale Theoretisch herrscht Meinungsfreiheit. Praktisch beherrschen aber die Massenmedien das Meinungsbild und „politisch Unkorrekte" haben kaum eine Chance mit einer Gegenmeinung überhaupt zu Gehör zu kommen. Ständig ist die Angst präsent, mit einer anderen Meinung ausgegrenzt zu werden und erhebliche Nachteile zu erleiden. So verharrt bei vielen Themen die „schweigende Mehrheit" in der „Schweigespirale", die Elisabeth Noelle-Neumann beschrieben hat

Selbst ein so unerschrockener Mann wie Václav Klaus findet, dass „die Freiheit in Europa unter starkem Beschuss steht. Ich fühle mich unterdrückt, weil man mir nicht erlaubt, meine Meinung zu äußern … Inzwischen gilt nur noch eine sehr enge Bandbreite an Meinungen als politisch korrekt." Wie eng die Freiheit der Meinungsäußerung inzwischen geworden ist, zeigt auch das Thema Islam. In Deutschland kann man das Christentum oder den Papst kritisieren, ohne Ärger zu bekommen, nicht aber den Islam. Islamkritik wird von der Presse geächtet und von der Justiz strafrechtlich verfolgt.

Auf der anderen Seite ist das Massenpublikum technisch versierter geworden und das Internet mit seinen Blogs und sozialen Netzwerken bietet schier unbegrenzte Möglichkeiten der Meinungsvielfalt. Dennoch bleibt dieses Feld der Meinungsfreiheit weitgehend ohne Wirkung im Vergleich zu der Macht, die die Massenmedien durch die veröffentlichte Meinung auf die Politik ausüben.

Wertewandel

Moral der
Gesellschaft Die Moral einer Gesellschaft findet ihren Ausdruck in ihrer Werteordnung. Diese Rangfolge der Werte kann sich ändern. Die Werte selbst ändern sich nicht, aber die Bedeutung, die wir ihnen zuschreiben, wechselt im Laufe der Zeit. Es gibt ein Grundgerüst an Werten, über

das in einer Gesellschaft Einigkeit bestehen muss, wenn sie sich gedeihlich entwickeln soll. Es gibt daneben aber auch ein breites Band an „sekundären Tugenden", die gleichwohl die Moral einer Gesellschaft wesentlich mitbestimmen. Sekundär werden sie deshalb genannt, weil es sich um Eigenschaften handelt, deren Wert zunächst unbestimmt ist, wie zum Beispiel Fleiß, mit dem man sowohl gute als auch schlechte Ziele verfolgen kann. Sekundäre Tugenden erhalten ihren Wert erst durch das Ziel, dem sie dienen. (Spaemann 2001)

Die Grundwerte sind in der Verfassung festgeschrieben, doch viele **Werteord-** Werte außerhalb dieses Grundgerüstes haben sich seither geradezu **nung und** dramatisch verändert. Dass sich gesellschaftliche und individuelle **Wertewandel** Wertvorstellungen im Laufe der Zeit verändern, ist ein ganz normaler Vorgang. Die Entwicklung des Bildungsstandes und der Technik, historische Ereignisse, aber auch der Einfluss politischer Ideen, sind die Auslöser. In Deutschland setzte jedoch 1967 ein Veränderungsschub ein wie man ihn vorher nie gekannt hatte. Die Zustimmung zu dem, was 250 Jahre lang als bürgerliche Tugenden gegolten hatten, sank deutlich. Dass Kinder im Elternhaus Höflichkeit und gutes Benehmen lernen sollten, meinten 1967 81 % der Jugendlichen, 1972 waren es nur noch 50 %. 1967 fanden es nur 24 % der jungen Frauen in Ordnung, unverheiratet mit einem Mann zusammenzuleben, wenige Jahre später waren es 76 %. Es waren auch nicht nur einzelne Werte, die in Frage gestellt wurden, sondern die ganze Lebensführung.

Wie die Demoskopen feststellten, war es die kurze Zeitspanne von **68er Kultur-** fünf Jahren zwischen 1967 und 1972, in der sich diese dramatischen **revolution** Veränderungen vollzogen. Es war eine „Kulturrevolution", die stattfand, ausgelöst durch die Studentenrevolte von 1968. Am bedeutsamsten dabei war der Bruch zwischen den Generationen. Die bislang vorherrschende Übereinstimmung zwischen den Generationen über die gesellschaftlichen Werte ging verloren, sie wurden nicht mehr von einer Generation zur nächsten weitergereicht, wie das jahrhundertelang der Fall war. Die Wertvorstellungen klafften weit auseinander. In der neuen „Ego"-Gesellschaft zählten die alten „preußischen Tugenden" wie Fleiß, Zuverlässigkeit, Pünktlichkeit und Pflichterfüllung nichts mehr. An die Stelle dieser „Pflicht- und Akzeptanzwerte" waren „Selbstentfaltungswerte" getreten. Die bürgerlichen Werte wie: Arbeit, Leistung, Aufstieg, Gerechtigkeit, Bejahung von Unterschieden, Zustimmung zum Wettbewerb, Respekt vor Besitz, Prestigestreben, Anerkennung von Sitte und Anstand, das Gefühl für Recht und Unrecht, wurden verdrängt und verächtlich gemacht. Nicht mehr Selbstständigkeit und Willensstärke, Ordnungsliebe und Fleiß wurden in der Schule angestrebt, so wenig wie Gehorsam und Unterordnung gelehrt wurden. Die alten Erziehungsziele – Kinder sollen Höflichkeit und gutes Benehmen lernen, man soll Kinder dazu erziehen, ihre Arbeit ordentlich zu machen, soll sie zur Sparsamkeit anhalten – verloren an Bedeutung.

Staatsverständnis

Wie sich im Zuge dieser Veränderungen – manche Soziologen sprachen von einem „Werteverfall" – auch die Auffassung von den Pflichten gegenüber dem Staat wandelte, hat Alt-Bundeskanzler Helmut Schmidt in seinem Buch „Auf der Suche nach einer öffentlichen Moral" eindrucksvoll beschrieben. Vor dem Ersten Weltkrieg war der Obrigkeitsstaat für die Deutschen eine Art „Gottersatz" im hegelschen Sinne, nach einer kritischen Phase zwischen den Kriegen folgte dann die Nazi-Diktatur mit einem Rückfall in den „Kadavergehorsam". Für die Generation, die den Krieg miterlebt hatte, waren die 20 Jahre nach dem Zweiten Weltkrieg mit Wiederaufbau und wachsendem Wohlstand in einer freiheitlichen Demokratie eine große Wohltat. Erst die Generation danach, die im Wohlstand aufgewachsen war, begann gegen Gesellschaft, Staat und bürgerliche Moral zu revoltieren. „Der Achtundsechziger-Aufstand ist zwar sang- und klanglos verebbt, aber manche aus dieser Generation, die inzwischen längst erwachsen geworden sind, hängen zum Teil noch immer an ihren verschrobenen Ideen und geben sie weiter – von der ‚antiautoritären Erziehung' bis zum ‚zivilen Ungehorsam', Begriffe wie Verantwortung und Pflicht sind diesen Menschen ziemlich fremd", so Helmut Schmidt.

Mehr Freiheit und Verantwortung

Dass in den fünf Jahren zwischen 1967 und 1972 eine „Kulturrevolution" stattfand, die Veränderungen in der Werteordnung unserer Gesellschaft verursachte, die noch heute anhalten und sich teilweise fortsetzen, hat Elisabeth Noelle-Neumann mit Untersuchungen ihres „Instituts für Demoskopie" eindrucksvoll belegt und in ihrem Buch „Werden wir alle Proletarier? Wertewandel in unserer Gesellschaft", aufgezeichnet. Sie zieht daraus auch noch weitere Folgerungen und meint, die erreichte Verbesserung der materiellen Lebensumstände und die soziale Sicherung reichen nicht aus, um die Menschen mit mehr Befriedigung und mehr Glück zu erfüllen. Auch die Vorstellung, Gleichheit als Gerechtigkeit zu empfinden und Belohnung von Leistung als ungerecht, führt in die Irre. Vielmehr gilt für die Menschen aller sozialen Schichten, dass sie die Möglichkeiten persönlicher Mitwirkung oder Entscheidung, also mehr Freiheit und Verantwortung, als Stärkung der Lebensqualität empfinden.

182

Einstellung zur Sexualität

Die Einstellung zur Sexualität und das geschlechtliche Verhalten war jahrhundertelang ein Tabu-bewehrtes Thema. Das änderte sich erst im 20. Jahrhundert in einer grundlegenden Weise, die man durchaus als Revolution bezeichnen kann. **Sexuelle Revolution**

Die Sexualität hatte bereits Anfang des Jahrhunderts Sigmund Freud (1856–1939) ins Gespräch gebracht, als er 1905 seine „Drei Abhandlungen zur Sexualtheorie" veröffentlichte. Für Freud waren der Sexualtrieb und der Todestrieb die mächtigsten Beweger im menschlichen Seelenleben. Freud plädierte offen gegen eine repressive Sexualmoral und setzte sich für eine Gesellschaft ein, die der Sexualität so viel Raum gewährt, dass ein ausreichendes Maß individueller Glücksbefriedigung möglich wird. Aber eine wirklich revolutionäre Bewegung im Verhältnis der Menschen zur Sexualität kam erst nach dem Zweiten Weltkrieg in Gang. **Freuds Libido-Theorie**

1948 erschien der „Kinsey-Report" über „Das sexuelle Verhalten des Mannes". Damit wurde ein Tabu gebrochen. Von nun an wurden Begriffe und Verhaltensweisen ohne Scheu öffentlich diskutiert, die vorher niemand auszusprechen wagte. Auch in der Literatur und im Film schlug sich die neue Freizügigkeit nieder und natürlich auch im Verhalten der Menschen. So war der Boden vorbereitet für die eigentliche sexuelle Revolution, die durch die Antibabypille bewirkt wurde, die 1962 auf den Markt kam. Sie hat vor allem das Leben der Frauen nachhaltig verändert, die fortan von der Angst vor ungewollten Kindern befreit waren, Sexualität und Fortpflanzung waren entkoppelt. Beziehungen verliefen anders als bisher, konnten schneller eingegangen, aber auch schneller beendet werden. **Sexuelle Freizügigkeit**

Die sexuelle Freizügigkeit, die sich in den 1950er- und 1960er-Jahren ausbreitete, hatte natürlich auch ihre Auswirkungen auf die Ehe. Sie wurde zum Experimentierfeld und das ist ihr nicht immer gut bekommen. Damals wurde über das Modell der „offenen Ehe", über Partnertausch und Gruppensex diskutiert. Auch die Frauen entdeckten ihre Sexualität, was zumindest in der öffentlichen Wahrnehmung mit einem neuen Rollenverständnis verbunden war. Inzwischen hat sich die Experimentierfreude wieder etwas gelegt und man erkennt, dass die alten Geschlechterrollen in der Regel nichts an Gültigkeit eingebüßt haben. Der Trieb der Männer nach Abwechslung ist nach wie **Die Ehe als Experimentierfeld** vor lebendig und verlangt willensmäßige Anstrengung um beherrscht zu werden und andererseits verletzt auch die modernen Frauen nichts tiefer als der Seitensprung eines geliebten Partners.

Totale Emanzipation

In den 60er Jahren war mit Hilfe der „Frankfurter Schule" der Neomarxismus Mode geworden und als in der Zeit der großen Koalition Notstandsgesetzgebung und Vietnamkrieg die Atmosphäre aufheizten, gingen die Studenten auf die Straße, um die „sexuelle, moralische, intellektuelle und politische Revolution in einem" in Gang zu bringen. Die Studentenrevolte von 1968 löste eine Kulturrevolution aus, die die „totale Emanzipation" von Traditionen und Bindungen zum Ziel hatte und die „bürgerliche Moral" zerstören sollte.

Politisierung durch sexuelle Revolution

Eine neue, politische Dimension der sexuellen Liberalisierung leitete der Kommunist und Freud-Schüler Wilhelm Reich (1897–1957) mit seinem 1936 erstmals erschienenen Buch „Die sexuelle Revolution" ein. Er trat für die ungehemmte Entfaltung der Sexualität ein, das würde die Menschen von allen Plagen befreien. Sexualität und Fortpflanzung waren nicht dasselbe, das hatte er mit großer Begeisterung bei Freud gelernt. Die Adepten der sexuellen Revolution liessen sich auch nicht durch den AIDS-Schock beirren. Auch Sex und Liebe waren nun entkoppelt, Sex war bloße Lust um ihrer selbst willen. In den 60er Jahren waren Reichs Schriften in jeder Studentenbude zu finden. Sexuelle Befreiung wurde zur politischen Errungenschaft. „Lest Wilhelm Reich und handelt danach!" stand auf einem Spruchband in der Frankfurter Universität.

Gegen die Elterngeneration

Sexuelle Revolution und die 68er Studentenbewegung wurden für viele zum Synonym. Provozierende Experimente wie die „Kommune 1" erregten Aufsehen, in vielen Städten entstanden „Kinderläden" nach Reichs Devise, kindliche Sexualität sei nicht nur zu tolerieren, sondern tatkräftig zu unterstützen. Eine beliebte These der 68er war, dass unausgelebte Sexualität Aggressivität bis zur Mordlust verursache. „Der Einfluss des kommunistischen Freudianers Reich auf die westdeutschen Bewegungen der Neuen Linken war ohnegleichen. Der Grund für seine enorme Popularität war vor allem das Bedürfnis, den Spieß hinsichtlich »anständigen Betragens« umzudrehen und gegen die Elterngeneration zu richten." (Herzog) Für die 68er stand jedoch am Ende dieser Entwicklung eine Enttäuschung, weil zwar die sexuelle Revolution stattgefunden, aber die politische Revolution nicht nach sich gezogen hatte. Eine andere Wirkung ist jedoch eingetreten: Es sieht so aus, als habe die von der sexuellen Revolution geforderte

Promiskuität die Liebesfähigkeit der jungen Menschen und ihr Glück zumindest nicht gerade gefördert.

Und was die Pädophilie betrifft, so hat die Debatte ihre Protagonisten, besonders unter den Grünen, nach 50 Jahren wieder eingeholt. Heute melden sich die Opfer von damals zu Wort und angeklagt und am Pranger stehen katholische Priester ebenso wie Lehrer der Odenwald-Schule.

Sex mit Kindern

Eine besondere, beschleunigte Entwicklung im Rahmen der sexuellen Revolution hat das Thema Homosexualität genommen. Vor 20 Jahren war sie noch verboten, und jedermann wusste Bescheid, wenn das Stichwort § 175 genannt wurde. 1994 wurde das Verbot aufgehoben und seither hat die Homosexualität eine Entwicklung genommen, die man durchaus als Siegeszug bezeichnen kann. Es werden nun nicht mehr die Homophilen verfolgt, sondern alle, die es wagen, Homosexualität überhaupt in kritischer Weise zu thematisieren. Der Begriff der Homophobie wurde erfunden und ist inzwischen zum Schimpfwort geworden. Außerdem ist er fester Bestandteil der political correctness.

Homo-sexualität

Ein eindrucksvolles Beispiel für den Einfluss der „gay community", oder besser der „Gay Mafia", wie sie der TV-Moderator Bill Maher vom Sender *HBO*, nannte, ereignete sich im Frühjahr 2014 in den USA. „Wenn du ihr über den Weg läufst, wirst Du kaltgemacht", kommentierte Maher. Was war geschehen? Brendan Eich, der Erfinder der Programmiersprache Java Script, hatte 2008 an eine Organisation gespendet, die sich für den Vorrang der traditionellen Ehe einsetzte. Als nun Brendan Eich Chef von Mozilla wurde, die den Internet Browser Firefox betreibt, erschien eines Tages auf dem Browser ein Pop-up-Fenster, in dem zum Boykott von Firefox aufgerufen wurde, weil Eich ein Gegner der Homo-Ehe sei. Brendan Eich musste schließlich als Mozilla-Chef zurücktreten, um der Firma nicht zu schaden. Man könnte annehmen, dass die Verfechter der Homo-Ehe eines Tages aussterben, weil sie ja keine Kinder kriegen können. Aber diese Hoffnung trügt, weil sie immer wieder Zuzug von außen erhalten, sodass alle anderen weiterhin sich political correct verhalten müssen.

Homo-Ehe und die Folgen

Der radikalen Minderheit der Homo-Aktivisten ist es gelungen, sich für die Durchsetzung ihrer Interessen auch des Etiketts der Menschenrechte zu bedienen. Dem universalen Charakter der Menschenrechte tut das eher Abbruch und es führt zu einer inflationären Abwertung

Homo und Gerechtig-keit

des Begriffs, wenn alle möglichen Sonderinteressen zu Menschenrechten deklariert werden. „Was einst als Verbrechen galt, ist in ein Recht verwandelt worden, und was als Gerechtigkeit galt, ist zu einer Verletzung der Menschenrechte geworden." (Jakob Cornides, zitiert nach Kuby) Auch der britische Premier David Cameron meint, dass dadurch „das Konzept der Menschenrechte in Gefahr ist, deformiert zu werden" .Aber wenn von Recht und Gerechtigkeit die Rede ist, könnte die steuerliche Subventionierung von homosexuellen Partnerschaften auch als Ungerechtigkeit empfunden werden, besonders von Eltern, die Kinder aufgezogen haben und die nicht nur die gleichen Rentenansprüche haben, wie kinderlose Ehepaare, sondern nun auch noch zur steuerlichen Besserstellung homosexueller Ehen beitragen sollen.

Homos als Helden Wer sich heute als Homo „outet", darf damit rechnen, dass das nicht nur seine publicity sondern auch sein Ansehen fördert. Homos und Lesben sind zu mutigen Helden des Alltags geworden. Wieder ein Vorgang, bei dem Toleranz, die längst allgemein gegeben war, auf der Gegenseite in Intoleranz umschlug. „Es genügt der Lobby der Homosexuellen nämlich nicht, das sie die Entfaltungsfreiheit für ihre Klientel und die Meinungsführerschaft erstritten hat, sie will jetzt der Minderheit, die noch immer eine abweichende Meinung vertritt, die Freiheit nehmen, Homosexualität weiterhin negativ zu bewerten ... Und die Gerichte sind bereit, dieser unter der Fahne der ‚Antidiskriminierung' vorgetragenen, freiheitswidrigen Forderung nachzugeben ... Was als legitimer Kampf gegen Unterdrückung begann, zeigt eine freiheitsfeindliche Tendenz" (Christian Hillgruber, *FAZ* vom 21.2.2014). In Baden-Württemberg geht die grün-rote Landesregierung noch einen Schritt weiter. Sie will den Bildungsplan 2015 ändern und unter dem Motto „Akzeptanz sexueller Vielfalt" die Kinder mit der Homosexualität vertraut machen. Normal wäre früher gewesen, wenn man über sein Sexualverhalten einfach nicht spricht und solche Umstände dezent und taktvoll verschweigt. Aber derartige Schamgrenzen sind längst gefallen. Ältere Menschen haben bei dem Stichwort Homo immer noch das Problem, dass sie sich in ihrer Phantasie den Vollzug vorstellen und es als abstoßend empfinden, wenn man öffentlich über seine Sexualpraktiken spricht. Aber das ist natürlich nicht mehr zeitgemäß. Wer Homosexualität toleriert, sich aber durch das ständige öffentliche Gerede über Sexualpraktiken belästigt fühlt, darf keine Rücksichtnahme erwarten, niemand schützt ihn davor, dass sein Schamgefühl verletzt wird.

„Gender Mainstreaming", die absolute Gleichstellung der Geschlechter, ist seit 1999 das erklärte Ziel der EU und seitdem wird daran gearbeitet, auch die natürlichen Unterschiede der Geschlechter wegzudiskutieren. Im Zuge dieser Bemühungen hat das EU-Parlament im Februar 2014 einen „EU-Fahrplan gegen Homophobie" beschlossen, den die österreichische Grüne Ulrike Lunacek einbrachte. Wer sich kritisch über Homosexualität äußert, soll es mit dem Staatsanwalt zu tun bekommen, Journalisten sollen angemessen geschult und Kinder entsprechend erzogen werden. „LGBT"-Personen haben Anspruch auf „Inklusion". (LGBT ist eine Abkürzung für Lesbian, Gay, Bisexual und Trans).

Zieht man eine Bilanz der sexuellen Revolution, so ist auf der positiven Seite zu vermerken, dass die Prüderie und die Verklemmtheit früherer Zeiten verschwunden sind und einer Natürlichkeit Platz gemacht haben die man als wohltuend empfinden kann. Die größere Freizügigkeit hat natürlich auch ihre negativen Seiten, die sich in mangelnder Verantwortung, Unlust an Bindungen und mancherlei Geschmacklosigkeiten äußern. Auch wirtschaftlich war die sexuelle Revolution nicht ohne Wirkung. So ist eine florierende Porno-Industrie entstanden, die allerdings ihren Höhepunkt schon überschritten haben dürfte. Wie überhaupt durchaus Anzeichen erkennbar sind, das die „wilden Jahre" der Veränderung vorüber sind und die Gesellschaft sich wieder in ruhigeren Bahnen bewegt. Noch nicht ausgestanden sind die Veränderungen, die durch die Instrumentalisierung der Einstellung zum Sexualverhalten in der Politik im Gange sind und die vielfach als Hebel zur Veränderung der Gesellschaft angesehen werden. Sie betreffen nicht nur die Stellung von Homosexuellen, sondern wirken sich vor allem auch auf die Erziehung der Kinder und auf die Familie aus. Vieles, was früher als Tabu galt, wird heute selbstverständlich toleriert. Wer solche Tabubrüche zwar toleriert, aber nicht ständig mit ihnen konfrontiert werden will, hat allerdings schlechte Karten.

Feminismus

Noch zu Beginn des 20. Jahrhunderts durften Frauen weder wählen, noch konnten sie an Hochschulen studieren. Gegen diese Benachteiligungen und für die Emanzipation der Frauen kämpften die Frauenrechtlerinnen, Ihr Hauptziel war das Frauenwahlrecht. Aber ebenso gehörten zu ihren Zielen das Recht auf Erwerbsarbeit, auf Bildung und Studium und auf volle Teilhabe am gesellschaftlichen und politischen Leben. 1900 erlaubte Baden als erstes Land das uneingeschränkte Frauenstudium, 1918 erhielten die Frauen das Wahlrecht, in Deutschland wie auch in den anderen europäischen Ländern und in den USA. 1949 wurde die Gleichberechtigung von Mann und Frau im Grundgesetz festgeschrieben.

Gleichberechtigung erreicht

Nach dem Ende des Zweiten Weltkrieges war also die Gleichberechtigung der Frauen erreicht. Aber damit war der Kampf der Frauen keineswegs zu Ende, denn nun trat an die Stelle der Frauenrechtsbewegung der Feminismus.

Eine politische Ideologie

Der Feminismus jedoch ist eine politische Ideologie und geht weit über das Ziel der Gleichberechtigung von Mann und Frau hinaus. In den USA gab das Buch von Betty Friedan „Der Weiblichkeitswahn" (1963) den Anstoß. in dem sie die Unzufriedenheit und Unausgefülltheit vieler Frauen beklagte, weil sie sich auf die Rolle als Hausfrau und Mutter beschränkten. Sie plädierte für die Berufstätigkeit der Frauen, die ihnen Befreiung bringen würde. Auch in Deutschland hatte der Feminismus seine große Zeit in den 1960er-Jahren, besonders in Verbindung mit der Kulturrevolution der 68er. Was beide vereinte war der Kampf gegen die bürgerliche Moral und die bürgerliche Familie. „Wer zweimal mit derselben pennt, gehört schon zum Establishment", mit dieser Parole hatten die 68er zur allgemeinen sexuellen Mobilmachung aufgerufen. Die Feministinnen folgten mit der Parole „Mein Bauch gehört mir", was heißen sollte, dass man schlafen darf mit wem man will, aber auch dass man abtreiben darf, wenn man will.

Berufstätigkeit hat Vorrang

Der egalitäre Ansatz des Feminismus ging von der sozialistischen Forderung nach Gleichheit aus und verlangte die Gleichstellung der Geschlechter in allen Bereichen, ungeachtet der natürlichen Geschlechtsunterschiede. Emanzipation im feministischen Sinne ist erst erreicht, wenn die Frauen von der Bürde der Fortpflanzung befreit sind (Firestone). Der Gedanke an Mutterschaft lässt sich überhaupt nur ertragen, wenn die Frauen gleichzeitig berufstätig sein können. Die noch bestehende Vorherrschaft der Männer muss gebrochen werden, und das gelingt am besten, wenn Frauen wie Männer werden. Dazu gehört vor allem die volle Berufstätigkeit. Nur durch Berufstätigkeit können die Frauen ihren Selbstwert heben und unbegrenzte Selbstverwirklichung erreichen.

Nach der über die Jahrtausende hin wahrgenommenen natürlichen Rollenverteilung war dem Mann der aktive, kraftvolle und beschützende Part zugewiesen, während der Frau die empfindsame, mitfühlende und mütterliche Rolle zukam. Beide Rollen sind auf Ergänzung angelegt, und wenn sie eingehalten werden, „so hat das in aller Regel dauerhafte Harmonie und Frieden in den Familien zur Folge." (Herman) Nach der vom Feminismus gewollten Rollenverteilung geht es nicht um Ergänzung, sondern um Konkurrenz zwischen Mann und Frau. Die Frauen sollen die angebliche Dominanz der Männer brechen und mit ihnen gleichziehen. Viele Frauen sind dadurch männlicher geworden und ob ihnen der Verlust an Weiblichkeit zum Vorteil gereicht, darüber kann man streiten. Die Männer jedoch, so werfen ihnen die Feministinnen vor, haben es versäumt gleichzuziehen. „Wir brauchen eine neue Weiblichkeit des Mannes!" (Radisch)

Veränderte Rollen der Geschlechter

Um die absolute Gleichstellung auch zahlenmäßig zu erreichen wurden die Quotenfrauen erfunden. Das hat zu Veränderungen geführt, aber nicht immer zum Vorteil der quotierten Institutionen. Als Quotenfrauen kamen nicht immer die geeignetsten Persönlichkeiten zum Zuge, eher ein ganz besonderer, mehr von Ehrgeiz und Geltungsbedürfnis als von Qualifikation und Kompetenz geprägter Typ, der die feministisch angestrebte Vermännlichung schon zu einem guten Teil vollzogen hatte und sie durch besondere Aggressivität betonte. Frauen, die Talent und Begabung haben, finden ihren Weg auch ohne Quote. Im Berufsleben sind die Frauen heute voll integriert und akzeptiert. Wenn sie wollen und dazu befähigt sind, steht ihnen im Grunde jede Position offen, bis zu den höchsten Managerrängen und in der Politik bis ins Kanzleramt. Insofern hat sich auch die „Alibifrau" weitgehend überlebt. Wo Frauen durch Leistung und Begabung aufsteigen, werden sie auch akzeptiert. Im Gegenteil, es gehört für die meisten Gremien schon zum guten Ton und wird gerne akzeptiert, dass auch Frauen darin vertreten sind und insofern werden Frauen bei gleicher Qualifikation eher bevorzugt.

Frauenquote

In der neuen großen Koalition, die seit 2013 amtiert, ist nun der Staatsfeminismus offenbar unaufhaltsam auf dem Vormarsch. Ursula von der Leyen hatte dafür gesorgt, dass der Koalitionsvertrag die entsprechenden Voraussetzungen schafft, indem sie ihre Fraktion mit der Drohung erpresste, sonst mit der Opposition zu stimmen (*FAZ* vom 25.6.2014). Die neue Bundesfamilienministerin Manuela Schwesig und ihr Kollege vom Justizressort, Heiko Maas (beide SPD) basteln nun eifrig an einem Gesetz, das für Aktiengesellschaften

Staatsfeminismus

eine Frauenquote von 30 Prozent vorschreiben soll, ungeachtet der praktischen Realisierungsmöglichkeiten. Über solchen Quotenhorror sind vor allem die Frauen entsetzt, die qualifiziert für solche Positionen sind und es aus eigener Kraft geschafft haben, sich hochzuarbeiten. Sie fürchten, künftig in einen Topf mit den Quotenfrauen geworfen zu werden, die ihre Stellung nur aufgrund der Quote erreicht haben.

Tod dem generischen Maskulinum

Wenn früher von „allen meinen Freunden" die Rede war, waren damit Männlein wie Weiblein gemeint. Heute muss man politisch korrekt von Freundinnen und Freunden sprechen. Für die ältere Generation war das zunächst gewöhnungsbedürftig, denn bei Freundinnen dachten sie immer an eine amouröse Gespielin. Inzwischen gehen auch älteren Semestern die „Freundinnen" leichter über die Lippen, wenn sie auch innerlich immer noch etwas zusammenzucken. Seit die Feministinnen das generische Maskulinum erfolgreich bekämpfen, sind schon große Fortschritte gemacht worden. Durch die Einführung des Schrägstrichs (Freund/Innen) klingt die Sprache zwar etwas holprig, aber was zählt das schon, wenn nur die männliche Dominanz überwunden wird. Nachhaltiger als der Schrägstrich wirkt allerdings die Konsequenz, mit der die Universität Leipzig gehandelt hat. Dort darf im amtlichen Sprachgebrauch nur noch die weibliche Form verwendet werden, auch wenn es sich um Männer handelt. Man sagt also „Herr Professorin X" oder „Herr Doktorin Y". Noch nicht ganz soweit aber immerhin auf gutem Wege ist die grün-rote Landesregierung in Baden-Württemberg. In ihrem neuen Hochschulgesetz hat sie beschlossen, das „Studentenwerk" sterben zu lassen, zumindest als Begriff. Man wollte es zunächst umformulieren in Studenten/Innnenwerk, hat sich aber dann entschlossen, als neue Bezeichnung das neutrale „Studierendenwerk" zu verordnen. Nur rückständige Zeitgenossen verweisen auf die hohen Kosten, die mit der Umstellung verbunden sind, sie haben noch nicht begriffen, was uns die absolute Gleichstellung wert sein muss, koste es, was es wolle.

Die dritte Welle

Nach der erfolgreichen Frauenrechtsbewegung in der ersten Hälfte des 20. Jahrhunderts, die man als eine erste Welle des Feminismus ansehen kann, war dann nach dem Zweiten Weltkrieg eine zweite Welle in Gang gekommen, die mit dem Bekanntwerden des Begriffs die politischen Ziele des Feminismus in den Vordergrund rückte. Inzwischen könnte man von einer dritten Welle sprechen, bei der sich der Feminismus in radikaler Form durch das „Gender Mainstreaming" fortsetzt, wie sich bei der „Gender Utopie" (siehe oben) zeigte. Mit der Utopie des Gender Mainstreaming hat der Feminismus eine neue Dimension erreicht, die weiter für Konflikte sorgt.

Der Feminismus hat sich einige Kampfbegriffe zurechtgelegt, die bei Bedarf als Totschlagargumente eingesetzt werden können. Dazu gehört der Vorwurf des „Sexismus", der in Anlehnung an das Verdikt des „Rassismus" entstanden ist. Als Sexismus kann man alles verdammen, was sich nicht in die politisch korrekte Linie des Feminismus einfügt. Sexismus wendet sich immer nur gegen Frauen und wurde als „umfassende Unterdrückung von Frauen" definiert. Ein anschauliches Beispiel liefert der Fall Brüderle. Rainer Brüderle, damals Vorsitzender der FDP-Bundestagsfraktion, hatte 2012 beim Dreikönigstreffen der FDP am späten Abend an der Bar mit der *Stern*-Journalistin Laura Himmelreich geflachst und ihr bescheinigt, sie würde ein Dirndl gut ausfüllen. Das war soweit so gut, jedenfalls ein Jahr lang. Ein Jahr später, im Bundestagswahlkampf 2013, schilderte der *Stern* die Episode in großer Aufmachung und sicher nicht in dem Bestreben, Brüderle im Wahlkampf zu helfen. Der *Stern*-Artikel löste eine gewaltige Sexismus-Debatte aus, bei der sich die Hüter der political correctness gewissermaßen überschlugen. Eine Journalistin allerdings tanzte aus der Reihe, und schrieb 2013 im *European* einen schönen Artikel mit der Überschrift „Dann mach doch die Bluse zu!" Das war Birgit Kelle, die das Thema 2014 unter dem gleichen Titel auch in einem Buch behandelte.

Kelle sprach „vielen aus dem Herzen", als sie ihrer Empörung Luft machte und sagte, sie sei es leid, sich dafür entschuldigen zu sollen, dass sie „nur" Hausfrau und Mutter von vier Kindern sei, dass sie ihre Kinder selbst großziehen will, statt sie bei einer staatlichen Betreuungsstelle abzugeben. Sie ist es leid, sich von den oft kinderlosen Frauen in Politik und Medien diktieren zu lassen, dass die Frauen möglichst schnell in den Beruf zurückzukehren haben und Frauen und Mütter gar nicht gefragt werden, was sie selber wollen. Man sagt ihnen, was sie zu wollen haben.

Wider den feministischen Stachel gelöckt hatte zuvor auch Eva Herman, eine bekannte ehemalige Tagesschau-Moderatorin. In ihrem Buch „Das Eva-Prinzip" (2006) setzte sie sich für die traditionelle Familie ein und sprach vom Feminismus als einem Irrweg. Das war unverzeihlich in den Augen der herrschenden Feministinnen und so wurde, vor allem auf Betreiben von Alice Schwarzer, eine Presse-Kampagne organisiert. Willkommener Anlass waren einige in freier Rede

Sexismus

Widerstand

Öffentliche Hinrichtung

etwas missverständliche Formulierungen von Herman, gegen die man die Nazismus-Keule schwang. NDR-Programmchef Volker Herres schloss sich der Kampagne an und fühlte sich bemüßigt, Eva Herman die in den 17 Jahren ihrer Tätigkeit zeitweise als die beliebteste Moderatorin Deutschlands gegolten hatte, fristlos zu entlassen. Als das noch nicht genug schien, wurde ein Fernseh-Tribunal (die *Süddeutsche* sprach von „Volksgerichtshof", die *FAZ* von „Exorzismus") inszeniert, das gewissermaßen einer öffentlichen Hinrichtung gleichkam. In einer *ZDF*-Talkshow im Oktober 2007 wollte Johannes B. Kerner mit Hilfe von Senta Berger und Margarete Schreinemakers Eva Herman dazu bringen, sich zu entschuldigen und als das nicht gelang, forderte er sie auf, die Sendung zu verlassen. „Spätestens jetzt ist Herman zur Märtyrerin all jener geworden, die überzeugt sind, dass es in diesem Land kein Recht auf freie Rede gebe", kommentierte die *FAZ* (11.10.2007). Diesem Eklat folgte eine breite öffentliche Diskussion, bei der natürlich die Medien das letzte Wort behielten. Herman hatte vor Gericht zunächst Richtigstellung und Schmerzensgeld erstritten, in der letzten Instanz aber verloren mit der Begründung, sie müsse den Meinungskampf ertragen.

Schweige-spirale Wie es weiter geht, ob sich der radikale Feminismus weiter ausbreitet, oder ob der aufkommende Widerstand an Boden gewinnt, ist noch ungewiss. Derzeit hat man den Eindruck, dass noch die „Schweigespirale", wie sie Elisabeth Noelle-Neumann geschildert hat, voll in Wirkung ist und eine schweigende Mehrheit noch nicht völlig dem Feminismus erlegen ist. Noch kann man sich unsere Gesellschaft ohne die traditionelle Familie und ihre tragende Rolle, nicht vorstellen.

Familie

Die traditionelle Familie In die Familie wird man hineingeboren, sie ist ein Teil unseres Schicksals. Sie ist ein Ort schützender Geborgenheit in der Kindheit, und sie nimmt später den vom Leben Verletzten oder Gestrandeten auf, wenn es kein anderer tut. In der Not kann sie der einzige Rückhalt sein, wie sich zuletzt in der Zeit nach dem Ende des Zweiten Weltkriegs gezeigt hat. Der Staat war untergegangen, doch der Zusammenhalt in der Familie hatte Bestand, sie hatte sich in einer Welt des Verlustes aus eigener Kraft erhalten können. Auch in den fünfziger und sechziger Jahren noch gab es so etwas wie ein „goldenes Zeitalter der Familie".

Die Familie wird durch Gefühle zusammengehalten, aus denen starke Bindungen entstehen: die Liebe der Ehegatten, die Liebe der Eltern zu den Kindern, die Liebe unter den Geschwistern. Mütterliche Sorge und Opferbereitschaft schaffen Geborgenheit, Vertrauen und Zuversicht.

In der Familie wird „soziales Lernen" eingeübt, Unterschiede und Ungleichheiten werden akzeptiert, Altruismus zählt mehr als Egoismus. Eltern können großzügig und selbstlos handeln, können ungerechtfertigte Ansprüche ertragen und für die Kinder Opfer bringen, wie für niemand sonst auf der Welt. Nirgends sonst werden so selbstverständlich Dinge getan, für die man nicht bezahlt wird. Was in den Familien an Uneigennützigem geleistet wird, kann kein Staat ersetzen, wohl aber profitiert der Staat und das Gemeinwesen davon. Natürlich ist Familie auch ein Ort der Auseinandersetzung, vor allem zwischen den Generationen, an der man wächst und dabei erwachsen wird. Man lernt einander zu respektieren, ebenso wie sich zu behaupten. Aus dem Wunsch zusammenzuleben erwächst die Kraft zur Vergebung, zur Versöhnung und Verzeihung. Außerdem ist die Familie Teil eines „Netzwerks" von Verwandten, die in vielem hilfreich, wenn auch mitunter lästig sein können. **Lernort und Netzwerk**

Das alles, was Jahrhunderte lang die Menschen getragen hat, ist nun vom Zerfall bedroht. In der kurzen Zeit von kaum 50 Jahren sind Veränderungen eingetreten, die die Familie als Institution in Frage stellen. Vor allem die 68er Kulturrevolution, die Ideologie des Feminismus und die Politisierung des Sexualverhaltens haben Einstellungen verändert und mit ihnen die Formen des Zusammenlebens. Es gibt nicht mehr „die" Familie sondern eine ganze Reihe verschiedener Arten von Familie und familienähnlichen Lebenssituationen. **Vom Zerfall bedroht?**

Die „klassische" Kernfamilie, gekennzeichnet durch Eheleute und ihre Kinder; galt lange Zeit als die normale Form des Familienlebens, Noch in den sechziger Jahren blieben etwa zwei Drittel der Ehefrauen zuhause und kümmerten sich um ihre Kinder, deren Zahl damals allerdings durchschnittlich 2,5 betrug. Zunächst waren es überwiegend „Alleinverdiener-Ehen", zumindest solange die Kinder klein waren. Wenn die Kinder größer waren, suchten sich viele Frauen eine geeignete Tätigkeit im Beruf oder im Ehrenamt. In den sechziger Jahren begann dann der Rückgang der „Hausfrauenehe" die heute nur noch ein Drittel der Ehefrauen umfasst. Noch in den fünfziger Jahren kamen etwa 98 % der Kinder in klassischen Familien auf die Welt, heute sind es zwar nur **Die klassische Kernfamilie** noch etwa zwei Drittel, aber im Blickfeld sind eher andere Formen des Zusammenlebens.

Neue Familien- formen

Viele Paare scheuen davor zurück, sich durch ein Eheversprechen zu binden, sie leben lieber in einer „nichtehelichen Lebensgemeinschaft" zusammen. Ebenso hat der Anteil der Mütter oder Väter, die ihre Kinder allein erziehen, weil sie ledig, verwitwet oder geschieden sind, in den letzten Jahren deutlich zugenommen. Überwiegend sind es alleinerziehende Frauen, die solche „Einelternfamilien" bilden. Die wachsende Zahl an Scheidungen hat neben den Einelternfamilien auch zu „Patchworkfamilien" (engl. patchwork = Flickenteppich) geführt, in denen Eltern zusammen leben, die in eine neue Beziehung Kinder aus vorhergehenden Ehen eingebracht haben. Neben Paaren, die keine Kinder haben können gibt es auch solche, die bewusst auf Kinder verzichten, weil sie nicht zu ihrem Lebensstil passen. Meist sind sie beide berufstätig und verdienen gut, weshalb man ihnen das Etikett „Dinks" („double income, no kids") angeheftet hat. Der Rest der Bevölkerung, der für sich allein lebt, heißt heute nicht mehr Junggeselle oder Jungfer, sondern „Single" und bildet einen „Einpersonenhaushalt". Vor dem Zweiten Weltkrieg waren das nicht mehr als 10 % der Haushalte, nach dem Krieg stieg ihr Anteil sprunghaft auf heute ein gutes Drittel, in den Großstädten auf etwa 50 %.

Neue Konventionen

Die neuen Formen des Zusammenlebens sind auch gesellschaftlich längst akzeptiert. Die Ehe ist keine lebenslange Institution mehr, sondern wird quasi auf Zeit geschlossen. Kaum ein Politiker, der nicht mindestens ein Mal geschieden ist, manche leben in vierter Ehe und eifern damit amerikanischen Filmschauspielern nach. Monogamie entspricht zwar noch dem geltenden Recht, aber was zunehmend praktiziert wird, ist gewissermaßen Polygamie als Monogamie in zeitlicher Folge. Die modernen Partnerschaftsformen sind inzwischen „ganz oben" angekommen. 2010 zog zum ersten Mal ein Bundespräsident mit Patchwork-Familie ins Schloss Bellevue ein und 2012 folgte ihm ein Bundespräsident, der offiziell neben seiner gültigen Ehe in einer weiteren Lebenspartnerschaft lebt (Bigamie darf man das wohl nicht nennen, es handelt sich um das was man früher wilde Ehe oder Konkubinat nannte). Dafür gilt er heute als modern und aufgeschlossen.

Ursachen der Veränderung

Wenn man nach den Ursachen dieser Entwicklung fragt muss man sich an die Ziele der 68er und der Feministinnen erinnern (siehe oben) Für die 68er war auch die „Zerschlagung der Kleinfamilie", so wie eine neue Sexualmoral, die Skepsis gegenüber Monogamie und die offensive Promiskuität, alles was mit der Sexwelle einher kam, ein Ausdruck des „antifaschistischen Kampfes" (Herzog). Der militante Feminismus, der besonders in Verbindung mit der 68er Studentenrevolte gedieh, erklärte Mutterschaft zu einer für die Frau verachtenswerten, ihre Selbstverwirklichung hindernden „Falle". Von da an erfuhr die Erwerbstätigkeit eine höhere Bewertung als die Mutterschaft, von da an begann der Kampf der Feministinnen um die Macht über die Männer mit dem erklärten Ziel, ihnen, soweit es irgend geht, ihre Machtpositionen in Politik und Wirtschaft abzujagen (Meves).

Aufgrund dieser Vorstellungen ist ein neues Frauenbild entstanden. Die feministische Ideologie die sich zum Ziel gesetzt hat, die Vorherrschaft der Männer zu brechen, fordert, Frauen sollten ganztägig und möglichst ohne Unterbrechung berufstätig sein. Auch junge Frauen, die weniger doktrinär denken, wollen nicht von einem Mann abhängig sein und auch nur vorübergehend auf eigenes Geld und eigene Zeit verzichten müssen. Deshalb ist ihnen Berufstätigkeit wichtiger als alles andere. Vor allem aber ist die Devise der „Selbstverwirklichung" für viele zur Glaubenssache geworden. Selbstverwirklichung ist in diesem Verständnis nur eine beschönigende Formel für einen Egoismus, der voll auf die eigene Person fixiert ist und altruistische Vorstellungen verdrängt. Der auch abrückt von der Erfahrung, daß man um der Erreichung eines Zieles willen vielleicht auf anderes Wünschenswerte verzichten muss. Ein Gedanke wie der von Viktor Frankl, dass man sich selbst verwirklicht, je mehr man sich selbst vergisst und in der Hingabe an einen Partner aufgeht, ist dieser modernen Auffassung von Selbstverwirklichung, wie sie durch die 68er Ideologie und den Feminismus geprägt wurde, völlig fremd.

Neues Frauenbild

Dem Bild der traditionellen bürgerlichen Familie stehen sozialistische Vorstellungen gegenüber, die sich eigentlich gar nicht mehr als Familienmodell definieren lassen. Familie ist zur Beliebigkeit und damit weitgehend unkenntlich geworden. Das eigentliche linke Leitbild ist die moderne Frau, die voll berufstätig ist, aber auch bereit ist, Kinder zu kriegen, die dann in der Obhut kollektiver Betreuungseinrichtungen aufwachsen. Kinder sind deshalb so wichtig, weil sozialversicherungspflichtige Arbeitnehmer nachwachsen müssen, um den Sozialstaat vor dem Kollaps zu bewahren. Mit der Kinderbetreuung im Kollektiv wird am ehesten dem sozialistischen Gleichheitsideal entsprochen und sie folgt ganz der Zielsetzung, die 1976 die Familienministerin Katharina Focke (SPD) im „Zweiten Familienbericht" vorgab, nämlich die Kinder aus dem Gefüge der herkömmlichen Familie „herauszubrechen".

Die moderne Frau

Dieses Frauenbild hat sich in Deutschland auch die Politik zu eigen gemacht, und zwar offenbar parteiübergreifend. Der Durchbruch fand unter der rot-grünen Bundesregierung (1998–2005) statt. In der nachfolgenden großen Koalition (2005–2009) unter Bundeskanzlerin Merkel setzte Familienministerin von der Leyen die unter Rot-Grün begonnene Familienpolitik mit Nachdruck fort. Alle familienpolitischen Maßnahmen der großen Koalition, das Elterngeld, die Absetzbarkeit der Kinderbetreuung, die Subventionierung der Krippenplätze, zielen darauf ab, dieses bestimmte Familienmodell: beide Eltern verdienen, die Kinder werden vom Staat auf Kosten des Steuerzahlers betreut, zu forcieren und offenbar ganz bewusst wird die traditionelle Familie damit erneut massiv benachteiligt. Mütter und Väter, die auf eigene Kosten ihre Kinder betreuen, kamen in der Familienpolitik dieser großen Koalition und in den Äußerungen der Familienministerin von der Leyen gar nicht mehr vor, obwohl sie immer noch die stärkste Stütze der Gesellschaft sind und ohne sie der Sozialstaat längst zusammengebrochen wäre.

Ziel der Familienpolitik, auch bei der neuen großen Koalition seit 2013, ist vor allem die Errichtung von Kitas (Kindertagesstätten), um die Berufstätigkeit der Frauen zu fördern. Alle Einwände und Hinweise auf die Bedeutung der frühkindlichen Phase bis zum 3. Lebensjahr werden ignoriert. Seit 2013 besteht ein Rechtsanspruch auf einen Kita-Platz, das Angebot wird dementsprechend mit hohem Aufwand laufend ausgebaut, stößt aber trotzdem an Grenzen. Inzwischen scheint die Zahl der Plätze annähernd der Nachfrage gerecht zu werden, dafür fehlt es aber jetzt an Erzieherinnen. Vorbild ist offenbar die umfassende staatliche Kinderbetreuung wie ehemals in der DDR. Immerhin gelang es der CSU im Koalitionsvertrag ein Betreuungsgeld durchzusetzen für die Familien, die ihre Kleinkinder nicht in die Kita geben, sondern zuhause aufziehen. Dieses Betreuungsgeld, von Linken und Grünen heftig bekämpft, fiel jedoch schließlich einem Verfassungsgerichtsurteil zum Opfer. Die Bundesfamilienministerin Schwesig hat sich noch ein weiteres Ziel auf die Fahne geschrieben, sie will die „Kinderrechte" im Grundgesetz verankern, um Kinder besser zu schützen. Das klingt hehr und hochgemut, wird aber verschiedentlich ganz anders gesehen. So meint Birgit Kelle, Kinder seien ja auch Menschen, für die die im Grundgesetz verankerten Menschenrechte bereits in vollem Umfang gelten. Sie fragt sich deshalb, vor wem Frau Schwesig die Kinder schützen will und vermutet: vor ihren eigenen Eltern. So sehen es auch andere, wie der Familienschutz.de, und gehen gegen diesen „Generalangriff auf das Erziehungsrecht der Eltern" sogar auf die Straße, denn wer heute nicht demonstriert, wird gar nicht beachtet.

Die Rangfolge im Sozialprestige hat sich dementsprechend auch verändert, vor allem weil die berufstätige Frau an Ansehen gewonnen und die „Nur-Hausfrau" drastisch verloren hat. Norbert Bolz beschreibt das so: „Eine Frau, die arbeitet, ist unserer Gesellschaft heute mehr wert als eine Hausfrau und Mutter. Die höchste Wertschätzung genießt das berufstätige Paar mit ganztägig betreutem Kind. Dann folgt die alleinerziehende, berufstätige Mutter, sie ist die eigentliche Heldin des sozialdemokratischen Alltags. Ihr folgen die Singles bzw. Dinks. Am unteren Ende der Werteskala rangiert die klassische Familie mit arbeitendem Ehemann und Mutter/Hausfrau. Ihr gilt nur noch der Spott der neuen Kulturrevolutionäre, die die Lufthoheit über den Kinderbetten längst erobert haben." Auch Eva Herman hat beobachtet, dass man sich bei Hausfrauen und Nur-Müttern fragt, ob sie zu faul oder zu dumm seien, sie gelten als unbedarft und, schlimmer noch, als volkswirtschaftliche Nieten.

Änderungen im Sozialprestige

Die Bilanz der Moderne und der feministischen Familienpolitik lässt sich knapp zusammenfassen: Die Geburtenrate fällt, die Scheidungsrate steigt. Doch viele junge Menschen wünschen sich immer noch Familie und Kinder. Gegen das feministische Frauenbild regt sich auch immer wieder Widerstand. Es sind nicht nur Einzelkämpferinnen wie Eva Hermann oder Birgit Kelle, die den Mut haben, für die traditionelle Familie einzutreten. Es gibt auch Organisationen wie die Zivile Koalition unter ihrer Vorsitzenden Beatrix von Storch und die Initiative Familienschutz mit ihrer Sprecherin Hedwig von Beverfoerde, die gegen die feministischen Vorstellungen Stellung beziehen. Die Frauen und Männer, die nach wie vor glücklich in „klassischen" Familien leben, machen die „schweigende Mehrheit" aus. Ob es gelingt, die für die Gesellschaft immer noch tragende Rolle der Familie wieder zu stärken, bleibt eine offene Frage.

Wie wird es weitergehen?

Bevölkerungswandel

Die Bevölkerung hat sich gewandelt und ändert sich weiter. Es gibt mehr Alte als Junge , die Deutschen werden weniger und die Ausländer werden mehr. (Politisch korrekt ausgedrückt: Der Anteil von Bürgern mit deutscher Abstammung geht zurück, der Anteil von Bürgern „mit ausländischen Wurzeln" steigt.)

Der Schub zur Moderne wirkte sich besonders in der Familienstatis-
tik aus: Die Scheidungsrate stieg, aber die Geburtenrate sank. Die Geburtenziffer pro Frau hat sich von 2,4 im Jahr 1962 auf 1,38 im Jahr
2013 verringert. Nach einer OECD-Studie aus dem Jahr 2011 liegt
Deutschland im internationalen Vergleich mit seiner Geburtenrate am
Ende der Skala: An der Spitze liegt Israel, mit 2,96, USA liegt bei 2,01,
Frankreich bei 1,99, Großbritannien bei 1,94, aber Deutschland weit
abgeschlagen bei 1,36. Um den zahlenmäßigen Bestand einer Bevölkerung zu erhalten, wäre eine Geburtenrate von 2,1 erforderlich. Die Geburtenarmut ist nicht so sehr durch den Trend zur Ein-Kind-Familie
verursacht, im Durchschnitt haben Frauen mit Kindern etwa 2,2 Kinder. Ausschlaggebend ist vielmehr der wachsende Anteil lebenslang
kinderloser Frauen. Beim Geburtsjahrgang 1940 betrug dieser Anteil
10,6 %, beim Geburtsjahrgang 1965 waren es schon über 30 %. (Sarrazin)

Als einer der ersten hat Meinhard Miegel nachdrücklich auf die Folgen des Geburtenrückgangs hingewiesen. In seinem Buch „Das Ende
des Individualismus – die westliche Kultur zerstört sich selbst" (1993)
ging er den offenbar vielfältigen Ursachen der Geburtenarmut nach
und kam zu dem Schluss, dass es der wachsende Individualismus ist,
der den Gemeinsinn in zunehmendem Maße zerstört und vergessen
lässt, dass Kinderhaben nicht nur individuell Glück oder Last bedeutet, sondern auch eine Verpflichtung gegenüber der Gemeinschaft
umschließt. Man kann Miegels Gedankengängen vielleicht noch deutlicher folgen, wenn man statt von Individualismus von überwuchern-
dem Egoismus spricht. Für Miegel stellte sich die Situation so dar: Die
Zahl der Deutschen nimmt zügig ab, Zahl und Anteil der Zuwanderer
nehmen zu; ebenso nehmen Zahl und Anteil von alten Menschen zu,
von Kindern und Jugendlichen ab. Seine Prognose: wenn die Entwicklung so weitergeht, dauert es keine hundert Jahre mehr und die deutsche Kultur ist verschwunden, die Deutschen werden durch Menschen
anderer Kulturen verdrängt. Doch ehe dieser Punkt erreicht ist, werden sich unsere Lebensbedingungen verschlechtern, und zwar unabhängig davon, ob die Verluste der einheimischen Bevölkerung durch
Zuwanderung ausgeglichen werden oder nicht.

Als Alternativen zeigt Miegel auf: Mehr Kinder kriegen, oder mehr
Zuwanderung, oder alles bleibt so wie es ist. In den Folgejahren hat
sich die Familienpolitik darum bemüht, auf etwas einseitige Art den
Wunsch nach Kindern zu fördern, indem man davon ausgeht, dass die
Berufstätigkeit der Frauen uneingeschränkt das Hauptziel sein muss,

dass man aber mit Hilfe von Kitas das Kinderkriegen neben dem Beruf fördern sollte. Diese Art von Familienpolitik hat bis jetzt keine erkennbaren Erfolge gezeigt, sodass vermehrt auf die andere Alternative gesetzt wird: die Zuwanderung soll es richten.

Im Zuzug von Ausländern sehen viele die notwendige Kompensation für den Rückgang der deutschen Bevölkerung. Bei manchen Politikern hat sich das zur Ideologie verfestigt. Als in den 1950er-Jahren die Wirtschaft boomte und es an Arbeitskräften mangelte, wurden Gastarbeiter aus Italien, Griechenland, Spanien und Portugal angeworben. Das war der Beginn der Zuwanderung. Für Türken wurde erst später, anfangs der 1960er-Jahre, ein kleines Gastarbeiter-Kontingent genehmigt, und zwar auf Druck der Amerikaner, denen es darum ging die türkische Militärregierung von innenpolitischem Druck zu entlasten. Damit setzte allerdings auch ein illegaler Zustrom türkischer Arbeiter ein, den man dann 1961 durch ein Anwerbeabkommen kanalisieren wollte. Dass man die Türken als „dringend benötigte Aufbaukräfte" angeworben hätte, wie türkische Verbände heute gerne geltend machen, kann man demnach nicht behaupten. (Ulfkotte)

Zuwanderung

Der Ausländeranteil betrug 2012 in Deutschland 9,1 %, in Großbritannien 7,9 % und in Frankreich 5,9 %. Spitzenreiter in Europa waren die Schweiz mit 22,8 % und Spanien mit 12 % (abgesehen von Luxemburg, das mit 43,8 % einen Ausnahmefall darstellt.) Die Zahl der Ausländer in Deutschland (Einwohner ohne deutschen Pass) ist von 4 Millionen im Jahr 1975 auf 7,2 Millionen 2012 angestiegen, 26 % davon sind Türken.

Wachsender Ausländeranteil

Warum es in ganz Europa besondere Vorbehalte gegen Muslime gibt, dafür gibt es gute Gründe: „Keine andere Religion in Europa tritt so fordernd auf; keine andere Immigration ist so stark wie die muslimische mit Inanspruchnahme des Sozialstaates und Kriminalität verbunden; keine andere Gruppe betont in der Öffentlichkeit so sehr ihre Andersartigkeit, insbesondere durch die Kleidung der Frauen; bei keiner anderen Religion ist der Übergang zu Gewalt, Diktatur und Terrorismus so fließend." (Sarrazin 2010) In allen europäischen Ländern lassen sich die gleichen Besonderheiten muslimischer Migranten beobachten. Sie sind unterdurchschnittlich in Bezug auf die Integration im Arbeitsmarkt und in der Bevölkerung (mit der Tendenz zu Parallelgesellschaften), und auf die Bildungsbeteiligung. Überdurchschnittlich sind sie hingegen bezüglich ihrer Abhängigkeit von Sozialtransfers, ihrer Fertilität, ihrer Religiosität (mit Tendenz zum Fun-

Das Besondere bei Muslimen

damentalismus) und ihrer Kriminalität. „In jedem Land kosten die muslimischen Migranten aufgrund ihrer niedrigen Erwerbsbeteiligung und hohen Inanspruchnahme von Sozialleistungen die Staatskasse mehr, als sie wirtschaftlichen Mehrwert einbringen", konstatiert Sarrazin. Dass sich die Türken beispielsweise überwiegend als eine Parallelgesellschaft empfinden, ist offensichtlich gewollt und dass sie sich als Minderheit in Deutschland primär an ihrem Herkunftsland ausrichten sollen, ebenfalls. Das hat der türkische Ministerpräsident Erdogan 2008 bei seiner Rede vor jubelnden Landsleuten in Köln unmissverständlich zum Ausdruck gebracht, als er Assimilation für die Türken in Deutschland ablehnte und als ein Verbrechen gegen die Menschlichkeit bezeichnete. Das Kopftuch, das türkische Frauen als politisches Symbol einer muslimischen, patriarchalischen Gesellschaft und der Einheit von religiöser und gesellschaftlicher Ordnung unter der Scharia tragen, ist seither im deutschen Stadtbild eher noch häufiger zu sehen.

Qualitätsbetrachtung Wenn man in diesem Zusammenhang Qualität als Ausbildungsniveau und berufliche Qualifikation versteht, dann sieht die Bilanz nicht gerade günstig aus. Die Zuwanderer sind weniger oder gar nicht ausgebildet, ein großer Teil der Zuwanderung geht direkt in die Sozialsysteme. Die Auswanderer hingegen sind fast durchweg gut bis sehr gut ausgebildet und beruflich oft besonders qualifiziert. Statt Leistungsträgern importieren wir überwiegend Leistungsempfänger. Die Entwicklung hin zu niedrigerem Niveau wird noch dadurch verschärft, dass bildungsferne Schichten weit fruchtbarer sind als gebildete. Die „Qualität unseres Humankapitals", um es einmal profan auszudrücken, sinkt also ständig ab und wir müssen damit rechnen, dass auch unser Lebensstandard dadurch auf die Dauer sinken wird. So sagte Jacques Attali 2010 nicht nur Frankreich sondern auch Deutschland und Österreich aufgrund des abfließenden Humankapitals für die nächsten zehn Jahre einen „unaufhaltsamen Niedergang" voraus (Ulfkotte).

Asyl: eine neue Dimension Inzwischen hat das Zuwanderungsproblem mit der ansteigenden Flüchtlingsflut eine neue Dimension angenommen. Die Zahl der illegalen Einreisen steigt sprunghaft ebenso wie die Zahl der Asylanträge, von denen allerdings unverändert nur eine geringe Quote von 1,1 % positiv beschieden werden kann. Die anderen müssten abgeschoben werden, was sich allerdings immer schwieriger gestaltet. Man beschließt, die Balkanländer als sichere Drittstaaten anzuerkennen, aber die Grünen sind dagegen.

Besonders der weiter wachsende Strom von Wirtschaftsflüchtlingen aus Afrika macht deutlich, dass die seit 60 Jahren mit Milliarden betriebene Entwicklungshilfe der Industrienationen total gescheitert ist. Afrika steht heute schlechter da als je zuvor, es wird nicht von „Imperialisten", sondern von einheimischen Politikern und Terroristen ausgeplündert. Vielfach sind es auch keine an Leib und Leben bedrohten Flüchtlinge, die aus Afrika nach Europa strömen, sondern Menschen, „die es verlockender finden, im nahe gelegenen Europa ihr Glück zu suchen, als sich zuhause mit dem mühseligen Aufbau ihrer verwüsteten Heimatstaaten zu beschäftigen", meint Henryk M. Broder (*Weltwoche 41.13*). **Gescheiterte Entwicklungshilfe**

Kann Einwanderung das Problem lösen? Thilo Sarrazin ist nicht dieser Ansicht, weil Deutschland für qualifizierte Einwanderer weniger attraktiv ist als beispielsweise Australien, Kanada oder die USA, die strenge Maßstäbe an die Qualifikation der Einwanderer legen. Nach Deutschland und den anderen europäischen Ländern drängen vor allem Muslime aus Nah- und Mittelost und Afrika, die weniger qualifiziert und bildungsfern sind, aber von den Sozialtransfers angezogen werden, die ihnen auch ohne Arbeit ein Einkommen garantieren, das nach den Maßstäben ihres Herkunftslandes wirklich traumhaft ist. Deutschland wird sich nur vor dem Niedergang retten können wenn es gelingt, die Geburtenrate wieder zu steigern, vor allem auch in der Mittel-und Oberschicht. Dazu müssen allerdings erhebliche ideologische Barrieren überwunden werden, über die im Zusammenhang mit der 68er- und der Gender-Ideologie bereits gesprochen wurde. Und es müsste sich eine Familienpolitik durchsetzen, für die nicht die berufstätige Frau, sondern die Mutter das Leitbild ist. **Ideologie hilft nicht weiter**

Zeitgeist

Der Zeitgeist, die vorherrschende Denkrichtung, ist im Wortsinne an die Zeit gebunden und ändert sich mit ihr. Nach dem Zweiten Weltkrieg, in den 1950er-Jahren, war die Generation , die den Krieg überstanden hatte, ausgeprägt konservativ gestimmt, und zwar rechts wie links. Aber schon in den 1960er-Jahren änderte sich das Bild. Linksintellektuelle, inspiriert von Adornos kritischer Theorie, gewannen die Meinungsführerschaft und das vollends nach der 68er Kulturrevolution. Seither weht der Geist links, wenn es denn wirklich der Geist ist und nicht eine verbohrte Ideologie. **Der Zeitgeist steht links**

Gleichheit gilt mehr als Freiheit

Von einem „späten Sieg des linken Zeitgeistes" sprach die Meinungsforscherin Elisabeth Noelle-Neumann nach der Bundestagswahl von 1998. Die „geistig-moralische Wende", hin zu konservativen Werten, von der Helmut Kohl 1982 gesprochen hatte, war nicht eingetreten. Stattdessen hatte sich 1998 Rot-Grün durchgesetzt und war an die Macht gekommen. Der Linkstrend hatte sich wieder verstärkt und hält seither an. Seinen Ursprung verortete die Demoskopin Noelle-Neumann zeitlich genau in den Jahren 1967–1972. Seit damals verloren konservative Werte, bei denen die Freiheit und die individuelle Verantwortung an der Spitze stehen, an Zustimmung, während linke Werte, die von der Gleichheit unter dem Etikett „soziale Gerechtigkeit" angeführt werden, wachsende Zustimmung fanden. Dieser Linkstrend setzte sich auch in den Zeiten konservativ geführter Regierungen fort, indem die Unionsparteien und auch die FDP einer fortschreitenden Sozialdemokratisierung nicht widerstehen konnten.

Konservativ ist unmodern

Bis heute hat dieser Trend zugenommen und fast scheint es, dass es überhaupt keine konservativen Kräfte mehr gibt. Denn selbst die traditionell konservativen Unionsparteien CDU und CSU haben einen langen Prozess der Sozialdemokratisierung hinter sich und ihr konservatives Profil weitgehend verloren. Nur schwach scheinen sich konservative Kräfte in anderer Gestalt im Zusammenhang mit der Eurokritik wieder zu regen, immer abgesehen von extremen Randerscheinungen, die nie eine Rolle gespielt haben, außer in den hochgespielten Beschwörungskampagnen linker Medien.

Sozialistisches Europa

Noch stärker als in Deutschland ist der Linkstrend in der Europäischen Union ausgeprägt. Die Krise der EU ist nichts anderes als das Ergebnis sozialistischer Politik in einer ganzen Reihe von Ländern, die ihren Ausdruck findet in stetig wachsenden Staatsschulden und sinkender Wettbewerbsfähigkeit.

Egoismus ist Trumpf

Meinhard Miegel sprach 1993 vom um sich greifenden Individualismus, der auf die Dauer die westliche Kultur zerstöre, was vor allem in der sinkenden Geburtenrate zum Ausdruck kommt. Statt von Individualismus zu sprechen sollte man diese Tendenz, die sich in vielen Erscheinungsformen äußert, wohl eher einen grassierenden Egoismus nennen, der mit Euphemismen wie Selbstverwirklichung kaschiert wird. Im Grunde geht es um das Austarieren zwischen unverzichtbarem Individualismus, ohne den Kreativität und Freiheit auf der Strecke bleiben würden, und dem erforderlichen Maß an Gemeinsinn, ohne den eine Gesellschaft nicht zusammengehalten werden und sich der

Einzelne nicht entwickeln kann. Einen ersten Versuch dieses erforderliche Gleichgewicht zwischen Individualismus und Gemeinsinn zu formulieren und herzustellen, hat Ludwig Erhard bereits 1965 unternommen, als er sich gegen wachsende Begehrlichkeit und überhand nehmendes Anspruchsdenken wehren wollte. Er nannte dieses Konzept „formierte Gesellschaft", drang aber damals schon nicht mehr damit durch.

Auch heute stehen wir wieder vor dem Phänomen, dass der Sozialismus zwar das Kollektiv und damit den Vorrang der Gemeinschaft betont, dass mit dieser Überbetonung des Egalitarismus aber zugleich individuelle Freiheit in oft unerträglichem Maße eingeschränkt wird. Und es wirkt paradox, dass innerhalb dieses sozialistisch-kollektiven Rahmens extremer Einzel- und Gruppenegoismus gezüchtet wird, wie er seit der 68er Kulturrevolution immer wieder krass in Erscheinung tritt und viele Veränderungen bereits bewirkt hat, bis hin zum Zerfall der traditionellen Familie und der Ehe als Institution. **Egalitarismus und Egoismus**

Ein neuer Bürgertyp hat sich herausgebildet, der zwar noch nicht ganz das Feld beherrscht, aber doch immer weiter vordringt, vor allem in der Öffentlichkeit und in der Politik. Es handelt sich um Gutmenschen, die sich in Betroffenheit üben, ob es sich nun um Robbenbabies, Negerkinder, das Waldsterben oder den Klimawandel handelt. Ihr politischer Nährboden ist die Political Correctness, die von den Medien gepflegt wird. In dieser Hinsicht sind Gutmenschen vor allem Moralisten. Eine sachliche Diskussion ist mit ihnen nicht möglich, denn sie sind die Guten und die anderen die Bösen. Sie setzen Minderheitspositionen durch und fordern Toleranz, das aber mit der größten Intoleranz. Das schlägt sich auch in ihrem eigenartigen Demokratieverständnis nieder. Demokratisch ist für sie nur, was ihren Vorstellungen entspricht, alles andere gehört verboten. (Diese Vorliebe für Verbote und Reglementierungen zeigt sich besonders in der Politik der Grünen.) **Gutmenschen**

Wenn die Gutmenschen mit ihren politischen Vorstellungen auf Widerstand stoßen, werden sie zu Wutbürgern und Dauerdemonstranten (siehe *Stuttgart 21*). Sich der Mehrheitsentscheidung zu fügen, kommt für sie nicht in Frage. Eben weil ihr Demokratieverständnis dort endet, wo es darum geht, sich mit anderen Meinungen sachlich auseinander zu setzen. Über den Begriff des Wutbürgers, sozusagen die höchste Stufe des Gutmenschen, wie er besonders auch bei *Stutt-* **Wutbürger** *gart 21* über Jahre hin demonstrierend in Erscheinung trat, liegen inzwischen auch politologische Studien vor. Demnach handelt es sich keineswegs um unbedachte Jugendliche, wie man annehmen könnte. Vielmehr lebt der typische Wutbürger in materiell gut situierten Verhältnissen, in denen er sich auch wohlfühlt, viele von ihnen haben einen Universitätsabschluss und leben von Vater Staat, Handwerker und Unternehmer trifft man kaum unter ihnen. Die meisten haben schon graue Haare und viele bezeichnen sich politisch als „ganz links". Das legt die Vermutung nahe, dass es sich hier vorwiegend um in die Jahre gekommene 68er handelt.

Linke Spießer

Vielleicht handelt es sich bei diesem neuen Bürgertyp auch einfach nur um linke Spießer, wie Norbert Borrmann meint. Der traditionelle Spießer war eng, selbstgerecht, humorlos, reagierte entrüstet auf Ungewohntes, verhielt sich gesellschaftskonform, karrierefördernd und intolerant. All das, meint Borrmann, trifft auch auf den linken Spießer von heute zu, allerdings erweitert um eine schwerwiegende Kategorie: hier handelt es sich um Gesinnungstäter, die sich von keinem Verantwortungsgefühl einengen lassen.

Plagiatsjäger

Auch im Wissenschaftsbetrieb treibt der Zeitgeist seltsame Blüten. Die Neidkultur hat einen neuen Berufstyp hervorgebracht, den Plagiatsjäger. Früher war es vor allem das Urteil des Doktorvaters, das einen Doktoranden zum Doktor machte. Der Doktorvater musste einschätzen, ob sein Zögling wissenschaftlich arbeiten kann, ob er den Stand der Wissenschaft zutreffend erfasst hat, ob er analysieren und kombinieren und neue Gedanken entwickeln kann. Das zählt heute jedoch nicht mehr, scheint zumindest zweitrangig geworden zu sein. Im Vordergrund steht die Textanalyse der Dissertation, bei der auf Beckmessersche Art geprüft wird, ob sich irgendwo identische Wortfolgen entdecken lassen. Der Plagiatsjäger, der dies mit Leidenschaft betreibt, ist offenbar ein Typ, dem es an eigener Kreativität mangelt, sonst würde er nicht seine Zeit damit verschwenden, anderen Fehler nachzuweisen. Die Programme, deren er sich dabei bedient, hat er schließlich auch nicht selbst erdacht. Besonders bemerkenswert ist jedoch, dass sich ganze Fakultäten heute nur noch auf die Plagiatsjäger-Philosophie beschränken, nicht zuletzt weil sie offenbar politisch motiviert sind. Herausragendes Beispiel ist der Schlussbericht des Dekans der philosophischen Fakultät der Universität Düsseldorf vom Juli 2014 im Falle Schavan, der sich nicht etwa darum bemüht, die Kriterien für die Bewertung der Dissertation herauszuarbeiten, sondern der sich liest wie ein politisches Pamphlet, das sich auf Polemik beschränkt. Dass eine

Fakultät mit solcher Denkweise vor allem sich selbst bloßstellt, weil sie in erster Linie ihr weiland Mitglied, den Doktorvater desavouiert, wird dabei überhaupt nicht wahrgenommen.

Im Übrigen ist an allen Missständen die Politik oder die Gesellschaft schuld. Und das stimmt in gewisser Weise sogar. Ist es doch vor allem linke Politik, die sich bemüht, den Menschen umfassend zu betreuen, ihn von der Kita an zu steuern, ihm möglichst viel Selbständigkeit zu nehmen, damit er steuerbar bleibt. So darf es nicht wundernehmen, wenn sich Menschen nicht mehr für sich selbst verantwortlich fühlen, wenn sie die Verantwortung für ihr eigenes Leben nicht mehr empfinden. Es ist ja auch so viel bequemer, vom Staat zu fordern, dass er alles richtet und die gesellschaftlichen Verhältnisse zu beklagen, wenn nicht alles rund läuft. Erfolglos ist man nicht wegen mangelnder Anstrengung, sondern immer nur wegen fehlender Chancen und diese Chancenungleichheit muss der Staat beseitigen, koste es was es wolle. *Die Gesellschaft ist schuld*

Rechtsbewusstsein

Dass der Zeitgeist sich auch der Justiz bemächtigt, ist wohl unvermeidlich. So haben sich für den älteren Betrachter auch in der Justiz gegenüber früher deutliche Veränderungen vollzogen.

Zunächst fällt auf, dass sich die Justiz offenbar voll in den Dienst der Political Correctness gestellt hat. Wie auf der Politik lastet auch auf der Justiz der Druck der veröffentlichten Meinung und zwingt sie in eine Richtung, in die ihr das Rechtsempfinden des Normalbürgers nicht immer folgen kann. Auf Unverständnis stoßen besonders die milden Urteile gegenüber ausländischen Straftätern, über die Ulfkotte ausführlich berichtet. Dass türkische Straftäter beispielsweise von ihrer Abstammung profitieren, hat eine Richterin offen ausgesprochen. So wird auch Inländerfeindlichkeit nur milde bestraft, ganz im Gegensatz zur Ausländerfeindlichkeit, die hart geahndet wird. Besonders das von Rot-Grün initiierte Antidiskriminierungsgesetz dient hier als Hebel. *Im Dienst der Political Correctness*

Eine neue, auf Ehrgeiz und Publiciy-Sucht abgestellte Berufsauffassung hat sich auch bei den Staatsanwälten durchgesetzt. Spektakuläre Prozesse wie beispielsweise die von Kachelmann oder Wulff, zeigen, *Übereifrige Staatsanwälte* dass vernünftige Maßstäbe verlorengegangen sind und von Verhältnismäßigkeit hinsichtlich des Aufwandes nichts mehr zu sehen ist. Da werden Pressekonferenzen abgehalten, was es früher nie gegeben hätte, und der Eindruck von Vorverurteilung und Parteilichkeit kennzeichnet die Szene. Man hat den Eindruck, dass viele 68er bei ihrem Marsch durch die Institutionen hier ihren festen Ankerplatz gefunden haben und ihre Macht auskosten. Die Verpflichtung der Staatsanwaltschaft, auch nach entlastenden Momenten zu suchen, scheint weitgehend in Vergessenheit geraten zu sein. Norbert Blüm beschreibt in seinem Buch „Einspruch", wie sehr sich die staatsanwaltlichen Sitten gelockert haben und dass „Vorverurteilungen durch eine konspirative Zusammenarbeit der Staatsanwaltschaft mit Presse, Rundfunk und Fernsehen" heute keine Seltenheit mehr sind.

Hervorragende Frauenquote

Eine weitere bemerkenswerte Veränderung hat sich im Richterstand vollzogen. Er weist eine hervorragende Frauenquote auf. 2012 warnte der Richterbund vor „zu vielen" Frauen in der Justiz, in Nordrhein-Westfalen beträgt der Anteil der Frauen an Neueinstellungen 62 %. Man fürchtet vor allem ökonomische Nachteile, weil viele dieser Juristinnen aufgrund von Familienzeiten für einige Jahre ausfallen. Warum so viele Frauen Richterin werden, lässt sich gut nachvollziehen. Eine Juristin, der die Welt der freien Anwälte zu mühsam und zu rau ist, kann sich als Richterin wohlgeborgen fühlen. Da ist sie unter Ihresgleichen, hat ihre geregelte Arbeitszeit, ein gut dotiertes Einkommen nebst Altersversorgung und genießt gesellschaftliches Ansehen. Wer beispielsweise in Frankfurt einen Zivilprozess über zwei Instanzen führt, dem kann es passieren, dass er nur mit Frauen zu tun hat, vor allem, wenn die Gegenanwältin auch noch eine Frau ist. Es bleibt auch nicht nur bei einer Richterin, vielmehr lösen sich die Damen im jährlichen Turnus ab. Wenn man nach 3 Jahren und 3 Einzelrichterinnen in die Berufung geht, landet man schließlich am OLG auch bei einer Richterin. Man hat das Gefühl, dass unter den Damen eine besondere Art von Einvernehmen herrscht und fühlt sich als Mann von vorneherein in der Defensive. Auch beschleicht einen das dunkle Gefühl, dass die Logik eher ins Hintertreffen gerät und man einer gefühlsbetonten Rechtsprechung ausgesetzt ist. Im Richterberuf kann man sich ja auch geborgen fühlen wie nirgends sonst in der Gesellschaft und der Arbeitswelt. Richter beanspruchen für sich „Unangreifbarkeit", empfinden Angriffe als Zumutung, die bestraft gehört, Rücktritt, Amtsenthebung oder öffentliche Schelte haben sie praktisch nie zu befürchten, darauf weist Norbert Blüm hin. Im Übrigen blüht das Geschäft der Gutachter, es erspart den Richtern vielfach, gesunden Menschenverstand anzuwenden, Gutachten ersparen auch Arbeit und man kann sich trefflich hinter ihnen verstecken, wenn man zu bequem oder zu feige ist, selbst Stellung zu beziehen.

Ist die Justiz politischer geworden? Bei den höchsten Gerichten hat man schon den Eindruck, dass viel von der personellen Zusammensetzung abhängt, wobei man einräumen muss, dass die Bestellung der Richter durch die Politik ja gewollt ist. Und was die Pflege der Verfassung durch die oberste Gerichtsbarkeit anbelangt, so muss man zugestehen, dass der Gesetzgeber selbst oft Freiräume offen lässt, die die Gerichtsbarkeit ausfüllen muss. In einem solchem Fall ist es wohl unvermeidbar, dass Zeitgeist und persönliches Politikverständnis dazu verleiten, die Verfassung „weiter zu entwickeln". So sieht sich auch das Bundesverfassungsgericht gelegentlich dem Vorwurf ausgesetzt, „statt das Grundgesetz zu wahren, verändern die Richter es eigenmächtig" (Bernd Rüthers, *FAZ* vom 18.11.2013) Beispielsweise haben sie den besonderen Schutz von Ehe und Familie praktisch aufgehoben, indem sie die Gleichbehandlung von Verheirateten und gleichgeschlechtlichen Lebenspartnern für rechtens erklärten. Es werden immer wieder Fälle bekannt, in denen sich „die Rechtsprechung nicht ... an Recht und Gesetz gebunden" fühlt und „auch die politische Exekutive hat daran Gefallen gefunden, sich von der Gesetzeslage zu lösen", beklagte Rüthers (*FAZ* vom 26.8.2011)

Justiz und Politik

Auch der Europäische Gerichtshof sieht sich offenbar im Dienste der Politik, wenn er durch seine Urteile die Souveränitätsrechte der Mitgliedstaaten systematisch aushebelt, so beispielsweise durch sein Urteil aus dem Jahre 2010, das einem Zuwanderer auch schon nach kurzer Zeit vollen Anspruch auf die Sozialhilfe für sich und seine Familie zugesteht. Auch der in Straßburg ansässige Europäische Gerichtshof für Menschenrechte steht in der Kritik. Der britische Premierminister Cameron beklagt sich darüber, dass dessen Rechtsauslegung zum Teil falsch sei, etwa wenn Terroristen geschützt und Häftlingen das Wahlrecht zugesprochen werde.

Europäischer Gerichtshof

Dass bei so brüchigem Rechtsbewusstsein auch das internationale Recht auf schwachen Füßen steht, ist leicht zu begreifen. Ein markantes Beispiel ist der EU-Vertrag von Maastricht, der bedenkenlos gebrochen wurde, mit weitreichenden Folgen für den Zustand der EU und die Euro-Einheitswährung, die sich erst in der Zukunft voll auswirken werden.

Europäische Verträge

Der normale Bürger hat es schwer mit seinem Rechtsempfinden. Es gelingt ihm mitunter nur mühsam, es mit dem Vorgehen und den Urteilen der Justiz in Einklang zu bringen. Die spektakulären Fälle, in denen ihm das kaum gelingen will, scheinen sich zu häufen. Von „einseitigen Ermittlungen, überschätzten Gutachtern, selbstgewissen Richtern" und immer wieder vorkommenden Fehlurteilen spricht der *Spiegel* (22/2011): „Gerechtigkeit wird zum Glücksfall" (39/2006) Eine „Verlotterung der dritten Gewalt in unserem Land" nennt es Norbert Blüm in seiner Polemik „wider die Willkür an deutschen Gerichten". Er findet, „dass ... unter dem Deckmantel der Unabhängigkeit eine Rechtspflege agiert, die mit sublimer Selbstherrlichkeit und handfesten Abhängigkeiten ausgestattet ist", ebenso wie mit Willkür und Arroganz. Auch der „Abstieg des Anwaltsberufes" fügt sich in dieses Bild eines Rechtswesens, das sich der Not der Bedrängten durch unverständliche Sprache und wichtigtuerisches Gehabe entledigt. Blüm beklagt besonders ein extrem heruntergewirtschaftetes Familienrecht, das massiv zur Demontage von Ehe und Familie beiträgt.

Technischer Fortschritt

Mit Abstand die größten Veränderungen bewirkt immer wieder der Fortschritt in Technik und Wissenschaft, der sich im vergangenen Jahrhundert in ungeahnter Weise beschleunigt hat. Die Dampfmaschine, die Eisenbahn, das Automobil und das Flugzeug, diese alten Symbole des technischen Fortschritts, muten heute geradezu gemütlich an. Auf vielen Gebieten haben Wissenschaft und Technik mit ihren Innovationen Erfolge erzielt, die zu weitreichenden Veränderungen geführt haben und das mit außerordentlicher, zunehmender Beschleunigung. Die Medizin gehört dazu, ebenso wie die Nuklearwissenschaft und die elektronische Datenverarbeitung.

An der Spitze in Bezug auf umfassende Wirkung und beschleunigte Entwicklung steht ohne Zweifel die Informationstechnik, die Gewaltiges bewirkt hat und doch in vieler Hinsicht erst am Anfang zu stehen scheint. Die „Informationsgesellschaft", die Norbert Wiener in den 1950er-Jahren angekündigt hat, ist heute längst Wirklichkeit geworden. Die Entwicklung der Informationstechnik von der Lochkarten-EDV bis zum Internet hat sich mit unheimlicher Geschwindigkeit und weitreichenden Folgen vollzogen und noch längst kein Ende gefunden. Ungeheure Datenmengen werden angesammelt, ausgewertet und dienen der Steuerung. Die Steuerungsfunktion der Informationsverarbeitung hat auch die industrielle Technik, vom Maschinenbau bis zur Autoindustrie, entscheidend verändert und bestimmt die künftige Entwicklung. Beherrschung des wachsenden Wissens ist das eine Ziel, doch daneben besteht die Gefahr, dass damit auch ein Überwachungsstaat etabliert werden kann.

Die Zukunft ist offen

Unbekannte Zukunft   Neben dem Bericht über die Vielfalt der Zukunftsbetrachtungen haben wir immer wieder die Frage vor uns hergeschoben, wie wir selbst die Zukunft einschätzen. Die langfristige Betrachtung zwingt wohl zu dem Eingeständnis, dass wir im Grunde über die Zukunft nichts wissen können, so wie es Ludwig von Mises ausgedrückt hat (siehe oben). Dabei trägt uns die Hoffnung, dass es nicht ein blindes Schicksal oder eine vorherbestimmte Entwicklung ist, die die Zukunft bestimmen, sondern dass der handelnde Mensch gestaltend mitwirken kann, so wie es Toynbee gesehen hat.

Gegenwartsprobleme   Diese Chance zu gestaltendem Handeln muss unseren Blick auf die nähere Zukunft lenken. Sie ist dadurch gekennzeichnet, dass wir uns entscheiden müssen, wie wir den Gegenwartsproblemen handelnd begegnen wollen, um sie zu einem guten Ende zu führen. Von den vielen Problemen, die uns gegenwärtig bedrängen, seien im folgenden die wichtigsten genannt.

Flüchtlingskrise   Das beherrschende Thema ist gegenwärtig die Flüchtlingskrise, sie hat selbst die Euro-Rettung und den Klimawandel in den Hintergrund gedrängt. Aus den seit Jahren anwachsenden Flüchtlingsströmen ist eine wahre Völkerwanderung geworden. 1973 schilderte der Franzose Jean Raspail in seinem Roman „Das Heerlager der Heiligen" eine Dystopie, in der Frankreich von indischen Flüchtlingen überrollt wird. Dieses Szenario schien zu weit hergeholt, als dass es große Beachtung gefunden hätte.-2015 wurde jedoch das Buch neu aufgelegt und zeigt Aspekte von erschreckender Aktualität, wenn man an die „Springflut" von Asylsuchenden denkt, die sich seit dem Herbst 2015 nach Europa ergießt. Dieter Stein (JF 25.9.2015) meint, sie kam nicht aus heiterem Himmel, es sieht für ihn eher nach einem gegen Europa gelenkten Druckmittel aus.

„Willkommenskultur"   Als Asylsuchende kommen nicht nur Bürgerkriegsflüchtlinge aus Syrien, sondern ebenso Armuts- und Wirtschaftsflüchtlinge aus dem Balkan und aus Afrika. Die meisten wollen nach Deutschland,

210

denn wir bieten eine offiziell propagierte „Willkommenskultur" und die höchsten Sozialleistungen. Für Bundeskanzlerin Angela Merkel, die die Parole ausgegeben hat „Wir schaffen das", gilt dabei das Diktum aus Schillers „Wallenstein", ihr „Charakterbild schwankt in der Geschichte": für die einen ist sie eine „Mutter Teresa", für die anderen die „Schlepperkönigin". Die Wirkung der Flüchtlings- „Lawine" (Wolfgang Schäuble), die da losgetreten wurde, lässt sich noch nicht abschätzen. In Deutschland stöhnen die betroffenen Kommunen unter Überforderung und unter den Bürgern machen sich Ängste breit, denn „…natürlich fragen sich die Leute, ob ein Staat, der heute seine Grenzen nicht mehr schützt, morgen noch das Eigentum respektiert." (Holger Steltzner, FAZ 26.10.2015). Eine Meinungsumfrage des Instituts für Demoskopie (FAZ 21.10.2015) ergab, dass sich die Mehrheit der deutschen Bürger „außerordentlich besorgt" über den Zustrom an Flüchtlingen zeigt, dass die Aufnahme weiterer Flüchtlinge abgelehnt wird und dass der Eindruck vorherrscht, die Politik habe die Kontrolle über die Situation verloren und stehe den Problemen ratlos gegenüber. 71 Prozent sind der Meinung, dass die Probleme überwiegend hausgemacht sind durch überzogene Anreize und 56 Prozent fordern eine Obergrenze. Die Bundeskanzlerin jedoch besteht darauf, dass das deutsche Grundrecht auf Asyl „keine Obergrenze" kennt und wird damit „…noch mehr Menschen dazu ermuntern, sich in dieses gelobte Land aufzumachen". (Berthold Kohler, FAZ 12.9.2015) Auch Linke und Grüne sind gegen eine Begrenzung des Flüchtlings-Zustroms, aus humanitären Gründen, wie sie betonen. Viktor Orban allerdings meint, es könnte für sie auch die Überlegung eine Rolle spielen, dass Flüchtlinge später zuverlässig links wählen.

„Merkels Umgang mit der Flüchtlingskrise spaltet das Land…;" findet Christoph Schwennicke (CICERO 12/2015). Doch auch Europa zeigt sich gespalten, nicht nur durch die Euro-Krise, sondern nun auch durch die Flüchtlingskrise. Deutschland fordert Solidarität ein, andere Länder wehren sich gegen Überforderung und Unterwanderung durch illegale Einwanderer, nicht zuletzt durch Muslime. Frau Merkel mag die muslimischen Migranten begrüßen, weil ja für sie der Islam auch zu Deutschland gehört, der ungarische Ministerpräsident Orban und seine osteuropäischen Kollegen hingegen wollen keine Muslime, weil sie sich nicht integrieren, sondern Parallelgesellschaften bilden. Der ehemalige tschechische Staatspräsident Vaclav Klaus fasst die Stimmung so zusammen: „Wenn Europa Selbstmord begehen will, indem es eine unbegrenzte Zahl von Flüchtlingen aufnimmt, dann soll es das tun – aber ohne unsere Zustimmung!" Doch die Bereitschaft,

Europäische Solidarität

211

Asylsuchende in unbegrenzter Zahl aufzunehmen, wie es sich Bundeskanzlerin Merkel vorstellte, bestand in den anderen europäischen Ländern nicht. Selbst Schweden, das neben Deutschland die meisten Flüchtlinge aufnahm, hat sich inzwischen „unter Schmerzen" entschlossen, wieder Grenzkontrollen einzuführen, um den Zuzug von Migranten zu drosseln.

Die Lösung der Krise

Die Lösung kann nicht darin liegen, dass die 60 Millionen Flüchtlinge, mit denen auf der Welt angeblich zu rechnen ist, ungehemmt in die europäischen Industrieländer strömen und dabei, wie im Falle der Wirtschaftsflüchtlinge, ihre Heimat um so mehr dem Elend preisgeben, statt sie aufzubauen. Die in Gang gekommene Völkerwanderung trifft ja nicht auf unbesiedelte Landstriche, wie früher in Amerika, sondern auf ein dicht besiedeltes Europa, und wird deshalb von den Einheimischen als Inbesitznahme von Eigentum empfunden, meint Gerd Habermann. Er weist auch darauf hin, dass Politiker gegenüber dieser Masseneinwanderung nicht gesinnungsethisch handeln sollten, das mag ihnen als Privatperson gut anstehen. Für die Politiker ist Verantwortungsethik gefordert, wie sie ihrer Verpflichtung gegenüber ihren Wählern entspricht. Auch in Deutschland birgt der ungebremste und unkontrollierte Zustrom an Migranten die große Gefahr der Destabilisierung in sich. Man wird nicht umhin kommen, den Zustrom zunächst einmal zu drosseln, um wieder zu geordneten Verhältnissen zu kommen. Langfristig gilt es, die Ursachen der Flüchtlingsströme zu beheben, was nur auf dem Wege internationaler Zusammenarbeit gelingen kann. Es geht darum, die kriegerischen Konflikte zu beenden und im Falle der Armutsflüchtlinge müssen Wege der Entwicklungshilfe gefunden werden, die wirksamer sind als die seitherigen.

Die freie Meinung

Die freie Meinungsäußerung ist ein wesentliches Element einer freiheitlichen Gesellschaft. Seit Elisabeth Noelle-Neumann die „Schweigespirale" beschrieb, weiß man, dass es „natürliche" Hemmungen gibt, die eine ungehinderte Meinungsäußerung einschränken. Seit sich jedoch mit den 68ern die „political correctness" etablierte, kann man durchaus von einer aktiven Behinderung der freien Meinungsäußerung sprechen. In den Zeiten der großen Koalition hat man vollends den Eindruck, dass Politik und Mainstream-Medien gemeinsam die freie Meinungsäußerung massiv behindern. Vor allem die Boulevard-Presse geht dabei mit Besorgnis erregender Anmaßung vor, wenn beispielsweise BILD „Hetzer an den Pranger stellt". Wie sehr das Meinungsklima belastet ist, macht ein Essay von Bassam Tibi in der WELTWOCHE (42.15) deutlich. Tibi stellt fest, dass besonders in der

Flüchtlingsfrage viele Menschen in Deutschland es nicht mehr wagen, „offen ihre Meinung zu äußern, weil sie wissen, welche Keulen gegen sie eingesetzt werden." Wer eine Gegenmeinung äußert, wird gleich in die rechte Ecke gestellt. Es sei bezeichnend, fügt Tibi an, dass er diesen Artikel in der Schweiz veröffentlichen müsse. Auch das Institut für Demoskopie (FAZ 21.10.2015) berichtet, dass 43 Prozent der Bevölkerung den Eindruck haben, dass man in Deutschland seine Meinung zur Flüchtlingssituation nicht frei äußern darf, und 55 Prozent halten die Berichterstattung für einseitig.

Bei den Kriegsereignissen und dem Terrorismus unserer Tage, die Millionen von Kriegsflüchtlingen ins Elend schicken, spielt der Islam eine wesentliche Rolle. Die Religion Mohammeds, die keine Aufklärung durchlaufen hat, preist sich zwar als friedliebend und tolerant an, ist aber in der Form des Islamismus extrem gewalttätig. Wir werden zwar aufgefordert, zwischen Islam und Islamismus zu unterscheiden, doch erweist sich das als ebenso schwierig wie die Vorstellung, dass Alkoholismus nichts mit Alkohol zu tun hat (Broder).

Islam und Islamismus

Für Hamed Abdel-Samad ist die Quelle des Islamismus und des islamistischen Terrors „…eine gekränkte Religion, die sich selbst und ihre Anhänger verherrlicht und den Rest der Welt verdammt. Eine Religion. Die Pluralität und Gleichheit aller Menschen ablehnt und Gewalt als Mittel der Politik nicht nur duldet, sondern durch heilige Texte sogar fordert und fördert." Immerhin keimt auch im Islam selbst die Einsicht notwendiger Reformen auf, wie beispielsweise beim ägyptischen Staatspräsidenten Sisi. In Deutschland ist es dem Islam gelungen, sich weit über seine zahlenmäßige Bedeutung hinaus in den Vordergrund zu drängen und sich unter den Schutz der political correctness zu stellen. Man kann ohne Risiko über den Papst und die Kirche schimpfen, keineswegs aber am Islam Kritik üben oder vor Islamisierung warnen, denn dann ist man ein Rassist und ausländerfeindlich. Bundeskanzlerin Merkel bestätigte ausdrücklich das Diktum von Ex-Bundespräsident Wulff, wonach der Islam zu Deutschland gehört, auch wenn die Mehrzahl der Bürger das anders sieht.

Doch „…wir sollten nicht mehr betreten wegsehen, wenn sich in einem Teil unserer Städte Subkulturen bilden, die deutsches Staatsrecht durch islamisches Stammesrecht ersetzten", meint Ulrich Reitz. (FOCUS 48/2015)

Die Furcht vor einer zunehmenden Islamisierung, durch die unsere abendländischen Werte verdrängt werden, wächst weiter. Das kann nicht verwundern, wenn man den hohen Anteil an Muslimen bei den

Furcht vor Islamisierung

hereinströmenden Flüchtlingen bedenkt. Mit den Dresdner Demonstrationen von PEGIDA (Patriotische Europäer gegen die Islamisierung des Abendlandes) trat diese Gegenmeinung öffentlich in Erscheinung. Die PEGIDA-Demonstrationen dauern an, obwohl sie immer wieder verteufelt wurden von Medien und Politik. Der Ton wird rauer, statt Argumenten werden Beschimpfungen ausgetauscht. „Der Islamismus hat der Menschheit den Krieg erklärt, seine Verfechter wollen die Macht", meint der algerische Schriftsteller Boualem Sansal (JF 18.11.2015) und seine Prognose lautet: die Islamisten werden obsiegen und große Teile der Welt beherrschen, schon heute dominieren sie mehr als 30 Länder. Sie treiben den Westen vor sich her, denn dass sie Angst und Unsicherheit verbreiten und der Islamismus das beherrschende Thema ist, ist schon eine Art von Okkupation.

Islamistischer Terror „Nine/eleven", der islamistische Terroranschlag auf das World Trade Center in New York am 11. September 2001, hat die Welt verändert. Die Hoffnung, den Terror zu besiegen, hat sich nicht erfüllt. Stattdessen waren die Terroranschläge vom 13. November 2015 in Paris ein neuer Höhepunkt. Wieder hieß es: „Paris ändert alles!" Die politisch-korrekten Beschwörungen, die Terroranschläge von Paris hätten nichts mit dem Flüchtlingsstrom zu tun, verblassen vor der Realität. Als Folge der Anschläge sieht sich Frankreich im Krieg, übt scharfe Kritik an der EU-Flüchtlingspolitik, führt wieder Grenzkontrollen ein und 62 % der Franzosen lehnen eine weitere Aufnahme von Flüchtlingen ab. Die umstrittene „Willkommenskultur"-Flüchtlingspolitik mit ihrem Mantra „Wir schaffen das" von Bundeskanzlerin Merkel, eine Obergrenze für Asylsuchende dürfe es nicht geben, und man müsse einfach nur die Fluchtursachen bekämpfen, wird in Frankreich, wie im übrigen Europa, abgelehnt und stößt auch in Deutschland mehr und mehr auf Widerspruch. Für die Zukunft scheint gewiss, dass wir mit weiteren Terroranschlägen rechnen müssen und dass der Flüchtlingsstrom weiter anhält. Nachdem der Kalte Krieg beendet war, schien die Welt zur Ruhe gekommen zu sein. Aber nun liegt offenbar eine neue Periode der Unsicherheit vor uns, die uns immer wieder in neue Krisen stürzt. Eines hat der „Islamische Staat" mit seinem Terror bereits erreicht: „Er hat die Europäer nicht nur tief verunsichert, er trägt auch zu ihrer weitern Spaltung bei." (FAZ 19.11.2015) Matthias Döpfner erinnert an Michel Houellebecqs Roman und meint, „Europa ist schwach…wenn weiter laviert und toleriert wird, sind die Opfer von Paris nur die Vorboten der Unterwerfung" Die westlichen Demokratien stehen wegen der Islamisierung und des islamistischen Terrors in einem schicksalhaften Kulturkampf. „Reden sind genug gehalten,…

wir brauchen die wirklich wehrhafte Demokratie...nicht unterwerfen sondern kämpfen!" fordert Döpfner.

Das alles findet vor dem Hintergrund unseres Demographie-Problems statt, über das schon so lange geredet wird, dass wir uns längst daran gewöhnt haben, ohne darauf wirklich zu reagieren. Die Hoffnung auf eine Familienpolitik, die zu einem besseren „Reproduktionsverhältnis" führt, wie es andere Länder noch vorweisen können, haben wir offenbar inzwischen aufgegeben. Stattdessen soll es die Zuwanderung richten, die allerdings zu einem nicht geringen Teil nur in die Sozialsysteme erfolgt und außerdem darunter leidet, dass nicht alle Zuwanderer Integrationsfähig oder integrationswillig sind. Solange Türken zum Beispiel dem Aufruf ihres Staatspräsidenten Erdogan folgen, der Assimilation für ein Verbrechen gegen die Menschlichkeit hält, führt Zuwanderung nicht zu Integration, sondern zu Kopftuch-bewehrten Parallelgesellschaften. Ob also Zuwanderung allein unser Demographie-Problem zu lösen vermag, muss bezweifelt werden. Wenn wir unsere Kultur und unsere Identität erhalten wollen, müssen wir wieder mehr auf die Familie und den eigenen Nachwuchs setzen.

Demographie Probleme

Wenn die Geburtenrate weiter sinkt und die Zahl der Zuwanderer weiter steigt, stellt sich in der Tat die Frage, wann die Deutschen aussterben. Ob das in hundert Jahren der Fall ist, wie Miegel und Sarrazin meinen, oder etwas später, kann dahin gestellt bleiben. Bedenklich muss stimmen, dass schon jetzt die Notwendigkeit unserer Identität als Deutsche verschiedentlich in Frage gestellt wird. Eine deutsche Nation, in der unsere Identität zum Ausdruck kommt, erachten besonders Linksintellektuelle als überholt, im Gegensatz zum Nationalbewusstsein anderer Völker. Auf die Bedeutung kultureller Identität und die Gefahren des Multikulturalismus haben Huntington und Tibi nachdrücklich hingewiesen.

Identität bewahren

Der wachsende Zustrom, besonders muslimischer Migranten, führt zu Überfremdungsängsten in der heimischen Bevölkerung, die endlich auch von der Politik vermehrt ernst genommen werden. Integration wird nun als große Aufgabe wahrgenommen, aber der Aufwand, den sie erfordert, und die Zeit, die sie beansprucht, wird vielfach noch unterschätzt. Es war auch lange Zeit politisch unkorrekt, an der Integrationswilligkeit, besonders muslimischer Migranten, zu zweifeln. Obwohl längst erkennbar ist, dass es nicht wenige Orte gibt, an denen die Integration an ihre Grenzen stößt und sich Parallelgesellschaften gebildet haben, in denen das Recht des Stärkeren und die

Integration und Leitkultur

Scharia gilt. In der Diskussion über die Flüchtlingskrise ist auch der von Linken und Grünen als „rassistisch" verteufelte Begriff der Leitkultur, den Friedrich Merz 2000 in die Debatte über Einwanderung und Integration einführte, wieder aufgetaucht. Man darf jetzt offenbar wieder darüber sprechen, dass die Anerkennung der deutschen Leitkultur eine Grundvoraussetzung für erfolgreiche Integration ist und dass wir in einem Nationalstaat leben.

Der Nationalstaat lebt Gerade in andauernden Krisenzeiten suchen die Bürger Halt und Stütze. Sie finden sie nicht in supranationalen Organisationen, sondern in der Ordnung und Sicherheit ihres Nationalstaates. Die international orientierten Eliten hätten sich jedoch vom Nationalstaat verabschiedet und wollen seine Zuständigkeiten auf internationale Ebenen verlagern, aber das sei ein folgenschwerer Irrtum, meint Udo di Fabio. Für Linksintellektuelle gilt der Nationalstaat als überlebt, wer für ihn plädiert wird zu Unrecht als Nationalist diffamiert. Aber wer sein Land liebt, ist ein Patriot, oder, um es mit Richard von Weizsäcker auszudrücken: „Patriotismus ist Liebe zu den Seinen, Nationalismus ist Hass auf die anderen." Die Gegner des Nationalstaates, die eifrig an seiner Zerstörung arbeiten, träumen von einer Weltgesellschaft, in der es keine Religionen, keine Grenzen und keine Nationen gibt. Aber das ist eine Utopie. Real hingegen ist: „Sie attackieren die grundlegendsten Werte unserer europäischen Identität: Die Familie, die Nation, Subsidiarität und die Verantwortung", meint Viktor Orban (FAZ 3.11.2015) Gegen den Nationalstaat wird vor allem eingewandt, dass die großen Zeitprobleme, vom Klimawandel bis zu den Flüchtlingsströmen, nur noch länderübergreifend und global gelöst werden können. Aber das ist ein Scheinargument. Wenn der Wille zur Lösung eines Problems besteht, sind der Kooperation zwischen Nationalstaaten keine Grenzen gesetzt. Hingegen kann man durchaus bezweifeln, ob der Zwang, der in einem supranationalen Staat auf die Bevölkerungsgruppen ausgeübt würde, besser zum Ziele führt, oder vielleicht eher Spaltungen und Gegensätze vertieft, wie das Beispiel der EU zeigt. Für Sozialisten und deutsche Europa-Schwärmer, wie Norbert Blüm, der sich nicht mehr als Deutscher versteht, sondern nur noch in Europa seine Heimat sieht, (bei Maischberger am 3.11.2015), liegt die Lösung der Zeitprobleme in „mehr Europa". Sie übersehen dabei allerdings, dass keines der anderen EU-Mitglieder daran denkt, seine Souveränität aufzugeben und seine Nationalstaatlichkeit zu beenden. Ganz im Gegenteil zeigt gerade die Flüchtlingskrise, dass nationalstaatliche Interessen wieder in den Vordergrund rücken. Wenn es Europa nicht gelingt, den supranationalen Trend zur Zentralisierung in Brüssel einzudämmen, und zu einem konföderalen Verbund von Nationalstaaten zurückzufinden, wird die EU scheitern.

Europa darf kein verschwommenes Großgebilde sein, das über alle Unterschiede hinweg regieren und Gleichheit erzwingen will. Die Einigung Europas war ein wunderbarer Fortschritt. Aber de Gaulles „Europa der Vaterländer" wäre sicherlich tragfähiger, als ein sozialistisches Einheits-Europa, auf das wir zusteuern und das neue Probleme schafft, statt die alten zu lösen. So wie es jetzt verfasst ist, steuert Europa immer tiefer in die Krise. So sieht es auch der Holländer Frits Bolkestein, ehemals EU-Kommissar (JF 31.10.2014). Nach seiner Meinung brauchen wir nicht „immer mehr Europa", sondern ein vernünftiges Europa, das funktioniert. Den Euro hält er für einen Flop, mit dem man die Bürger in eine Sackgasse gelockt hat. Solange die krisengeschüttelten Südländer nicht abwerten können, kommen sie auch aus ihrer wirtschaftlichen Misere nicht heraus. Und an Frau Merkels Drohung, dass es ohne den Euro Krieg in Europa geben würde, glaubt er auch nicht. Auch die deutsche Wirtschaft bricht nicht zu-sammen, wenn der Euro scheitert. Das politische Establishment will natürlich nicht zugeben, dass es die Bürger jahrelang in die Irre geführt und sich im Grunde bis auf die Knochen blamiert hat. Wenn sich die Euro-Politik nicht fundamental ändert, meint Bolkestein, steht uns ein Chaos bevor.

Europa

Ein solches Chaos beschreibt Ludwig Witzani in seiner Dystopie vom Untergang Europas (JF 10.7.2015). Er glaubt, dass die hedonistischen Gesellschaften Europas dem Wettbewerbsdruck arbeitsbereiter und hochqualifizierter Inder und Chinesen immer weniger standhalten können und bei wachsenden Schuldenbergen auf einen Crash zusteuern. Außerdem geht er davon aus, dass Großbritannien 2017 der EU den Rücken kehrt und Irland, die skandinavischen Staaten, Österreich, Ungarn und die baltischen Staaten folgen werden, während die Restmitglieder permanente Transferzahlungen fordern. Die Bevölkerung wird weiter schrumpfen, die Jungen, die in der Mehrzahl aus Migranten bestehen, sind weder gut genug ausgebildet noch willens, die Älteren zu ernähren. Zugleich nimmt das Anspruchsdenken weiter zu, die Städte werden zu Orten des Überlebenskampfes und des Kulturkampfes zwischen Einheimischen und Parallelgesellschaften. Aufgrund der muslimischen Masseneinwanderung schwindet Europas Identität immer mehr. Die Gesellschaftsstrukturen lösen sich auf, seit die Familie als Keimzelle zerfällt. Deutsche, Briten und Franzosen flüchten in

Dystopie vom Untergang

die noch leidlich stabilen Peripherien der USA, Kanadas, Australien und Neuseelands. Zur gleichen Zeit mit dieser Auswanderungswelle strömen immer mehr Flüchtlinge nach Westeuropa, weil die USA, Russland, Indien und China ihre Grenzen geschlossen haben. Witzanis Dystopie übertreibt natürlich maßlos, aber das gehört schließlich zum Charakter einer Dystopie. Wer ein solches Szenario entwirft, ist im Grunde sogar ein Optimist, meint Witzani, weil er hofft, damit zum Umdenken anzuregen und das Schlimmste zu verhindern.

Ein neues Europa

„Europa schafft sich ab", meint Thilo Sarrazin (WELTWOCHE 39/15), denn vor allem der Zustrom muslimischer Migranten wird unsere Gesellschaft verändern, wie man in allen europäischen Ländern beobachten kann. Dazu kommt, dass sich der Euro, dessen Geschichte und Wirkung Hans Werner Sinn eindrucksvoll aufzeichnet, „von der Friedensidee zum Zankapfel" entwickelt hat. Deshalb werden wir „Europa neu erfinden" müssen, wir müssen „vom Überstaat zur Bürgerdemokratie" kommen, forderte Roman Herzog im März 2014. Wenn wir nicht zu einer kooperationswilligen Konföderation selbstbewusster Nationalstaaten zurückfinden, dürfte Europa weiter von Krise zu Krise schlittern.

Gesellschaftsstruktur

Die Veränderungen treffen auf Menschen, die auch in anderer Hinsicht verunsichert sind, weil traditionelle Bindungen und überkommene Wertvorstellungen in Frage gestellt oder gar bekämpft werden. Doch eine Gesellschaft, die von Ökosozialismus und Gender Mainstreaming umgepflügt wird, hat es sicher schwerer als eine Gesellschaft, die sich auf bewährte Traditionen stützen kann. Deshalb darf man hoffen, dass sich auf die Dauer zum Beispiel die klassische Familie nicht nur behaupten, sondern wieder stärker durchsetzen wird, wenn die Menschen erkennen, dass die neuen, überwiegend egoistisch geprägten Lebensformen ihnen nicht die Sicherheit und den Halt geben können, die sie für die Bewältigung der Zukunft brauchen. Menschen brauchen Wurzeln und der Gesellschaftsaufbau, der sich in Jahrhunderten herausgebildet hat, ist immer noch der tragfähigste. Heimatliche Regionen schließen sich in Nationalstaaten zusammen und diese wiederum in Bündnissen mit kulturellen Gemeinsamkeiten. Das kann sehr wohl in Vereinte Nationen münden, die stärker als bisher die Weltgemeinschaft prägen und zu einem gemeinsamen Weltethos führen. Aber das wird wohl noch einige Generationen Zeit in Anspruch nehmen.

Obwohl es uns in Deutschland in vieler Hinsicht „noch nie so gut ging wie heute", breitet sich dennoch immer mehr das Gefühl aus, dass es nicht aufwärts, sondern abwärts geht. Im Rückblick erscheinen die fünfziger und sechziger Jahre des vorigen Jahrhunderts als eine goldene Zeit, bis dann in den siebziger Jahren die ersten Krisen begannen. Seit 2008 halten die Krisen an und spitzen sich zu, irgendwann muss man auf den großen „Crash" gefasst sein. In den meisten europäischen Staaten hat sozialistische Politik zu riesigen Schuldenbergen geführt, die auf die Dauer nicht verkraftet werden können. Man hat auf Pump und über seine Verhältnisse gelebt. Vor diesem Hintergrund sollten die Forderungen nach einem Umdenken, einem „Paradigmenwechsel" ernst genommen werden. Es gilt Abschied zu nehmen von einer Ideologie, die Wachstum um jeden Preis erzwingen will. Maßhalten und Mut zur Beschränkung sind gefragt, meint Miegel. Das Verhältnis zwischen Egoismus und Gemeinsinn muss wieder besser austariert werden. Den unvermeidbaren Klimaänderungen zum Beispiel, sollte man mit angemessenen Vorkehrungen begegnen, ohne einer Ökodiktatur Raum zu geben, die uns um Freiheit und Wohlstand bringen würde. Nicht zuletzt sollte man zu überkommenen Wertvorstellungen zurückkehren und absurden, überzogenen Ideologien, wie dem Gender Mainstreaming, abschwören.

Wohlstand und Wachstum

Und dennoch, trotz all dieser rasanten Veränderungen, scheint das Goethe-Wort „Der kleine Gott der Welt bleibt stets von gleichem Schlag und ist so wunderlich als wie am ersten Tag", nichts an Gültigkeit verloren zu haben. Auch Durant fand, dass sich trotz des explosiven technischen Fortschritts die Menschen über die Jahrtausende hin kaum verändert haben. Auch die Antinomie ihrer Denkrichtungen ist die gleiche geblieben: das Streben nach Gleichheit und das Streben nach Freiheit stehen sich nach wie vor als Gegensätze gegenüber. Dieses Spannungsverhältnis wird uns erhalten bleiben, es ist in der menschlichen Natur angelegt und bewirkt wechselnde Situationen, je nachdem auf welche Seite sich der Zeitgeist neigt. Wenn es stimmt, dass dem Streben nach Gleichheit die Tendenz zu Zwang und Unterdrückung innewohnt, dann sollten wir in dem Streben nach Freiheit und Selbstverantwortung nicht nachlassen.

Gleichheit und Freiheit

Was bleibt am Ende unserer Zukunftsbetrachtungen? Wenn die Religion das wahre Glück erst im Jenseits verspricht, dann mag uns im Diesseits die Philosophie weiterhelfen bei der Suche nach der Antwort auf die Frage, wohin die Zukunft letztlich führt. So hat sich Kant die Frage gestellt, ob das menschliche Geschlecht im beständigen Fort-

Optimistisch in die Zukunft

schreiten zum Besseren sei und er beantwortete sie positiv. Die Evolutionsphilosophen sind ebenfalls optimistisch gestimmt und sehen den Menschen auf einem Weg nach oben. Sandvoss meint, wenn der Mensch sein Erbe nicht verspielt, wird ihn dieser Weg von einer Stufe der Kreativität zur nächsten führen. Mit dem Weltverständnis wächst die Selbsterkenntnis, mit dem Weltbewusstsein das Selbstbewusstsein und mit diesem das Wertbewusstsein. Bei dieser Betrachtungsweise können wir unsere kleine „Kulturgeschichte der Zukunft" mit dem Grundton der Zuversicht beschließen.

Literaturhinweise

Abdel-Samad, Hamed: Verbietet die Salafisten! Jetzt!, FOCUS 48/2015
Adomeit, Klaus: Political Correctness – jetzt Rechtspflicht, 2006
Afheldt, Heik Hg.: Bilder einer Welt von morgen – Modelle bis 2009, 1985
Afheldt/Rogge: Geht uns die Arbeit aus?, 1983
Aristoteles: Politik, 1973
Arnim, Hans Herbert von: Das Europa Komplott, 2006

Bachmann, Hartmut: Die Lüge der Klima Katastrophe, 2008
Bandulet, Bruno: Tatort Brüssel, 1999
Baudet, Thierry: Der Angriff auf den Nationalstaat, 2015
Biedenkopf, Kurt: Die Ausbeutung der Enkel, 2006
Biedenkopf, Kurt: Wir haben die Wahl – Freiheit oder Vater Staat, 2011
Bittermann/Henschel: Das Wörterbuch des Gutmenschen, 1994
Bloch, Ernst: Das Prinzip Hoffnung, 3 Bde., 1968
Blüchel, Kurt G.: Der Klima Schwindel, 2007
Blüm, Norbert: Einspruch! – Wider die Willkür an deutschen Gerichten, 2014
Bolz, Norbert: Die Helden der Familie, 2006
Borermann, Norbert: Der Spießer steht links (JF 5/14), 2014
Böttcher / Metzner: CO 2 – Klimabedrohung oder Politik?, 1994
Böttiger, Helmut: Klimawandel – Gewissheit oder politische Machenschaft?, 2008
Bröckers/Schreyer: Wir sind die Guten, 2014
Brückner/Ulfkotte: Politische Korrektheit, 2013
Brunner, Manfred: Kartenhaus Europa, 1994
Buchner, Norbert: Erdtemperatur senkt sich wieder ab, 2014
Buschkowsky, Heinz: Die andere Gesellschaft, 2014
Butler, Judith: Das Unbehagen der Geschlechter, 1991

Capra, Fritjof: Wendezeit, 1983
Capra, Fritjof: Das neue Denken, 1985
Dahrendorf u. a.: Europa 2000, 1996
Delors, Jacques: Das neue Europa, 1993
Delors, Jacques: Erinnerungen eines Europäers, 2004

Descartes, René: Bericht über die Methode – Discours de la méthode, 2001

Di Fabio, Udo: Schwankender Westen, 2015

Diamond, Jared: Arm und Reich – die Schicksale menschlicher Gesellschaften, 1999

Diamond, Jared: Kollaps – warum Gesellschaften überleben oder untergehen, 2006

Diamond, Jared: Vermächtnis, 2013

Durant, Will und Ariel: Kulturgeschichte der Menschheit, 18 Bde., 1985

Durant, Will und Ariel: Die Lehren der Geschichte, 1969

Eilingsfeld, Heinrich: Der sanfte Wahn – Ökologismus total, 1989

Enzensberger, Hans M.: Sanftes Monster Brüssel . Die Entmündigung Europas, 2011

Eysenck u. a.: Die Grundlagen des Spätmarxismus – Theorie und Wirklichkeit, 1977

Feyerabend, Joachim: Das Abendland als Kalifat, 2015

Firestone, Shulamith: Frauenbefreiung und sexuelle Revolution, 1976

Flaig, Egon: Der Islam will die Welteroberung (*FAZ* vom 15.9.2006)

Fleck, Dirk. C.: Go! Die Ökodiktatur, 2006

Fleck, Dirk. C.: Das Tahiti Projekt, 2008

Fourastié, Jean: Die 40000 Stunden – Soziale Evolution, 1966

Fratzscher, Marcel: Die Deutschland – Illusion, 2014

Friedell, Egon: Kulturgeschichte der Neuzeit, 1928

Friedell, Egon: Kulturgeschichte Griechenlands, 1949

Friedell, Egon: Kulturgeschichte Ägyptens und des alten Orients, 1963

Friedrich/Weik: Der Crash ist die Lösung, 2014

Fromm, Erich: Jenseits der Illusionen, 1962

Gärtner, Markus: Lügenpresse, 2015

Geppert, Dominik: Ein Europa, das es nicht gibt – der fatale Euro, 2013

Gineiger, Ulrich: Vorsicht, Fisch kann Gräten enthalten – Bürokratischer Wahnsinn, 2014

Gore, Al: Wege zum Gleichgewicht, 1992

Güllner, Manfred: Die Grünen, 2012

Hahn/Simon Hrsg.: Höllensturz und Hoffnung, 2014

Hankel, Starbatty u. a.: Die Euro – Klage, 1999

Hankel, Starbatty u. a.: Das Euro Abenteuer geht zu Ende, 2011

Hankel, Wilhelm: Die Euro Bombe wird entschärft, 2013
Hayek, F. A. von: Der Weg zur Knechtschaft, 1971
Hazlitt, Henry: Economics – über Wirtschaft und Misswirtschaft, 1983
Henkel, Hans Olaf: Rettet unser Geld!, 2010
Henkel, Hans Olaf: Die Euro Lügner, 2013
Herman, Eva: Das Eva Prinzip, 2006
Herman, Eva: Das Prinzip Arche Noah, Familie retten, 2007
Herman, Eva: Die Wahrheit und ihr Preis, 2010
Herzog, Dagmar: Die Politisierung der Lust, 2005
Herzog, Roman: Europa neu erfinden – vom Überstaat zur Bürgerdemokratie, 2014
Höffe, Otfried: Wirtschaftsbürger, Staatsbürger, Weltbürger – Politische Ethik, 2004
Horkheimer/Adorno: Dialektik der Aufklärung, 1969
Hormann/Harman: Future Work – Trends für das Leben von morgen, 1990
Horx, Matthias: Wie wir leben werden – unsere Zukunft beginnt jetzt, 2005
Horx, Matthias: Das Megatrend Prinzip, 2011
Horx, Matthias: Zukunft wagen, 2013
Houellebecq, Michel: Unterwerfung, 2015
Huntington, Samuel P.: Der Kampf der Kulturen – The Clash of Civilisations, 1997
Huxley, Aldous: Schöne neue Welt, 1953
Huxley, Aldous: Eiland, 1984
Huxley, Aldous: Schöne neue Welt + 30 dreißig Jahre danach, 1988
Huyn, Hans Graf: Ihr werdet sein wie Gott – Der Irrtum des modernen Menschen, 1988

Janich, Oliver: Die vereinigten Staaten von Europa, 2014
Jaspers, Karl: Vom Ursprung und Ziel der Geschichte, 1956
Jörges, Hans Ulrich Hg.: Der Kampf um den Euro, 1998
Jungk, Robert Hg.: Unsere Welt 1985, 1965
Jungk, Robert Hg.: Der Weg ins Jahr 2000, 1967
Jungk, Robert: Der Jahrtausendmensch, 1973

Kahn, Herman: Die Zukunft Deutschlands, 1982
Kahn/Wiener: Ihr werdet es erleben, 1967
Kant, Immanuel: Zum ewigen Frieden, 1984
Kelle, Birgit: Dann mach doch die Bluse zu, 2013
Kelle, Birgit: Gender Gaga, 2015

Kepplinger, Hans Mathias: Die Mechanismen der Skandalierung, 2005
Kierkegaard, Sören: Entweder – Oder, Teil 1 u. 2, 1988
Kissinger, Henry: Weltordnung, 2014
Klaus, Václav: Blauer Planet in grünen Fesseln, 2007
Klaus, Václav: Europa?, 2011
Kohl, Helmut: Aus Sorge um Europa – ein Appell, 2014
Krämer, Walter: Kalte Enteignung – Euro Rettung, 2013
Kraus, Karl: Die letzten Tage der Menschheit, 2013
Krüger, Gustav: Kernkraft – Kohle – Klima – Energiewende, 2010
Kuby, Gabriele: Die Gender Revolution, 2006
Kuby, Gabriele: Die globale sexuelle Revolution, 2013
Küng, Hans: Weltethos für Weltpolitik und Weltwirtschaft, 1997
Kurbjuweit, Dirk: Alternativlos, 2014

Lamp, Erich: Die Macht öffentlicher Meinung, 2009
Leakey/Lewin: Der Ursprung des Menschen, 1993
Le Bon, Gustave: Psychologie der Massen, 1911
Ley, Michael: Die kommende Revolte, 2012
Locke, John: Zwei Abhandlungen über die Regierung, 1977
Löffler/Tellia: Deutschland im Werte Dilemma, 2013
Lusser, Andreas: Einspruch – warum unser Geld Privatsphäre verdient, 2014

Mann, Golo: Deutsche Geschichte des 19. und 20. Jahrhunderts, 1958
Mann, Golo: Marxismus auf dem Vormarsch, 1979
Mann, Golo: Erinnerungen und Gedanken, 1986
Marsh, David: Beim Geld hört der Spaß auf – Eurokrise, 2013
Marx/Engels: Studienausgabe I-IV, 1972
Meadows, Denis: Die Grenzen des Wachstums, 1972
Meves, Christa: Verführt. Manipuliert. Pervertiert, 2003
Meyer, Ulrich: Das läuft schief in unserem Land, 2015
Miegel, Meinhard: Exit – Wohlstand ohne Wachstum, 2010
Miegel, Meinhard: Hybris, 2014
Mill, John Stuart: Principles of political economy, 1883
Mises, Ludwig von: Im Namen des Staates – oder die Gefahren des Kollektivismus, 1978
Mommsen, Theodor: Römische Geschichte, 1954
Monod, Jacques: Zufall und Notwendigkeit, 1971

Naisbitt, John: Megatrends, 1982
Neubacher, Alexander: Ökofimmel, 2013
Neubacher, Alexander: Total beschränkt, 2014

Noelle Neumann, Elisabeth: Werden wir alle Proletarier? Wertewandel in unserer Gesellschaft, 1978
Noelle Neumann, Elisabeth: Die Schweigespirale, 1980
Noelle Neumann, Elisabeth: Später Sieg des linken Zeitgeistes (Politische Meinung 349/98), 1998
Noelle Neumann, Elisabeth: Die Erinnerungen, 2000

Oberreuter, Heinrich: Übermacht der Medien, 1982
Ortega y Gasset, José: Der Aufstand der Massen, 1960
Orwell, George: 1984, 1948
Orwell, George: Farm der Tiere, 1982

Pirincci, Akif: Deutschland von Sinnen, 2014
Pirincci, Akif: Attacke auf den Mainstream, 2014
Platon: Der Staat, 2010
Poller, Horst: Die Philosophen und ihre Kerngedanken, 2005
Poller, Horst: Frei sein und dienen, 2006
Poller, Horst: Glück und Sinn, 2007
Poller, Horst: Bewältigte Vergangenheit, 2010
Poller, Horst: Mehr Freiheit statt mehr Sozialismus, 2010
Popper, Karl R.: Die offene Gesellschaft, 2 Bände, 1977

Radisch, Iris: Die Schule der Frauen, 2007
Ranke, Leopold von: Perikles – die Blütezeit Athens, 1942
Raspail, Jean: Das Heerlager der Heiligen, 2015
Reich, Wilhelm: Die sexuelle Revolution, 1969
Richebächer, Kurt: Im Teufelskreis der Wirtschaftspolitik, 1980
Rogge, Peter G.: Tendenzwende, 1975
Rousseau, J. J.: Contrat social, 1949

Samjatin, Jewgenij: Wir, 2011
Sandvoss, Ernst R.: Geschichte der Philosophie, 2004
Sarrazin, Thilo: Der Euro – Chance oder Abenteuer?, 1997
Sarrazin, Thilo: Deutschland schafft sich ab, 2010
Sarrazin, Thilo: Europa braucht den Euro nicht, 2012
Sarrazin, Thilo: Der neue Tugendterror – Grenzen der Meinungsfreiheit, 2014
Schauer, Hans: Europa der Vernunft, 1993
Schelsky, Helmut: Die Hoffnung Blochs, 1979
Schelsky, Helmut: Rückblicke eines „Anti Soziologen", 1981
Scheu, René: Als wären wir alle Unterdrückte, Weltwoche 28, 2014
Schmidt, Helmut: Auf der Suche nach einer öffentlichen Moral, 1998

Schmidt Salomon, Michael: Manifest des evolutionären Humanismus, 2006

Schmidt Salomon, Michael: Keine Macht den Doofen, 2012

Schmidt Salomon, Michael: Hoffnung Mensch – eine bessere Welt ist möglich, 2014

Schoeck u. a.: Der Spätmarxismus und sein Publikum, 1976

Scholl Latour, Peter: Der Fluch der bösen Tat, 2014

Schumacher, Theo: Aldous Huxley, 1987

Schumpeter, Joseph A.: Kapitalismus, Sozialismus und Demokratie, 1950

Schwanitz, Dietrich: Bildung, 1999

Sinn, Hans Werner: Gefangen im Euro, 2014

Sinn, Hans-Werner: Der Euro, 2015

Sloterdijk, Peter: Regeln für den Menschenpark, 1999

Sloterdijk, Peter: Die schrecklichen Kinder der Neuzeit, 2014

Snow, C. P. : Die zwei Kulturen, 1967

Spaemann, Robert: Zur Kritik der politischen Utopie, 1977

Spaemann, Robert: Grenzen, 2001

Spengler, Oswald: Der Untergang des Abendlandes, 2 Bände, 1923

Spengler, Oswald: Jahre der Entscheidung, 1933

Spengler, Oswald: Preußentum und Sozialismus, 2012

Starbatty, Joachim: Tatort Euro, 2013

Steinbuch, Karl: Falsch programmiert, 1968

Steinbuch, Karl: Programm 2000, 1970

Steinbuch, Karl: Die humane Gesellschaft, 1972

Steinbuch, Karl: Kurskorrektur, 1973

Steinbuch, Karl: Unsere manipulierte Demokratie – die linke Lüge, 1985

Stiegler, Barbara: Wie Gender in den Mainstream kommt, 2000

Stumfall, Florian: Das EU Diktat – Vom Untergang der Freiheit in Europa, 2014

Strauß, Botho: Der letzte Deutsche, SPIEGEL 41/2015

Thüne, Wolfgang: Freispruch für CO2, 2002

Tibi, Bassam: Die fundamentalisische Herausforderung – Der Islam und die Weltpolitik, 1992

Tibi, Bassam: Europa ohne Identität? Die Krise der multikulturellen Gesellschaft, 1998

Tibi, Bassam: Eine Integration ins Leere gibt es nicht, (*FAZ* vom 13.1.2007)

Tibi, Bassam: Euro-Islam – Die Lösung eines Zivilisationskonflikts, 2009

Toffler, Alvin: Der Zukunftsschock, 1970
Toffler, Alvin: Die Zukunftschance, 1980
Toynbee, Arnold J.: Der Gang der Weltgeschichte Bd. 1 + 2, 1979
Treitschke, Heinrich von: Deutsche Geschichte, 5 Bde., 1894
Ulfkotte, Udo: Vorsicht, Bürgerkrieg!, 2009
Ulfkotte, Udo: Albtraum Zuwanderung, 2011
Ulfkotte, Udo: Raus aus dem Euro, rein in den Knast, 2013
Ulfkotte, Udo: Gekaufte Journalisten, 2014

Viel, Bernhard: Egon Friedell der geniale Dilettant, 2013
Verne, Jules: In 80 Tagen um die Welt, 1957
Vogt, Joseph: Wege zum historischen Universum – Ranke bis Toynbee, 1961

Wehler, Hans Ulrich: Deutsche Gesellschaftsgeschichte, 5 Bde., 2008
Wells, H. G.: Die offene Verschwörung – Aufruf zur Weltrevolution, 1986
Wells, H. G.: Die Geschichte unserer Welt, 1953
Wells, H. G.: Menschen, Göttern gleich, 1982
Wells, H. G.: Die Zeitmaschine, 1982
Wickert, Ulrich: Die Zeichen unserer Zeit, 2005
Wittmann, Walter: Kreuzzug gegen die Realität – 100 Jahre nach Karl Marx, 1983
Wittmann, Walter: Superkrise – Die Wirtschaftsblase platzt, 2012
Wittmann, Walter: Soziale Marktwirtschaft statt Wohlfahrtsstaat, 2013
Wünsche, Horst Friedrich: Ludwig Erhards Soziale Marktwirtschaft, 2015

Ziesemer, Bernd: Karl Marx für jedermann, 2012

Register

Horst Poller:

Die Philosophen und ihre Kerngedanken

Ein geschichtlicher Überblick

648 Seiten, Paperback, ISBN 978-3-95768 –123 -2
8. aktualisierte und erweiterte Auflage 2014

„Das Buch ist anschaulich geschrieben und für grundlegende Orientierung suchende Leser bestens geeignet"

Frankfurter Allgemeine Zeitung

„...ein Kulturfahrplan der Philosophie, der einen Sog des Wissenwollens erzeugt, dem sich der Leser...kaum wird entziehen können,...in einer Sprache, deren Schlichtheit ebenso beeindruckt wie das Wissen, das diese Sprache transportiert."

www.buchmarkt.org.

„...wohltuend klar und verständlich geschrieben...ein kluger, wertvoller Kompass der Philosophie, gerade auch für Menschen, die selbst im öffentlichen Leben stehen."

Stuttgarter Nachrichten

„Die von Horst Poller verfasste Philosophiegeschichte ist die beste und aktuellste, die ich bislang in der Hand gehabt habe. Weit entfernt von der Neigung, alles für tief zu halten, dessen Grund nicht sichtbar ist, wie Nietzsche unsere Lust am Unverständlichen beschrieben hat, schreibt Poller klar und verständlich und zwar ohne den Sinn zu verändern. Das halte ich für eine wichtige Kunst. Poller beherrscht sie. Ich habe in dem Buch nach vielen Themen gesucht und immer richtige und plausible Auskünfte erhalten. Das ist ungewöhnlich in Deutschland, auf das Nietzsches Kritik gemünzt ist. Das ist aber praktisch, denn es nützt dem Menschen wenig, wenn konsumierter Lesestoff gleich einem grauen Nebel das Gehirn verdunkelt. Einer solchen Einnebelung des Geistes wirkt Pollers Buch entgegen. Wer in ihm liest, ist klüger als zuvor.

Prof.Dr.h.c.mult. Manfred Rommel

www.lau-verlag.de

Horst Poller:

Die Philosophen und ihre Kerngedanken

Ein geschichtlicher Überblick

Hörbuch

in 5 Folgen mit je 3 CD's im Multicase:

Folge 1:   **Zeit des Erwachens / Griechen und Römer**
Gelesen von Wolf Fraß,
Laufzeit ca. 240 Minuten, ISBN 978-3-941400-05-4

Folge 2:   **Philosophie und Christentum /
Rationalismus und Aufklärung**
Gelesen von Erich Krieg,
Laufzeit ca. 240 Minuten, ISBN 978-3-941400-06-1

Folge 3 :   **Von der Aufklärung zur Revolution /
Idealismus und Staatsphilosophie**
Gelesen von Eckart Dux
Laufzeit ca. 240 Minuten, ISBN 978-3-941400-07-8

Folge 4:   **Pragmatismus und Lebensphilosophie**
Gelesen von Peter Buchholz
Laufzeit ca. 240 Minuten, ISBN 978-3-941400-08-5

Folge 5:   **Sozialphilosophie /
Globalisierung und Weltethos**
Gelesen von Siegfried Kernen
Laufzeit ca. 240 Minuten, ISBN 978-3-941400-09-2

E - Book

ISBN 978 – 3 95768 – 124 – 9

www.lau-verlag.de

Horst Poller:
Frei sein und dienen
Der Weg zur freiheitlichen Bürgergesellschaft
(Über Staat, Wirtschaft und Gesellschaft)
320 Seiten, Gebunden mit Schutzumschlag, 2006
ISBN 978-3-7892-8192-1

„Die meisten Buchautoren, die sich mit unserer politischen Lage auseinandersetzen, argumentieren von einem bestimmten Schwerpunkt aus; Poller bemüht sich um eine Zusammenschau aller Aspekte, eben um das was ordnungspolitisches Denken ausmacht. Und wer weiß, wie gründlich dieser Autor zu denken gewohnt ist, der wundert sich nicht, dass er dabei weit ausholt. Gerade darin aber liegt der Reiz seiner Darstellung, denn es werden Zusammenhänge deutlich, die einem sonst nicht immer ausreichend scharf vor Augen stehen... Den Schlüssel zur Lösung unserer Probleme sieht Poller in der bewussten Hinwendung zu mehr freiheitlichem Denken.... Es ist dies eine Debatte, die wir führen müssen, wenn wir weiterkommen wollen und Pollers Argumente können dabei hilfreich sein, weil sie klar formuliert, übersichtlich dargestellt und in einer verständlichen Sprache ohne Schnörkel dargestellt sind." *Lothar Späth im HANDELSBLATT*

Horst Poller:
Glück und Sinn
Über Ethik, Moral und Lebensführung
320 Seiten, Gebunden mit Schutzumschlag, 2007
ISBN 978-3-7892-8180-8

Philosophen suchen nach Erkenntnis und Wahrheit, sie wollen die Welt erklären. Sie wollen uns aber auch helfen bei der Frage, die Immanuel Kant so formuliert hat: „was sollen wir tun?", wie sollen wir unser Leben einrichten, welche Ziele sollen wir verfolgen? Mit dieser praktischen Anwendung der Philosophie, mit der Ethik, befasst sich dieses Buch. Es bietet einen kurzen Überblick über die Geschichte der Ethik und kann uns damit helfen, selbst die Maßstäbe zu finden, nach denen wir unser Leben einrichten sollten. Der Autor nimmt auch zu den aktuellen Lebensbereichen Stellung, die dabei für uns eine Rolle spielen. Es geht um die Bedeutung persönlicher Bindungen, wie Freundschaft, Liebe und Familie, und es geht um die Moralvorstellungen unserer Gesellschaft, wie sie sich in Politik und Medien äußern. Und schließlich geht es um Glück und Sinn, um den Weg, der uns offen steht, damit das Leben gelingen kann.

www.lau-verlag.de

Horst Poller:

Bewältigte Vergangenheit

Das 20. Jahrhundert – erlebt, erlitten, gestaltet

432 Seiten, Gebunden mit Schutzumschlag, 2010

ISBN 978-3-7892-8372-7

Kein anderes Volk hat sich so intensiv mit seiner Vergangenheit beschäftigt, wie die Deutschen. Besonders die Auseinandersetzung mit den schrecklichen Folgen des Hitler-Regimes, die „Vergangenheitsbewältigung", hält weiter an. Das hat den Autor veranlasst, sich selbst noch einmal dar-über klar zu werden, wie es wirklich war, denn er hat diese Zeit noch miter-lebt. Poller beschreibt die geschichtlichen Ereignisse und die handelnden Personen, die sie geprägt haben. Und er stellt sich den Fragen, die immer noch diskutiert werden und in der Politik weiter wirken: Wie war Hitler möglich? Sind die Deutschen ein Sonderfall der Geschichte? Oder sind wir wieder normal, haben wir außer der Vergangenheit auch eine Zukunft?

Horst Poller:

Mehr Freiheit statt mehr Sozialismus

Wie konservative Politik die Krisen bewältigt,
die sozialistisches Wunschdenken schafft

256 Seiten, Paperback, 2010, ISBN 978-3-7892-8373-4

Die Krisen häufen sich und ihre Folgen beherrschen inzwischen immer mehr unseren Alltag. Wenn man die Geschichte der Krisen verfolgt, erkennt man, dass es immer sozialistisches Wunschdenken war, das sie verursacht hat. Und es zeigt sich zugleich, dass es konservativ-liberale Politik war, der es gelang, die Krisen zu bewältigen. Der Autor führt dafür drei herausragende Beispiele an, die mit den Namen Ludwig Erhard, Margaret Thatcher und Ronald Reagan verbunden sind. Konservative Politik vermag das, weil sie tief in Werten verwurzelt ist. Der Autor beschreibt die ideengeschichtlichen Wurzeln des Konservatismus im Vergleich zu Sozialismus und Liberalismus. Und er zeigt die Grundzüge eines modernen Konservatismus auf, der nur in einer Kultur der Freiheit gedeihen kann. Nur wer die Freiheit wagt, kann die Zukunft gewinnen.

„Nur kein Sozialismus... eine Ideengeschichte aus konservativer Sicht... die Ansichten des Autors lassen sich wohl am besten mit Winston Churchill zusammenfassen: „Dem Kapitalismus wohnt ein Laster inne: die ungleiche Verteilung der Güter. Dem Sozialismus hingegen wohnt eine Tugend inne: die gleichmäßige Verteilung des Elends." *Frankfurter Allgemeine Zeitung*

www.lau-verlag.de